银行业专业人员职业资格考试（初级）应试指导教材

银行业法律法规与综合能力

（第2版）

银行业专业人员职业资格考试应试指导教材编写组　编著

中国财富出版社有限公司

图书在版编目(CIP)数据

银行业法律法规与综合能力 / 银行业专业人员职业资格考试应试指导教材
编写组编著. —2 版. —北京:中国财富出版社有限公司,2022.6
(银行业专业人员职业资格考试(初级)应试指导教材)
ISBN 978 - 7 - 5047 - 7723 - 2

Ⅰ. ①银… Ⅱ. ①银… Ⅲ. ①银行法 - 中国 - 资格考试 - 自学参考资料
Ⅳ. ①D922.281

中国版本图书馆 CIP 数据核字(2022)第 096870 号

策划编辑	杨白雪	**责任编辑**	张红燕 杨白雪		**版权编辑**	李 洋
责任印制	梁 凡	**责任校对**	杨小静		**责任发行**	董 倩

出版发行	中国财富出版社有限公司	
社 址	北京市丰台区南四环西路 188 号 5 区 20 楼	**邮政编码** 100070
电 话	010 - 52227588 转 2098(发行部)	010 - 52227588 转 321(总编室)
	010 - 52227566(24 小时读者服务)	010 - 52227588 转 305(质检部)
网 址	http://www.cfpress.com.cn	**排 版** 安徽佰通教育科技发展股份有限公司
经 销	新华书店	**印 刷** 三河市德利印刷有限公司
书 号	ISBN 978 - 7 - 5047 - 7723 - 2/D · 0193	
开 本	787mm×1092mm 1/16	**版 次** 2022 年 7 月第 2 版
印 张	21.5	**印 次** 2022 年 7 月第 1 次印刷
字 数	522 千字	**定 价** 56.00 元

编 委 会

前　言

一、考试简介

银行业专业人员职业资格考试（初级）科目包括"银行业法律法规与综合能力"和"银行业专业实务"。其中，"银行业专业实务"下设"个人理财""公司信贷""个人贷款""风险管理""银行管理"五个专业类别。考生须在主办方举办的连续两次考试中通过"银行业法律法规与综合能力"与"银行业专业实务"科目下任意一个专业类别，方可取得银行业专业人员职业资格证书。

为了帮助广大考生更快、更好地熟悉考试内容，把握考试重点并及时进行巩固和自我检测，银行业专业人员职业资格考试应试指导教材编写组根据中国银行业协会 2021 年 4 月发布的《银行业专业人员职业资格考试〈银行业法律法规与综合能力〉科目初级考试大纲》，对真题考点进行细致分析，编写了本套教材。

二、学习指导

特色模块	学习指导
应试分析	通过应试分析把握整章的主要内容、所占分值、考试重点及学习方法等。
思维导图	通过思维导图建立整章的脉络框架，明确不同知识点的学习要求。
知识精讲	★结合学习要求和真考解读有侧重点地学习知识点。其中，标记蓝色及下划线的内容需要重点记忆（蓝色标记为考试重点，下划线标记为题眼）。 ★学完知识点做典型真题，了解知识点考查形式，做到灵活运用。
章节练习	学完一章知识点，进行章节真题练习，做到及时巩固和自我检测。

三、增值服务

（一）视频课程

本套教材随书赠送视频课程，为考生提供多元化学习方式。考生可通过以下两种方式观看视频课程：

（1）微信扫描每节节名右侧的二维码即可进入页面进行观看。

（2）微信扫描下页图中的二维码，根据提示激活课程之后在网校观看。

（二）智能题库

本套教材中章节练习题目数量有限，智能考试题库系统为大家提供了更多章节练习题。此外，智能考试题库系统中还有真题必练、模拟预测、错题训练、章节练习 & 测评、万人模考等功能。智能考试题库系统包括微信版、网页版及 App，考生可根据自己的实际情况，在不同的环境下选择不同的练习方式，充分利用碎片时间。

更多增值服务请使用微信扫描下方图中二维码获取。

四、联系我们

尽管编写组成员本着精益求精的态度编写本套教材，但由于时间所限，书中难免有不足之处，恳请广大读者批评指正。联系邮箱：weilaijiaoyucaijing@ foxmail. com。

预祝所有考生顺利通过考试！

银行业专业人员职业资格考试应试指导教材编写组

目　　录

开 篇 考情分析

一、章节分值分布

为了更好地把握科目特点，熟悉考试重点，本书分析了近几次考试真题分值的分布情况。在考试真题数据分析基础上，编者整理了每一章在考试中涉及的大概分值。具体见表1。

表1 考试真题分值平均分布情况

所属章节	分值
第一章 经济基础知识	3分
第二章 金融基础知识	5分
第三章 金融市场	4分
第四章 银行体系	3分
第五章 存款业务	7分
第六章 贷款业务	9分
第七章 结算、代理及托管业务	7分
第八章 银行卡业务	2分
第九章 理财与同业业务	1分
第十章 银行管理基础	3分
第十一章 公司治理、内部控制与合规管理	3分
第十二章 商业银行资产负债管理	1分
第十三章 资本管理	6分
第十四章 风险管理	5分
第十五章 银行基本法律法规	8分
第十六章 民事法律制度	11分
第十七章 商事法律制度	5分
第十八章 刑事法律制度	8分
第十九章 银行监管体制	1分
第二十章 银行自律与市场约束	5分
第二十一章 清廉金融	2分
第二十二章 银行业消费者权益保护	1分

银行业专业人员资格考试对知识点的考查角度多样，考查形式多变。因此，本数据仅供考生参考。

二、考试题型解读

"银行业法律法规与综合能力"科目考试共 145 道题目，题型包括单选题、多选题和判断题。

（一）单选题

单选题共计 90 道小题，每道 0.5 分，共 45 分。此类题型较为简单，即在给出的 4 个选项中选出符合题目要求的唯一答案，通常是针对某个知识点进行考查，考查较为简单。

【例题·单选题】下列关于票据的写法，正确的是（　　）。

A. 出票日期：贰零零柒年零壹月壹拾伍日

B. 出票日期：贰零零柒年壹月拾伍日

C. 大写票据金额：人民币三万伍千元整

D. 大写票据金额：三万伍千元整

【答案】A【解析】根据票据出票日期的填写要求可知选项 A 正确，选项 B 错误。选项 C 及选项 D，大写票据金额应为人民币叁万伍仟元整。

（二）多选题

多选题共计 40 道小题，每道 1 分，共 40 分。此类题型在所给出的 5 个选项中，有 2 项或 2 项以上符合题目的要求，请选择相应选项，多选、少选、错选均不得分。多选题的难度不一，有的较为简单，比如考查一些知识点的种类；有的难度较大，一般为综合类考查，要求考生对知识点之间的联系有较好的把控，所以考生在复习时要注意前后知识点的关联。

【例题·多选题】我国开办的个人人民币存款业务包括（　　）。

A. 个人通知存款　　　B. 定活两便存款　　　C. 定期存款

D. 教育储蓄存款　　　E. 保证金存款

【答案】ABCDE【解析】个人存款包括活期存款、定期存款、定活两便存款、个人通知存款、教育储蓄存款和保证金存款。

（三）判断题

判断题共计 15 道小题，每道 1 分，共 15 分。此类题型较为简单，即对题干所作描述作出判断。正确的为 A，错误的为 B。

【例题·判断题】宏观经济发展的总体目标是经济增长、充分就业、物价稳定和国际收支平衡。（　　）

A. 正确　　　　　　　　　　　　B. 错误

【答案】A【解析】题干表述正确。

三、命题规律分析

（一）直接考查

对教材知识点直接考查的考试中，60% ~ 70% 的题目是对知识点的直接考查，考查形式包括对教材原文的考查、对于题干所述相关内容进行正确或错误的判断等。此类题目比较简单，要求考生在把握重点的基础上精读教材，同时做习题巩固所学知识点。

（二）考查对知识点的理解运用

在考试中，部分题目通过所学知识点无法直接得出答案，这主要考查考生对知识点的灵活运用能力。考生可以通过母题精选了解各知识点的考查形式，对于此类题目所涉及的知识点进行深入理解，做到举一反三。

（三）通过案例结合实际考查知识点

此类题目难度不大，考生应仔细审题，联系相关知识点，并结合实际准确答题。银行自律与市场约束这一章节的题目经常以案例形式出现。

此外，考试中可能会有少量简单计算题，主要是对第五章和第十章相关计算公式的考查。考生结合题目掌握相关概念和计算公式即可。

微信扫码关注
畅享在线做题

微信扫码关注
获取免费直播课

第一部分　经济金融基础

第一章　经济基础知识

🔍 应试分析

本章主要介绍了与银行经营发展有密切关系的宏观经济基础知识，包括宏观经济分析、行业经济发展分析和区域经济发展分析三方面的内容。本章在考试中涉及分值约为3分，考查重点是宏观经济发展的总体目标及其衡量指标。

🏠 思维导图

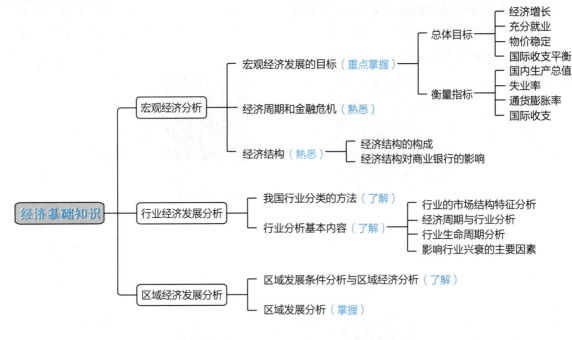

微信扫码关注
畅享在线做题

微信扫码关注
获取免费直播课

📖 知识精讲

第一节　宏观经济分析

一、宏观经济发展的目标（重点掌握）

宏观经济发展的总体目标包括经济增长、充分就业、物价稳定和国际收支平衡，这四大目标分别通过国内生产总值、失业率、通货膨胀率和国际收支等指标来衡量。

真考解读 属于必考点，一般会考4道题。

（一）宏观经济发展的总体目标 解读1

解读1 必考点：宏观经济发展的四个总体目标的含义。

总体目标	含义
经济增长	经济增长是指特定时期内一国（或地区）整体经济产出和居民收入的增长。
充分就业	充分就业是指在某一工资水平之下，所有愿意接受工作的人，都获得了就业机会。
物价稳定	物价稳定是指保持物价总水平的基本稳定，使一般物价水平在短期内不发生显著或急剧的波动，避免出现通货膨胀和通货紧缩。
国际收支平衡	国际收支平衡是指国际收支差额处于一个相对合理的范围内，既无巨额的国际收支赤字，又无巨额的国际收支盈余。

（二）宏观经济发展目标的衡量指标 解读2

解读2 必考点：四个衡量指标及其具体内容。

1. 经济增长——国内生产总值

国内生产总值（以下称GDP）是指一国领土范围内，本国居民和外国居民在一定时期（通常为1年）内所生产的、以市场价格表示的产品和劳务总值。

（1）GDP是衡量一国（或地区）整体经济状况的主要指标；GDP增长率是反映一定时期经济发展水平变化程度的动态指标。

（2）GDP有三种表现形态，即价值形态、收入形态和产品形态。在实际核算中，GDP有三种计算方法，即生产法、收入法和支出法。

（3）GDP与国民生产总值（GNP）的关系：

$$GNP = GDP + 来自国外的净要素收入$$

2. 充分就业——失业率

失业率是指劳动力人口（年龄在16周岁以上具有劳动能力的人的全体）中失业人数所占的百分比。

我国公布的失业率是城镇登记失业率，即城镇登记失业人数占城镇从业人数与城镇登记失业人数之和的百分比。

3. 物价稳定——通货膨胀率

物价稳定通过通货膨胀率这一指标来衡量。其中，通货膨胀是指一般物价水平在一段时间内持续、普遍上涨的经济现象。通货紧缩也是物价不稳定的表现，保持物价稳定也要避免发生通货紧缩的现象。

对通货膨胀的衡量可以通过对一般物价水平上涨幅度的衡量来进行。常用的指标有三种：消费者物价指数（CPI）、生产者物价指数（PPI）、国内生产总值物价平减指数（GDP Deflator）。其中，CPI 使用得最多、最普遍。

4. 国际收支平衡——国际收支

（1）国际收支的含义。国际收支是指一国居民在一定时期内与非本国居民在政治、经济、军事、文化及其他活动中所产生的全部交易的系统记录。

①国际收支记录的是一国居民与非居民之间的交易。

②国际收支是一定时期内对外交往的全部发生额，它既包括了价值对等转移，也包括价值的单方面转移。

③国际收支既包括引发外汇收支的经济交易，也包括不涉及外汇收支的易货及补偿贸易等国际经济交易。

（2）国际收支平衡表。国际收支平衡表是系统地记录一个国家一定时期内（通常为 1 年）全部国际收支项目及金额的统计报表。国际收支平衡表反映了一国的国际收支状况。

国际收支平衡表的账户可分为经常账户、资本与金融账户、错误与遗漏账户。

项目	内容
经常账户	经常账户是指针对本国对外经济交易经常发生的和实际资源在国际间的流动行为进行记录的账户。它是国际收支平衡表中最主要和最基本的账户，包括货物、服务、收入和经常转移^{解读3}
资本与金融账户	资本与金融账户是对资产所有权在国际间流动行为进行记录的账户，包括资本账户和金融账户两部分。 （1）资本账户包括资本转移和非生产、非金融资产的收买或放弃。 （2）金融账户是指引起一个经济体对外资产和负债所有权变更的交易。
错误与遗漏账户	错误与遗漏账户是人为设立的抵销账户。

（3）保持国际收支平衡是保证国民经济持续稳定增长和经济安全的重要条件。

①巨额的国际收支逆差^{解读4}可能导致外汇市场对本币信心的丧失、资本的大量外流、外汇储备的急剧下降、本币的大幅贬值，甚至导致严重的货币和金融危机。

解读3 经常转移既包括官方的援助、捐赠和战争赔款等，也包括私人的侨汇、赠与等，另外还有对国际组织的认缴款等。

解读4 国际收支逆差（赤字），是指某一国在国际收支上支出大于收入。

②长期、巨额的国际收支顺差解读5，既使大量的外汇储备闲置，造成资源浪费，又常常因为购买大量的外汇而增加本国货币投放，<u>导致国内通货膨胀压力增加</u>。

解读5 国际收支顺差（盈余），是指某一国在国际收支上收入大于支出。

典型真题

【单选题】 在衡量一国整体经济增长状况时，一般使用的宏观经济指标是（　　）。

A. 国民生产净值　　　　　B. 国民收入

C. 财政收入　　　　　　　D. 国内生产总值

【答案】 D **【解析】** 国内生产总值（GDP）是衡量一国（或地区）整体经济状况的主要指标。

【多选题】 下列国际收支内容记入国际收支平衡表经常账户的有（　　）。

A. 某跨国企业对国外的投资

B. 国外政府的捐赠款项

C. 某跨国企业从国外获得的银行借款

D. 某跨国企业出口货物的收入

E. 从境外获得的旅游收入

【答案】 BDE **【解析】** 经常账户包括货物、服务、收入和经常转移。选项B属于经常转移，选项D和选项E属于收入。

【判断题】 宏观经济发展的总体目标是经济增长、充分就业、物价稳定和国际收支平衡。（　　）

A. 正确　　　　　　　　　B. 错误

【答案】 A **【解析】** 题干表述正确。

二、经济周期和金融危机（熟悉）

真考解读 考查相对较少，熟悉内容即可。

（一）经济周期

1. 经济周期的含义

经济周期也称经济循环或商业循环，是指经济处于生产和再生产过程中周期性出现的经济扩张与经济紧缩交替更迭、循环往复的一种现象。

2. 经济周期的阶段

阶段	主要特征
繁荣阶段	（1）失业率下降，收入增加使消费支出增加，社会购买力上升，产品供不应求，价格上升。 （2）市场预期好转，企业投资意愿增强。 （3）生产发展迅速，企业的经营规模不断扩大，投资数额增加，利润激增，这时，<u>商业银行的资产规模和利润也处于最高水平</u>。

续 表

阶段	主要特征
衰退阶段和萧条阶段	（1）失业人口增加，消费需求开始减少，商品滞销，生产缩减，企业资金周转困难，从而造成商业银行的负债规模严重下降。 （2）企业破产倒闭使银行贷款坏账增加，导致银行贷款收缩，信用投放能力锐减，经营利润大幅度下降，甚至出现亏损。
复苏阶段	公众对市场的信心恢复，企业投资意愿增加，企业开始增加投资并进行固定资产更新，生产经营活动趋于正常，利润增加，对借贷资金的需求显著增多，商业银行的资产业务规模和利润也有明显扩大趋势。

（二）金融危机

当出现经济的严重衰退或大幅度货币贬值时，往往容易引发金融危机。

1. 金融危机的含义

金融危机是指一个或几个国家与地区的全部或大部分金融指标^{解读6}的急剧和超周期的恶化，其结果是金融市场不能有效地提供资金向最佳投资机会转移的渠道，从而对整个经济造成严重破坏。

2. 金融危机的分类

国际货币基金组织将金融危机分为货币危机、银行危机、外债危机和系统性金融危机四大类^{解读7}。

分类	内容
货币危机	货币危机是指当某种货币的汇率受到投机性袭击时，该货币出现持续性贬值，迫使当局扩大外汇储备，大幅度提高利率。
银行危机	银行危机是指银行不能如期偿付债务，或迫使政府出面，提供大规模援助，以避免违约现象的发生，一家银行的危机发展到一定程度，可能波及其他银行，从而引起整个银行系统的危机。
外债危机	外债危机是指一国国内的支付系统严重混乱，不能按期支付所欠外债。
系统性金融危机	系统性金融危机是指主要的金融领域都出现严重混乱，如货币危机、银行危机、外债危机同时或相继发生，也叫全面金融危机。

三、经济结构（熟悉）

经济结构是指从不同角度考察的国民经济构成，一般包括产业结构、地区结构、城乡结构、产品结构、所有制结构、分配结构、技术结构、消费投资结构等。

解读6 这里的金融指标包括短期利率、货币资产、证券、房地产、商业破产数和金融机构倒闭数。

解读7 考查形式一般是判断题目所述属于哪种金融危机。

真考解读 考查相对较少，考生应能够区分第一产业、第二产业和第三产业。

（一）经济结构的构成

经济结构	分类	具体内容
产业结构	第一产业	农、林、牧、渔业。
	第二产业	采矿业，制造业，建筑业，电力、热力、燃气及水生产和供应业。
	第三产业	即服务业，是指除第一产业、第二产业以外的其他行业。具体包括如下内容：农、林、牧、渔专业及辅助性活动，开采专业及辅助性活动，批发和零售业，交通运输、仓储和邮政业，住宿和餐饮业，信息传输、软件和信息技术服务业，金融业，房地产业，租赁和商务服务业，科学研究和技术服务业，水利、环境和公共设施管理业，居民服务、修理和其他服务业，教育，卫生和社会工作，文化、体育和娱乐业，公共管理、社会保障和社会组织，国际组织。
消费投资结构（GDP 结构）	消费	包括私人消费（不含私人购买住房的支出）解读8和政府消费。
	投资	包括固定资本形成（含房地产和非房地产投资）和存货增加。
	净出口	出口额减去进口额形成的差额。

解读8 私人购买住房的支出，包含在投资的固定资本形成中，不包含在私人消费中。

典型真题

【判断题】按照我国的产业结构划分，银行业属于国民经济第二产业。（ ）

A. 正确　　　　　　　　　　　B. 错误

【答案】B【解析】银行业属于国民经济第三产业。

（二）经济结构对商业银行的影响

（1）直接影响。经济结构影响社会经济主体对商业银行服务的需求，从而在一定程度上决定商业银行的经营特征。

（2）间接影响。经济结构影响一国国民经济的增长质量、增长速度和可持续性，从而影响商业银行。

第二节　行业经济发展分析

视频讲解　微信扫描

一、我国行业分类的方法（了解）

真考解读 较少考查，了解即可。

新《国民经济行业分类》将我国行业分为如下20个门类：农、林、牧、渔业；采矿业；制造业；电力、热力、燃气及水生产和供应业；建筑业；批发和零售业；交通运输、仓储和邮政业；住宿和餐饮业；信息传输、软件和信息技术服务业；金融业；房地产业；租赁和商务服务业；科学研究和技术服务业；水利、环境和公共设施管理业；居民服务、修理和其他服务业；教育；卫生和社会工作；文化、体育和娱乐业；公共管理、社会保障和社会组织；国际组织。

二、行业分析基本内容（了解）

真考解读 较少考查，考查点是行业的市场结构特征分析，其余内容了解即可。

（一）行业的市场结构特征分析

根据行业的市场结构可以把行业划分为四个市场结构类型：完全竞争的行业、垄断竞争的行业、寡头垄断的行业及完全垄断的行业。

结构类型	特征
完全竞争的行业	（1）含义。完全竞争的行业是指由许多企业生产同质产品的市场情形，是竞争充分而不受任何阻碍和干扰的一种市场结构。 （2）特征。企业的产品无差异，生产者无法控制市场价格。
垄断竞争的行业	（1）含义。垄断竞争的行业是指一个市场中许多生产者生产同种但不同质产品的市场情形。 （2）特征。企业的产品之间存在差异，生产者对自己经营的产品的价格有一定的控制力。
寡头垄断的行业	（1）含义。寡头垄断的行业是指相对少量的生产者在某种产品的生产中占据很大市场份额的情形。 （2）特征。①生产者对市场的价格和交易具有一定的垄断能力。②只有少量的生产者生产同一种产品，市场集中度高；每个企业的产量在全行业中占有的份额都比较大，进出壁垒比较高。
完全垄断的行业	（1）含义。完全垄断的行业是指独家企业生产某种特质产品从而整个行业的市场完全处于一家企业控制之下的情形。 （2）特征。①市场完全处于一家企业的控制中，产品被独占，产品又缺乏合适的替代品。②垄断企业对自己的产品价格有很强的控制力，能够获得最大利润。

典型真题

【单选题】在行业的市场结构特征分析中，少量生产者在某种产品的生产中占据很大市场份额的情形是指（   ）。

A. 寡头垄断的行业
B. 垄断竞争的行业
C. 完全竞争的行业
D. 完全垄断的行业

【答案】A 【解析】寡头垄断的行业是指相对少量的生产者在某种产品的生产中占据很大市场份额的情形。

（二）经济周期与行业分析

各行业发生变动时，通常会出现明显的增长和衰退现象，并且其变动和宏观经济周期变动存在一定的关系。行业划分一般包括以下三种类型。

行业划分类型	内容
增长型行业	在经济高涨时期，其发展速度高于社会发展速度；在经济衰退时期，这类行业受到的影响较小，甚至还能保持一定的增长势头。 与经济周期的关联：关联不大，如生物技术、物联网、4D技术等新生的成长型行业。
周期型行业	在经济处于上升时期，周期型行业随其扩张；当经济衰退时，这些行业也会相应低迷。 与经济周期的关联：紧密关联，如耐用品制造业、房地产等行业。
防守型行业	无论在经济周期上升阶段或下降阶段，由于稳定的需求和价格，行业的销售收入和利润会呈现基本稳定的态势。 与经济周期的关联：无关联，如食品业、公用事业等行业。

（三）行业生命周期分析

周期	阶段	特征
初创期	起步阶段	产品需求量小，销售收入低。此时的创业公司可能有较大亏损。
成长期	黄金发展时期	产品得到市场认可，需求量增加，价格稳步提高，逐渐显露出高收益的特征。成长期行业利润迅猛增加，这一时期的企业面临的竞争压力非常巨大。
成熟期	巅峰时期	占有一定市场份额，获取的利润比较稳定。成熟期是一个相对较长的时期，也是行业发展的稳定阶段。
衰退期	最后阶段	原有产品的竞争力下降，市场需求量减少。市场规模不断萎缩，利润下降，企业数量减少。在很多情况下，行业的衰退期往往比行业生命周期的其他阶段的总和还要长。

（四）影响行业兴衰的主要因素

因素	内容
技术进步	技术进步对行业的影响巨大，新技术的使用会创造新的行业，同时也会加速淘汰旧的行业。
政府政策	政府主要通过产业政策来对各行业进行管理和调控进而影响行业的发展。
行业组织创新	行业组织[解读]创新是使行业组织重新获得竞争优势的过程。
社会变化	社会观念、社会习惯、社会趋势的变化会影响企业经营活动、生产成本和利润收益等方面，使一些不适应社会需要的行业衰退，同时激发新兴行业的发展。
经济全球化	经济全球化对各国经济发展产生重大影响，使每一个行业和企业都置身于全球性竞争中，同时也使各行业可以获得全球性的市场和资源。

第三节　区域经济发展分析

一、区域发展条件分析与区域经济分析（了解）

（1）区域发展条件分析，即区域发展的自然条件及社会经济背景条件，主要指区域自然条件和自然资源、人口与劳动力、科学技术条件、基础设施条件及政策、管理、法制等社会因素。

（2）区域经济分析主要是从经济发展的角度对区域经济发展的水平及所处的发展阶段、区域产业结构和地域结构进行分析。

二、区域发展分析（掌握）

项目	内容
区域发展分析的内容	区域发展分析是在区域自然条件和经济分析的基础上，通过发展预测、结构优化和方案比较，确定区域发展的方向，并分析预测其实施效应。区域发展的分析应包括经济、社会和生态环境三个方面，并以三者综合效益作为分析判断的标准。
区域发展分析的重点	在区域发展中，经济发展是核心。对区域发展的分析，应重点分析区域发展的优势、主导产业及其发展方向，经济增长的形式以及产业结构和地域结构的优化等问题。

解读 行业组织是指同一行业内企业的组织形态和企业间的关系，具体包括市场结构、市场行为和市场绩效。

真考解读 较少考查，了解即可。

真考解读 属于常考点，一般会考1道题，考生应掌握区域发展分析的内容和重点。

典 型 真 题

【判断题】区域发展的分析应包括经济、社会和人口三个方面。（　　）
A. 正确　　　　　　　　　　B. 错误
【答案】B【解析】区域发展的分析应包括经济、社会和生态环境三个方面。

章节练习

一、单选题（以下各小题所给出的四个选项中，只有一项符合题目要求，请选择相应选项，不选、错选均不得分）

1. 宏观经济政策目标中，衡量充分就业的指标是（　　）。
　　A. 通货膨胀率　　　B. 国内生产总值　　　C. 国际收支　　　D. 失业率

2. 一国领土范围内，本国居民和外国居民在一定时期内所生产的、以市场价格表示的产品和劳务总值是（　　）。
　　A. 国民收入　　　B. 国内生产总值　　　C. 国民生产净值　　　D. 国民生产总值

3. 以下不属于衡量通货膨胀指标的是（　　）。
　　A. 国内生产总值物价平减指数　　　　　B. GDP
　　C. 生产者物价指数　　　　　　　　　　D. 消费者物价指数

4. 在行业的市场结构中，（　　）是由许多企业生产同质产品的市场情形，是竞争充分而不受任何阻碍和干扰的一种市场结构。
　　A. 完全垄断的行业　　　　　　　　　　B. 垄断竞争的行业
　　C. 完全竞争的行业　　　　　　　　　　D. 寡头垄断的行业

二、多选题（以下各小题所给出的五个选项中，有两项或两项以上符合题目的要求，请选择相应选项，多选、少选、错选均不得分）

1. 下列关于国内生产总值的表述中，正确的有（　　）。
　　A. GDP是一国（或地区）所有常住居民在一定时期内生产活动的最终成果
　　B. GDP有三种表现形态，即价值形态、收入形态和产品形态
　　C. GDP是衡量一国（或地区）整体经济状况的主要指标
　　D. GDP是反映一定时期经济发展水平变化程度的动态指标
　　E. GDP是在一国的领土范围内，本国居民和外国居民在一定时期内所生产的、以市场价格表示的产品总值

2. 长期、巨额的国际收支顺差会导致（　　）。
　　A. 本币的大幅贬值　　　　　　　　　　B. 资本的大量外流
　　C. 大量的外汇储备闲置　　　　　　　　D. 外汇市场对本币信心的丧失
　　E. 国内通货膨胀压力增加

三、判断题（请对以下各项描述做出判断，正确的为 A，错误的为 B）

1. 实现国际收支平衡目标就是保证国际收支差额刚好为零。（　　）

    A．正确　　　　　　　　　　　　　　B．错误

2. 失业率是指劳动力人口中失业人数所占的百分比，劳动力人口是指年龄在 18 周岁以上具有劳动能力的人的全体。（　　）

    A．正确　　　　　　　　　　　　　　B．错误

3. 区域经济分析是在区域自然条件分析的基础上，进一步对区域经济发展现状做一个全面的考察、评估。（　　）

    A．正确　　　　　　　　　　　　　　B．错误

▶ **答案详解**

一、单选题

1．D【解析】宏观经济发展的总体目标包括经济增长、充分就业、物价稳定和国际收支平衡，这四大目标分别通过 GDP、失业率、通货膨胀率和国际收支等指标来衡量。

2．B【解析】GDP 是指一国领土范围内，本国居民和外国居民在一定时期（通常为 1 年）内所生产的、以市场价格表示的产品和劳务总值。

3．B【解析】衡量通货膨胀常用的指标有三种：消费者物价指数、生产者物价指数、国内生产总值物价平减指数。

4．C【解析】完全竞争的行业是指由许多企业生产同质产品的市场情形，是竞争充分而不受任何阻碍和干扰的一种市场结构。

二、多选题

1．ABC【解析】GDP 增长率是反映一定时期经济发展水平变化程度的动态指标，故选项 D 表述错误。GDP 是指一国的领土范围内，本国居民和外国居民在一定时期（通常为 1 年）内所生产的、以市场价格表示的产品和劳务总值，故选项 E 表述错误。

2．CE【解析】长期、巨额的国际收支顺差，既使大量的外汇储备闲置，造成资源浪费，又常常因为购买大量的外汇而增加本国货币投放，导致国内通货膨胀压力增加。

三、判断题

1．B【解析】国际收支平衡是指国际收支差额处于一个相对合理的范围内，既无巨额的国际收支赤字，又无巨额的国际收支盈余。

2．B【解析】失业率是指劳动力人口中失业人数所占的百分比。其中，劳动力人口是指年龄在 16 周岁以上具有劳动能力的人的全体。

3．A【解析】题干表述正确。

第二章　金融基础知识

🔍 应试分析

本章主要介绍一系列金融基础知识，包括货币基础知识、货币政策概述、利息与利率、外汇与汇率四个方面的内容。本章在考试中涉及分值约为 5 分，重点是货币的本质与职能、货币供给、通货膨胀与通货紧缩等内容。难点是对某政策或某指标因变化而引起的一系列变化的理解。

🏠 思维导图

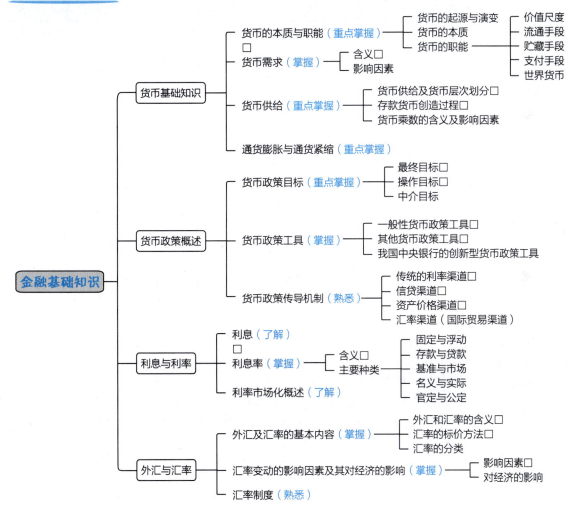

📖 知 识 精 讲

第一节　货币基础知识

视频讲解　微信扫描

一、货币的本质与职能（重点掌握）

真考解读 属于必考点，一般会考1~2道题。

（一）货币的起源与演变

货币是随着商品经济发展而产生的，是商品生产和商品交换发展的产物。

项目		内容
商品	含义	商品是商品生产者为了交换而生产的劳动产品。只有通过商品交换，才能解决商品生产的私人劳动与社会劳动的矛盾。
	价值形式	在交换发展过程中，商品的价值表现经历了简单的价值形式、扩大的价值形式、一般价值形式、货币价值形式四个阶段，并最终产生货币。
货币	含义	货币是在商品交换出现以后，随着商品交换的发展，从商品世界分离出来的、固定作为商品交换媒介的特殊商品。它是商品经济内在矛盾的产物，是价值表现形式发展的必然结果。
	形式演变	货币从商品世界分离出来后，伴随着商品交换和信用制度的发展而不断演进。货币币材和形制，经历了不断发展过程，主要包括实物货币、金属货币、信用货币[解读1]、电子货币。

解读1 信用货币包括可兑换的信用货币和不兑换的信用货币。

（二）货币的本质

（1）货币是固定地充当一般等价物的特殊商品。货币首先是商品，与其他商品一样，是人类劳动的产物，是价值和使用价值的统一体。但货币又是特殊商品，其特殊性表现在：货币是衡量一切商品价值的材料；具有同其他一切商品进行交换的能力。

（2）货币体现了一定的社会生产关系。货币作为一般等价物，使商品的不同所有者通过等价交换实现了他们之间的社会联系，这种联系就是人和人之间的一定的社会生产关系。

典型真题

【多选题】下列关于货币产生问题的表述，正确的有（ 　　）。

A. 货币是价值形式发展的必然结果

B. 货币是商品经济内在矛盾的产物

C. 货币是商品生产和商品交换发展的产物

D. 货币是固定充当一般等价物的特殊商品

E. 货币是随着商品交换的发展从商品世界分离出来的

【答案】 ABCDE **【解析】** 选项 A、选项 B、选项 C、选项 D、选项 E 表述均正确。

（三）货币的职能^{解读2}

解读2 必考点：货币的5个职能。

职能	内容
价值尺度	（1）货币在表现商品的价值并衡量商品价值量的大小时，执行价值尺度的职能。货币充当价值尺度职能，可以是本身有价值的特殊商品，也可以是信用货币或价值符号。 （2）特点：货币在执行价值尺度的职能时，可以是观念形态的货币。
流通手段	（1）在商品交换中，当货币作为交换的媒介实现商品的价值时，执行流通手段的职能。 （2）货币执行流通手段的特点：①必须是现实的货币；②不需要具有十足价值，可以用符号代替。
贮藏手段	（1）当货币暂时退出流通而处于静止状态被当作独立的价值形态和社会财富而保存起来时，执行贮藏手段职能。 （2）货币执行贮藏手段的特点：①必须是现实的、足值的货币^{解读3}；②必须是退出流通领域处于静止状态。
支付手段	货币在实现价值的单方面转移时，执行支付手段的职能，如偿还欠款、上交税款、银行借贷、发放工资、捐款、赠与等。
世界货币	（1）随着国际贸易的发展，货币超越国界，在世界市场上发挥一般等价物作用，从而在国际范围内发挥价值尺度、流通手段、贮藏手段、支付手段的职能，即世界货币^{解读4}职能。 （2）特点：在金属货币本位制条件下，世界货币直接以贵金属的形态出现，是直接以重量计算的贵金属，即黄金和白银。 （3）作用：①作为国际间支付手段，用来支付国际收支差额；②作为国际间的一般购买手段，进行国际间的贸易往来；③作为社会财富的转移手段，如资本的转移、对外援助、战争赔款等。

解读3 如金、银条，纸币不具备贮藏手段的职能。

解读4 目前能够发挥世界货币职能的货币主要有美元、欧元、英镑、日元等。

【单选题】 货币在执行价值尺度的职能时，可以（　　　）。

A. 表现商品的价值　　　　　　　B. 实现商品的价值

C. 表现货币的价值　　　　　　　D. 完成商品的交换

【答案】 A **【解析】** 货币在表现商品的价值并衡量商品价值量的大小时，执行价值尺度的职能。

【多选题】 下列属于货币职能的有（　　　）。

A. 保值手段　　B. 支付手段　　C. 流通手段

D. 价值尺度　　E. 贮藏手段

【答案】 BCDE **【解析】** 货币职能包括价值尺度、流通手段、贮藏手段、支付手段以及世界货币。

真考解读 属于常
考点，一般会考
1 道题。

二、货币需求（掌握）

（一）货币需求的含义

货币需求（M）是指在一定时期内，经济主体（包括个人、企业单位、政府等）在既定的收入或财富范围内能够而且愿意以货币形式持有财产的需要，或经济主体对流通手段、支付手段和贮藏手段的货币需求。

（二）影响货币需求的主要因素

影响因素	与货币需求的关系	内容
收入水平	正相关	经济主体收入增加，货币需求增加；反之，则货币需求减少。
利率水平	负相关	利率上升，货币需求减少；反之，则货币需求上升。
社会商品可供量（Q）、物价水平（P）、货币流通速度（V）	Q、P 与 M 呈正相关；V 与 M 呈负相关	货币流通规律公式：$M = PQ/V$。
信用制度发达程度	负相关	信用制度越发达，货币需求越低；反之，货币需求越高。
汇率	正相关	本国汇率下降，本国货币贬值，则对本国货币需求减少；反之，对本国货币需求增加。
公众的预期和偏好		公众预期物价水平上升、货币贬值，则货币需求减少；公众偏好货币，则货币需求增加。

典型真题

【多选题】以下因素变动会导致本国货币需求增加的是（   ）。

A. 本国居民收入水平上升　　　　B. 本国利率上升

C. 本国货币升值　　　　　　　　D. 预期本国物价水平上升

E. 信用制度越来越发达

【答案】AC【解析】选项 A、选项 C 导致本国货币需求增加，选项 B、选项 D、选项 E 导致本国货币需求减少。

三、货币供给（重点掌握）

（一）货币供给及货币层次划分

1. 货币供给的含义

货币供给是指中央银行和商业银行对现金货币、存款货币等货币形式的供给。

货币供应量是一国在某一时点上为社会经济运转服务的货币量。一般由中央银行和商业银行供应的现金货币和存款货币构成，是一个存量概念。在信用制度发达条件下，现金、存款、商业票据、可流通转让的金融债券、政府债券等，凡是可用于交易的货币及信用工具都是货币供应量的组成部分。

2. 货币供应量层次划分

在实践中，各国中央银行对货币层次的划分依据的标准基本一致，即货币的流动性。

《中国人民银行货币供应量统计和公布暂行办法》规定，根据我国实际情况，将我国货币供应量划分为 M_0、M_1、M_2、M_3 ^{解读5}。其中：

（1）M_0：流通中现金。

（2）M_1：M_0 + 企业存款 + 机关团体部队存款 + 农村存款 + 个人持有的信用卡类存款。

（3）M_2 ^{解读6}：M_1 + 城乡居民储蓄存款 + 企业存款中具有定期性质的存款 + 外币存款 + 信托类存款。

（4）M_3：M_2 + 金融债券 + 商业票据 + 大额可转让定期存单。

M_1 被称为狭义货币，是现实购买力；M_2 被称为广义货币；M_2 与 M_1 之差被称为准货币，是潜在购买力。

典型真题

【单选题】在划分货币供应量层次中，M_1 一般是指（   ）。

A. 流通中现金　B. 狭义货币　　C. 准货币　　　D. 广义货币

【答案】B【解析】M_1 被称为狭义货币，是现实购买力。

真考解读 属于必考点，一般会考 1~2 道题。

解读5 必考点：M_0、M_1、M_2、M_3 的含义。

解读6 由于 M_2 通常反映社会总需求变化和未来通货膨胀的压力状况，因此，一般所说的货币供应量是指 M_2。

【多选题】下列选项中，属于现阶段我国广义货币供应量 M_2 包括的内容有（　　）。

A. 农村存款   B. 企业单位活期存款

C. 流通中现金   D. 城乡居民储蓄存款

E. 企业单位定期存款

【答案】ABCDE【解析】$M_2 = M_1 +$ 城乡居民储蓄存款 + 企业存款中具有定期性质的存款 + 外币存款 + 信托类存款。其中，$M_0 =$ 流通中现金；$M_1 = M_0 +$ 企业存款 + 机关团体部队存款 + 农村存款 + 个人持有的信用卡类存款。

（二）存款货币创造过程

商业银行创造信用货币是在它的资产负债业务中，通过创造派生存款形成的。

（1）原始存款^{解读7}是客户将现金存入银行形成的存款。

（2）存款准备金是商业银行为保证满足客户提取存款和资金清算需要而准备的资金。

（3）派生存款是银行用转账方式发放贷款、贴现和投资时创造的存款。

（三）货币乘数的含义及影响因素

1. 货币乘数的含义

货币乘数，也称货币扩张系数或货币扩张乘数，是指在基础货币（高能货币）的基础上，货币供给量通过商业银行创造派生存款的作用而产生的信用扩张倍数，是货币供给扩张的倍数。货币乘数的大小决定了商业银行货币供给扩张能力的大小。

商业银行创造存款货币的能力，首先取决于原始存款的规模。在原始存款基础上，派生存款的规模还取决于货币乘数。

2. 影响货币乘数的因素

因素	与货币乘数的关系	内容
法定存款准备金率（r_d）	负相关	r_d 越高，创造存款货币的数量越少；反之，则越多。
现金漏损^{解读8}率（c）	负相关	c 越高，银行的存款准备金越少，银行创造存款的能力下降；反之，则上升。
超额准备金率（e）	负相关	e 越高，留有的超额准备金^{解读9}越多，用于贷款的部分就越少，银行创造存款的能力也就越弱；反之，则越强。
定期存款的存款准备金率（r_t）	负相关	r_t 越高，银行手中保留的货币就越多，但是这种货币不能支持活期存款的进一步创造，会使活期存款创造规模下降；反之，则上升。

解读7 原始存款是派生存款创造的基础，派生存款是信用扩张的条件。

解读8 在存款派生过程中，客户提取现金，则现金就会流出银行系统，出现现金漏损。

解读9 超额准备金和活期存款总额是反向比例关系。

法定存款准备金率（r_d）、现金漏损率（c）、超额准备金率（e）和定期存款的存款准备金率（r_t）对货币乘数（K）的影响可用以下公式表示：

$$K = 1 / (r_d + c + e + r_t \cdot t)$$

其中，t 指定期存款占活期存款的比例。

3. 在货币供给过程中，中央银行和商业银行发挥的作用

项目	内容
商业银行	商业银行通过资产负债业务，通过创造派生存款形成信用货币的增加或减少，影响货币供应量。
中央银行	（1）中央银行可以创造货币，通过控制现金发行，影响商业银行的准备金存款。 （2）中央银行可以通过调整法定准备金率、调节再贴现率、改变再贷款规模、在公开市场上买卖有价证券等手段，影响商业银行超额准备金数量的变化，从而影响商业银行的信用创造能力。

典型真题

【多选题】货币乘数也称货币扩张系数，其影响因素包括（　　）。

A. 法定存款准备金率　　　　B. 超额准备金率

C. 定期存款准备金率　　　　D. 现金漏损率

E. 原始存款

【答案】ABCD 【解析】影响货币乘数的因素：法定存款准备金率、现金漏损率、超额准备金率、定期存款的存款准备金率。

四、通货膨胀与通货紧缩（重点掌握）

（一）通货膨胀

1. 通货膨胀的含义

通货膨胀是在纸币流通的情况下，货币供应量超过需求量，引起纸币贬值、物价持续上涨的经济现象。物价总水平上涨是通货膨胀的必然结果，是通货膨胀的主要标志。

2. 通货膨胀的原因

项目	内容
需求拉上型通货膨胀	当总需求与总供给的对比处于供不应求状态，总需求大于总供给时，过多的需求拉动价格水平上涨。即"过多的货币追求过少的商品"引起了物价上涨。

真考解读 属于必考点，一般会考1~2道题。

项目	内容
成本推动型通货膨胀	其根源在于社会总供给的变化，在商品和劳务的需求不变的情况下，因生产成本的提高而推动物价上涨。生产成本的提高包括两个方面的原因。 （1）工资推进的通货膨胀。主要是货币工资的增长超过劳动生产率的增长，引起生产成本的增加，企业就会因为人力成本的加大而提高产品价格，以维持盈利水平，导致物价上涨；物价上涨后，又会引起工人要求提高工资，再次引起物价上涨，往往造成工资—物价螺旋式上升。 （2）利润推进的通货膨胀。其前提条件是存在着商品和劳务销售的不完全竞争市场。在垄断存在的情况下，垄断企业为了追求超额利润而提高垄断产品价格，以赚取垄断利润。当垄断企业产品价格提高后，以垄断企业的产品为原材料的其他产品的成本相应提高，于是又带动其他产品的价格上涨，引起物价总水平的上涨，形成利润推进型通货膨胀。
供求混合推动型的通货膨胀	在现实经济社会中，通货膨胀的原因往往既有来自需求方面的因素，又有来自供给方面的因素。
结构型通货膨胀	在整个经济总供给与总需求大体均衡的情况下，由于经济结构因素的变化而引起。

3．通货膨胀对社会经济的影响

项目	内容
对生产和流通的影响	（1）通货膨胀不利于生产正常发展。 （2）通货膨胀打乱了正常的商品流通秩序。
对分配和消费的影响	（1）通货膨胀会引起不利于固定薪金收入阶层的国民收入的再分配[解读10]。 （2）通货膨胀降低消费规模。
对金融秩序和经济、社会稳定的影响	（1）通货膨胀使货币贬值，当名义利率低于通货膨胀率，实际利率为负值时，常常会引起居民挤提存款[解读11]，用于抢购商品。企业争相贷款，将贷款的资金用于囤积商品，赚取暴利。这会导致银行资金紧张，扰乱了金融领域的正常秩序。

解读10 通货膨胀是有利于债务人而不利于债权人的分配。
解读11 挤提存款是指存款人集中大量提取存款的行为。

续 表

项目	内容
对金融秩序和经济、社会稳定的影响	（2）严重的通货膨胀，会使社会公众失去对本国纸币的信心，不愿意接受和使用纸币，甚至会出现排斥货币的现象，导致一国的货币制度走向崩溃。 （3）由于通货膨胀使生产领域受到打击，生产性投资的预期收益普遍低落，而流通领域则存在过度的投机，导致经济紊乱。 （4）通货膨胀引起的经济领域的混乱，会直接波及整个社会，社会各阶层的利益分配不公会激化社会矛盾，导致政府威信下降，政局不稳定。

4. 通货膨胀的治理对策 ^{解读12}

项目	内容
紧缩的货币政策	（1）减少货币供应量（减少基础货币投放或者提高法定存款准备金率）。 （2）提高利率（如再贴现率）。
紧缩的财政政策	（1）增收节支。①增收：主要是增加税赋。②节支：主要是压缩政府机构费用开支，抑制公共事业投资，减少各种补贴和救济等福利性支出。 （2）减少赤字。
其他治理对策	如通过紧缩的收入政策、积极的供给政策以及货币改革等措施对通货膨胀进行治理。

解读12 必考点：紧缩的货币政策和紧缩的财政政策的内容。

典 型 真 题

【单选题】通货膨胀的主要标志是（　　　）。

A. 货币需求量增加　　　　B. 物价总水平持续上涨

C. 货币发行量增加　　　　D. 货币供应量增加

【答案】B【解析】物价总水平上涨是通货膨胀的必然结果，是通货膨胀的主要标志。

【多选题】通货膨胀对金融秩序和经济、社会稳定的影响主要包括（　　　）。

A. 会引起社会各阶层的利益分配不公而激化社会矛盾

B. 会引起过度的投机，导致经济紊乱

C. 会使社会公众失去对本国纸币的信心

D. 会导致政府威信下降，政局不稳定

E. 会引起居民挤提存款，用于抢购商品

【答案】ABCDE【解析】选项 A、选项 B、选项 C、选项 D、选项 E 均属于通货膨胀对金融秩序和经济、社会稳定的影响。

【判断题】通货膨胀是有利于债务人而不利于债权人的分配。（　　）

A. 正确　　　　　　　　　　　　B. 错误

【答案】A【解析】题干表述正确。

解读13 通货膨胀属于必考点，通货紧缩考查相对较少，注意区分二者的含义、产生原因、影响及治理对策。

（二）通货紧缩 解读13

1. 通货紧缩的含义

通货紧缩是指经济中货币供应量少于客观需求量，社会总需求小于总供给，导致单位货币升值、价格水平普遍和持续下降的经济现象。与通货膨胀一样，通货紧缩也是货币供求失衡、物价不稳定的一种表现，对整个经济增长也同样有着不利的影响。

2. 通货紧缩产生的原因

项目	内容
货币供给减少	主要是由于政策时滞的原因，在通货膨胀时期的紧缩货币政策和财政政策没有及时调整，导致投资和需求的下降，进而影响社会有效供给。
有效需求不足	当实际利率较高时，消费和投资就会出现大幅下降而导致有效需求不足，进而物价持续下跌；金融机构贷款意愿下降和提高利率时，会减少社会总需求，导致物价下跌；制度变迁和转型等体制因素，导致居民消费行为发生变化，储蓄倾向上升，消费倾向下降，即期支出大量地转化为远期支出，也会引起有效需求不足，导致物价下降。
供需结构不合理	由于经济中存在不合理的扩张和投资，造成了不合理的供给结构和过多的无效供给，当积累到一定程度时必然加剧供给之间的矛盾，导致供过于求，产品价格下跌。
国际市场的冲击	对于开放度较高的国家，在国际经济不景气的情况下，国内市场也会受到很大的影响。主要表现在出口下降，外资流入减少，导致国内供给增加、需求减少，产品价格下降。

3. 通货紧缩的影响

项目	内容
导致社会总投资减少	（1）通货紧缩会使实际利率提高，社会投资的实际成本上升，会导致投资下降。

续 表

项目	内容
导致社会总投资减少	（2）由于预期价格下降，投资预期收益的减少，也会使企业投资意愿下降。
减少消费需求	在通货紧缩过程中，物价下跌使货币实际购买力不断提高，人们会尽可能地推迟支付，导致消费支出的延迟和消费规模的减小。
影响社会收入再分配	通货紧缩会使政府的收入向企业和个人转移，主要是通过降低所得税实现；会使企业在价格下降中受到损失；会使工人的实际工资增加；会形成有利于债权人而不利于债务人的资金再分配。

4. 通货紧缩的治理对策

项目	内容
扩大有效需求	扩大投资需求和增加消费需求。
实行扩张的财政政策和货币政策	（1）扩张的财政政策。主要是扩大财政开支，兴建公共工程，增加财政赤字，减免税收。 （2）扩张的货币政策。主要是通过降低法定存款准备金率、降低再贴现率、公开市场买入有价证券等手段，以增加商业银行的超额准备金、增加基础货币，扩大货币乘数，增加社会货币供给总量；降低基准利率，以减少商业银行借款成本，降低市场利率，刺激总需求。
引导公众预期	通过公开宣传等措施对公众进行政策性引导，调整企业和个人对未来的预期，可以对扩大投资需求和增加消费需求起到一定的引导作用。

典型真题

【单选题】下列属于通货紧缩现象的是（   ）。

A. 货币供应量多于客观需求量　　B. 单位货币升值

C. 有效需求过多　　　　　　　　D. 社会总需求大于总供给

【答案】B【解析】通货紧缩是指经济中货币供应量少于客观需求量，社会总需求小于总供给，导致单位货币升值、价格水平普遍和持续下降的经济现象。

【多选题】下列表述中，可以导致有效需求不足的有（   ）。

A. 实际利率较低　　　　　　　　B. 储蓄倾向上升

C. 金融机构贷款意愿下降　　　　D. 金融机构提高利率

E. 消费倾向下降

【答案】BCDE【解析】当实际利率较高时，消费和投资就会出现大幅下降而导致有效需求不足，进而物价持续下跌，故选项 A 不符合题意。选项 B、选项 C、选项 D、选项 E 均可以导致有效需求不足。

第二节　货币政策概述

一、货币政策目标（重点掌握）

真考解读 属于必考点，一般会考 1~2 道题。货币政策的操作目标和中介目标是考查重点，注意区分。

制定和实施货币政策，首先必须明确货币政策的最终目标。中央银行通过货币政策工具操作直接引起操作目标的变动，操作目标的变动又通过一定的途径传导到整个金融体系，引起中介目标的变化，进而影响宏观经济运行，实现货币政策最终目标。

（一）最终目标

（1）货币政策的最终目标包括经济增长、充分就业、物价稳定、国际收支平衡。四大目标之间既有统一性，也有矛盾性。因此，在不同的环境中，货币政策的最终目标应该有所侧重。

（2）在现阶段，我国的货币政策目标：保持货币币值稳定，并以此促进经济增长。币值稳定既包括避免通货膨胀和防止通货紧缩，也包括货币对内币值稳定（国内物价稳定）和对外币值稳定（汇率稳定）。

（二）操作目标 解读1

解读1 货币政策操作目标和中介目标的确定主要是为了缩短货币政策时滞，提高货币政策的效果。

（1）货币政策的操作目标是中央银行运用货币政策工具能够直接影响或控制的目标变量。它介于政策工具和中介目标之间，是货币政策工具影响中介目标的桥梁。

（2）通常被采用的操作目标主要有基础货币、存款准备金。

（三）中介目标 解读2

解读2 货币政策中介目标和操作目标的选择标准：①可观测性；②可控性；③相关性。

（1）货币政策中介目标的作用：①表明货币政策实施的进度；②为中央银行提供一个追踪观测的指标；③便于中央银行调整政策工具的使用。

（2）中介目标主要包括货币供应量和利率。

（3）现阶段我国货币政策的中介目标主要是货币供应量。

典型真题

【单选题】我国货币政策的目标是（　　）。

A. 制定和执行货币政策，加强宏观调控

B. 保持货币币值的稳定，并以此促进经济增长

C. 防范和化解金融风险

D. 维护金融稳定，促进经济发展

【答案】B【解析】在现阶段，我国的货币政策目标：保持货币币值稳定，并以此促进经济增长。

【单选题】现阶段我国货币政策的操作目标是（　　）。

A. 现金　　　　B. 基准利率　　C. 货币供应量　D. 基础货币

【答案】D【解析】通常被采用的操作目标主要有基础货币、存款准备金。

二、货币政策工具（掌握）

中央银行调节经济时所使用的货币政策工具包括一般性货币政策工具（最常用）、选择性货币政策工具、直接性货币政策工具、间接性货币政策工具四类。

（一）一般性货币政策工具

一般性（经常性、常规性）货币政策工具是从总量的角度，通过对货币供应总量或信用总量的调节与控制来影响整个经济。主要包括法定存款准备金政策、再贴现及公开市场业务解读3。

1. 法定存款准备金政策

项目	内容
含义	法定存款准备金政策是指中央银行在法律所赋予的权力范围内，通过规定和调整法定存款准备金率，控制商业银行信用创造能力，间接控制社会货币供应量的措施。
存款准备金	存款准备金指商业银行为保证客户提取存款和资金清算需要而准备的资金。它分为法定存款准备金和超额存款准备金解读4。
中央银行运用法定存款准备金政策的作用机制	当中央银行提高法定存款准备金率时，商业银行需要上缴中央银行的法定存款准备金增加，可直接运用的超额准备金减少，其他条件不变的情况下，商业银行贷款或投资将会下降，引起派生存款的数量收缩，导致信贷规模和货币供应量减少。因此，存款准备金政策是以商业银行的货币创造功能为基础，其效果也是通过影响商业银行的货币创造能力来实现的。

2. 再贴现政策

项目	内容
含义	再贴现是指金融机构为取得资金，将未到期的已贴现商业汇票再以贴现方式向中央银行转让的行为。 再贴现政策是指中央银行通过制定、调整再贴现利率来干预、影响市场利率和货币供应量的一种政策手段。

真考解读 属于常考点，一般会考1道题。主要考查对三大传统法宝的理解与运用。

解读3 这三个被称为中央银行"三大传统法宝"。

解读4 超额存款准备金是商业银行存放在中央银行、超出法定存款准备金的部分，主要用于支付清算、头寸调拨或作为资产运用的备用资金。

续　表

项目	内容
中央银行调整再贴现率的作用机制	中央银行提高再贴现率，会提高商业银行向中央银行融资的成本，降低商业银行向中央银行的借款意愿，减少向中央银行的借款或贴现。如果准备金不足，商业银行只能收缩对客户的贷款和投资规模，进而也就缩减了市场货币供应量，市场利率也相应上升，社会对货币的需求相应减少，整个社会的投资支出减少，经济增速放慢，最终实现货币政策目标。

3. 公开市场业务

项目	内容
含义	公开市场业务是指中央银行在金融市场上卖出或买进有价证券（主要是政府公债和国库券），吞吐基础货币，以改变商业银行等金融机构的可用资金，进而影响货币供应量和利率，实现货币政策目标的一种政策措施。
目的	中央银行买卖证券的目的是调控经济。
作用机制	当中央银行需要增加货币供应量时，可利用公开市场操作买入证券，增加商业银行的超额准备金，通过商业银行存款货币的创造功能，最终导致货币供应量的多倍增加。同时，中央银行买入证券还可导致证券价格上涨、市场利率下降。反之则相反^{解读5}。
优点	具有主动性、灵活准确性、可逆转性、可微调、操作过程迅速、可持续操作等优点。

解读5 经济衰退时购买有价证券，经济过热时出售有价证券。

典型真题

【单选题】中央银行在运用货币政策进行金融宏观调控时，主要是通过调控（　　）来影响社会经济活动。

A. 货币需求总量　　　　　　　B. 国民生产总值

C. 国内生产总值　　　　　　　D. 货币供应总量

【答案】D 【解析】中央银行调节经济时最常用的货币政策工具是一般性货币政策工具。一般性货币政策工具是从总量的角度，通过对货币供应总量或信用总量的调节与控制来影响整个经济。

【单选题】在下列中央银行可以运用的货币政策工具中，主动性和灵活准确性较强的是（　　）。

A. 利率　　　　　　　　　　B. 再贴现率

C. 存款准备金率　　　　　　D. 公开市场业务

【答案】 D **【解析】** 公开市场业务具有主动性、灵活准确性、可逆转性、可微调、操作过程迅速、可持续操作等优点，所以成为中央银行常用的主要货币政策工具。

（二）其他货币政策工具^{解读6}

（1）选择性货币政策工具。主要包括<u>证券市场信用控制</u>、<u>消费者信用控制</u>、<u>不动产信用控制</u>、优惠利率、预缴进口保证金等。

（2）直接性货币政策工具。主要包括<u>利率限制</u>、<u>信用配额</u>、<u>直接干预</u>、<u>流动性比率</u>等。

（3）间接性货币政策工具。主要包括<u>窗口指导</u>、道义劝告、金融检查、公开宣传等。

【提示】 窗口指导是指中央银行通过劝告和建议来影响商业银行信贷行为的一种温和的、非强制性的货币政策工具，是一种劝谕式监管手段，<u>不具备法律强制力</u>。

典型真题

【多选题】中央银行直接性货币政策工具包括（　　）。

A. 利率限制　　　　　　　　B. 证券市场信用控制

C. 信用配额　　　　　　　　D. 直接干预

E. 流动性比率

【答案】 ACDE **【解析】** 直接性货币政策工具主要包括利率限制、信用配额、直接干预、流动性比率等。选项 B 属于选择性货币政策工具。

（三）我国中央银行的创新型货币政策工具

我国中央银行创设了多种新型政策工具，包括短期流动性调节工具（SLO）、临时流动性便利（TLF）、常备借贷便利（SLF）、中期借贷便利（MLF）、抵押补充贷款（PSL）及定向中期借贷便利^{解读7}（TMLF），用以管理中短期利率水平。

【提示】 近年来，随着宏观经济的变化，我国的货币政策工具逐步从数量型（法定存款准备金政策、公开市场业务、再贴现、再贷款等）向价格型（利率、汇率等）转变。

解读6 一般以多选题的形式考查，考生要对这三种工具进行正确的分类。

解读7 操作期限为1年，实际使用期限可达3年，利率比中期借贷便利更优惠。

三、货币政策传导机制（熟悉）

（一）传统的利率渠道

传统的利率渠道是指当中央银行采取扩张性货币政策时，货币供应量的增加会降低利率，借贷成本下降，企业会增加投资支出，消费者会增加对耐用品的消费支出。投资和消费的增加会引起社会总需求的增加，从而导致总产出的增加。

（二）信贷渠道

项目	内容
含义	信贷渠道是指货币政策工具通过调控货币供给量的增加和减少来影响银行规模和结构的变化，从而对实际经济产生影响。
作用机制	当中央银行采取扩张性货币政策时，银行体系的准备金增加，银行的可贷资金增加，贷款随之增加。依赖银行贷款的企业增加投资支出，产出增加。反之则作用相反。

（三）资产价格渠道

项目	内容
含义	资产价格渠道是指货币政策的变化引起资产价格的变化，进而对微观经济主体的投资和消费产生影响。
货币政策的两种资产价格渠道	（1）基于托宾 q 理论的"托宾效应"。其中，q 是指企业的市场价值与资本的重置成本之比，与投资支出呈正相关关系。当中央银行采取扩张性货币政策时，货币供应量增加，股票价格上涨，q 值增大，企业愿意增加投资，社会总产出增加。 （2）莫迪利安尼的"消费财富效应"。货币政策通过货币供给的增减影响股票价格，使公众持有的个人财富（以股票市值计算）发生变动，从而影响其消费[解读8]支出。

（四）汇率渠道（国际贸易渠道）

项目	内容
含义	汇率渠道是指货币政策的变动通过货币供给量影响汇率，进而对净出口产生影响的过程。
作用机制	货币供应量增加，导致本国的利率下降，进而对本国货币的需求会下降，由此影响本国货币贬值，使净出口增加，商品需求增加，最终导致总产出的增加。反之作用则相反。

第三节 利息与利率

一、利息（了解）

利息是指在信用关系中债务人支付给债权人的报酬，即资金的价格。其本质是剩余产品价值的一部分，反映所处生产方式的生产关系。

真考解读 较少考查，了解即可。

二、利息率（掌握）

（一）利息率的含义

利息率是一定时期内利息收入同本金之间的比率，是计量借贷资本增值程度的数量指标。

真考解读 属于常考点，一般会考1道题，重点关注利息率的种类。

（二）利息率的主要种类

1. 固定利率与浮动利率

分类	内容
固定利率	固定利率是指在借贷业务发生时，由借贷双方商定的利率，在整个借贷合同期内，利率不因市场资金供求状况或其他因素而变化。 优点：便于计算成本和收益。 缺点：借贷双方在期限较长、市场率变化较多时可能要承担利率波动的风险。
浮动利率	浮动利率是指银行借贷业务发生时，由借贷双方共同商定并根据市场变化情况进行相应调整的利率。 优点：更好发挥利率的调节作用，缩小利率波动的风险。 缺点：不便计算与预测成本和收益。

2. 存款利率与贷款利率 解读1

分类	内容
存款利率	存款利率是指客户在银行或其他金融机构存款所取得的利息与存款本金的比率。 存款利率的高低直接决定了存款人的利息收益和金融机构的融资成本。存款利率越高，存款人的利息收入越多，银行的融资成本越高，金融机构集中的社会资金数量越多。
贷款利率	贷款利率是指银行或其他金融机构发放贷款所收取的利息与贷款本金的比率。 贷款利率的高低直接决定着金融机构的利息收入和借款人的筹资成本。贷款利率越高，金融机构的利息收入越多，借款人的筹资成本越高。

解读1 贷款利率一般高于存款利率。两者差额为存贷利差。存贷利差是商业银行利润的重要来源。

3．基准利率和市场利率

分类	内容
基准利率	（1）基准利率^{解读2}由国家中央银行直接制定和调整，在市场经济国家主要是指再贴现利率，其变动会带动金融市场其他利率相应地同向变动。 （2）双重含义。 ①基准利率决定着一个国家的金融市场利率水平，是金融机构系统制定存款利率、贷款利率、有价证券利率的依据。 ②基准利率表明中央银行对于当期金融市场货币供求关系的总体判断，基准利率的变化趋势引导着一个国家利率的总体变化方向。
市场利率	市场利率通常是指借贷双方在金融市场上通过竞争所形成的反映一定时期金融市场货币供求关系的利率。

解读2 我国目前的基准利率为中国人民银行对商业银行的再贷款利率。

4．名义利率和实际利率

分类	内容
名义利率	（1）名义利率通常是指商业银行和其他金融机构对社会公布的挂牌利率。 （2）名义利率没有考虑通货膨胀对利息的影响。
实际利率	（1）实际利率^{解读3}是指名义利率扣除当期通货膨胀率之后的真实利率。 （2）实际利率考虑通货膨胀风险因素的补偿。

解读3 反映借款成本和贷款收益的是实际利率而不是名义利率。

5．官定利率和公定利率

分类	内容
官定利率	官定利率是指由政府金融管理部门或中央银行根据国家经济发展和金融市场需要所确定和调整的利率。主要代表国家政府的经济发展意志和对金融市场的判断，不能随意变动和自主调整。
公定利率	公定利率是指由一个国家或地区银行公会（同业协会）等金融机构行业组织所确定的利率。主要反映整个金融机构在某时期的平均利润水平，以及对金融市场借贷关系的总体分析和认识，对同业协会组织的全体成员具有约束性，其权威性不容挑战。

典型真题

【单选题】下列关于商业银行存款利率的表述，错误的是（　　）。

A. 存款利率越高，银行的融资成本越高

B. 存款利率的高低直接决定了存款人的利息收益

C. 存款利率越高，银行的利润越高

D. 存款利率的高低直接决定了金融机构的融资成本

【答案】C【解析】一般来说，存款利率越高，存款人的利息收入越多，银行的融资成本越高，金融机构集中的社会资金数量越多。故选项C表述错误。

【单选题】下列关于基准利率的表述，错误的是（　　）。

A. 基准利率表明央行对一段时期金融市场货币供求关系的总体判断

B. 基准利率决定着一个国家的金融市场的最高利率水平

C. 基准利率变化趋势引导着一个国家利率的总体变化方向

D. 基准利率是金融机构制定存款利率、贷款利率、有价证券利率的依据

【答案】B【解析】基准利率决定着一个国家的金融市场利率水平，而不是最高利率水平。故选项B表述错误。

【单选题】下列关于贷款利率的表述，正确的是（　　）。

A. 贷款利率越高，企业的利润就越高

B. 贷款利率的高低直接决定着金融机构的筹资成本

C. 贷款利率越高，金融机构的利息收入越少

D. 贷款利率的高低直接决定着金融机构的利息收入

【答案】D【解析】贷款利率越高，金融机构的利息收入越多，借款人的筹资成本越高。故选项A、选项C表述错误。贷款利率的高低直接决定着金融机构的利息收入和借款人的筹资成本。故选项B表述错误，选项D表述正确。

三、利率市场化概述（了解）

真考解读 较少考查，考生了解即可。

项目	内容
含义	利率市场化是指在市场经济中，利率水平及其结构由经济主体自主决定的过程。
实质	通过市场机制的作用，使反映资金价格的利率在供求关系的影响下达到均衡，以期实现对资金资源的有效配置。
利率市场化形成机制的组成部分	（1）市场基准利率体系。 （2）以中央银行政策利率为核心的利率调控机制。 （3）金融机构和企业的市场定价能力和利率风险管理能力。

续　表

项目	内容
我国利率市场化的进程	我国利率体系中的银行间同业拆借利率、债券利率、贴现利率、贷款利率、存款利率等都已经实现了由市场主体自主定价，利率市场化基本完成。

第四节　外汇与汇率

视频讲解　微信扫描

一、外汇及汇率的基本内容（掌握）

（一）外汇和汇率的含义

1. 外汇

外汇是指以外币表示的可以用作国际结算的支付手段和资产。

真考解读 属于常考点，一般会考1道题。

《中华人民共和国外汇管理条例》规定，本条例所称外汇，是指下列以外币表示的可以用作国际清偿的支付手段和资产：①外币现钞，包括纸币、铸币；②外币支付凭证或者支付工具，包括票据、银行存款凭证、银行卡等；③外币有价证券，包括债券、股票等；④特别提款权；⑤其他外汇资产。

2. 汇率

汇率是指两种货币的折算比率，是以一国货币来表示的另一国货币的价格。

（二）汇率的标价方法

目前，世界上绝大多数国家采用直接标价法，只有少数国家（如英国和美国等）的货币采用间接标价法。

解读1 我国人民币汇率采用直接标价法。

方法	内容
直接标价法	直接标价法[解读1]又称为应付标价法，是以一定单位的外币作为标准，来计算应付多少本币的标价方法。 　　具体使用方法：外币的数额作为标准保持固定不变，应付本币金额随着外币和本币币值的变化而变动。一定单位的外币折算成的本币数量比原来增多，说明外币汇率上升或本币汇率下跌，即外币币值上升或本币币值下跌。
间接标价法	间接标价法又称为应收标价法，是以一定单位的本币作为标准，来计算应收多少外币的标价方法。 　　具体使用方法：本币的数额作为标准保持固定不变，应收外币金额随着本币和外币币值的变化而变动。一定单位的本币折算成的外币数额比原来增多，说明本币汇率上升或外币汇率下跌，即本币升值或者外币贬值。

（三）汇率的分类 解读2

解读2 常考点：各种汇率的含义。

分类	内容
固定汇率和浮动汇率	固定汇率：维持一个固定比率，汇率限制在一定范围内波动。 浮动汇率：由外汇市场供求关系决定，可以自由浮动。
即期汇率和远期汇率	即期汇率：买卖外汇双方成交当天或两天以内进行交割的汇率。 远期汇率：在未来一定时期进行交割，而事先由买卖双方签订合同、达成协议的汇率。
官方汇率和市场汇率	官方汇率：外汇管理当局制定并公布的本国货币与其他各种货币之间的外汇牌价。 市场汇率：外汇管制较松的国家在自由外汇市场上进行外汇交易的汇率。
名义汇率和实际汇率	名义汇率：没有剔除通货膨胀因素的汇率。 实际汇率：剔除了通货膨胀因素后的汇率。

典型真题

【单选题】由货币当局制定并干预，只能在一定幅度内波动的汇率称为（   ）。

A．固定汇率　　B．浮动汇率　　C．基本汇率　　D．官方汇率

【答案】A【解析】固定汇率是指本国货币与其他国家货币之间维持一个固定比率，汇率波动只能限制在一定范围内，由官方干预来保证汇率的稳定。

二、汇率变动的影响因素及其对经济的影响（掌握）

真考解读 属于常考点，一般会考1道题。重点理解各要素是如何影响汇率变动，并关注其变动的过程。

（一）汇率变动的影响因素

影响因素	内容
国际收支（最重要因素）	当一国处于国际收支顺差时，说明本国出口增加、外汇收入增加，而进口减少、外汇支付减少，此时，外汇供给大于支出，从而造成本币对外升值，外汇汇率下跌。 当一国存在较大国际收支逆差时，说明本国外汇收入小于外汇支出，对外汇的需求大于外汇供给，会造成外汇汇率上涨，本币对外贬值。
利率水平 解读3	当一国提高利率水平或本国利率高于外国利率时，会引起资本流入，由此对本国货币需求增大，使本币升值，外汇贬值；反之，会引起资本流出，对外汇需求增大，外汇升值，本币贬值。

解读3 国际收支和利率对汇率变动的影响在考试中考查较多，考生重点掌握。

续 表

影响因素	内容
通货膨胀	当一国发生通货膨胀时，该国货币所代表的价值量就会减少，其实际购买力下降，于是其对外币比价趋于下跌，即外币升值，本币贬值。
政府干预	政府干预的形式主要是直接在外汇市场上买进或卖出外汇（如买进外汇，则外币升值，本币贬值），以改变外汇供求关系，促使汇率发生变化。
一国经济实力	若一国具有较强的经济实力，会增强外汇市场对该国货币的信心，从而导致本币对外不断升值^{解读4}。反之，则导致本币对外不断贬值。
其他	一国政局不稳、有关国家领导人更替、战争爆发、其他投资品市场价格发生变化等，都会引起外汇市场汇率的波动。

解读 4 本币升值说明本国货币值钱，可以买进更多的外国商品，因此利于进口，不利于出口，容易产生贸易逆差。

【提示】外币升值，本币贬值情况主要有：国际收支逆差；利率相对较低；通货膨胀相对较高；政府买进外汇；经济增长缓慢、外汇储备短缺、经济结构和贸易结构失衡等经济实力比较弱的情况；其他因素。

（二）汇率变动对经济的影响

（1）对国际收支和贸易的影响。当外币汇率上升、本币汇率下跌时，以外币表示的本国出口商品价格下降，在其他条件不变的情况下，出口增加，进口减少，出现顺差。

（2）对资本流动的影响。当外币汇率上升、本币汇率下跌时，资本（特别是短期资本）为避免货币贬值的损失会流向国外。

（3）对国际储备的影响。如果储备货币的汇率上升，外汇储备的实际价值增加；在不考虑其他因素的情况下，如果本币贬值，将刺激出口，使外汇收入和外汇储备增加。

（4）对通货膨胀的影响。本币贬值可能使出口增加，如果国内商品因出口增加而供不应求的话，物价可能上涨；由于出口增加可能引起外汇收入增加，使国内货币供应扩张，加大通货膨胀压力。

（5）对国际债务的影响。如果债务货币汇率上升，将使国际债务的实际价值增加，从而加重该国的债务负担。

（6）对国际经济、金融关系产生一定的影响。

（7）对旅游、侨汇、国内经济增长与就业及国内利率水平产生一定的影响。

典型真题

【单选题】当一国存在较大国际收支逆差时，不会出现的现象是(   )。

A. 会造成本国外汇收入比外汇支出少

B. 会造成外汇汇率上涨

C. 会造成对外汇的需求小于外汇供给

D. 会造成本币对外贬值

【答案】C【解析】国际收支是影响汇率变动的最重要因素。当一国存在较大国际收支逆差时，说明本国外汇收入比外汇支出少（选项 A 正确），对外汇的需求大于外汇供给（选项 C 错误），会造成外汇汇率上涨（选项 B 正确），本币对外贬值（选项 D 正确）。

【单选题】当一国利率低于外国利率时，下列关于对国际收支和汇率可能产生影响的表述，正确的是 (   )。

A. 外汇贬值   B. 本币升值

C. 资本流出   D. 资本流入

【答案】C【解析】当一国降低利率或本国利率低于外国利率时，会引起资本从本国流出，由此对外汇需求增大，外汇升值，本币贬值。

三、汇率制度 （熟悉）

真考解读 考查相对较少，考生熟悉即可。

汇率制度	内容
固定汇率制度	固定汇率制度是指各国货币的交换价值按照某些共同接受的价值为参照物解读5，形成汇率之间的固定比值，货币当局把汇率波动幅度限制在一定范围之内的汇率制度。通常表现为可调整的钉住制度。
浮动汇率制度	（1）浮动汇率制度是指一国不再规定其货币的金平价及现实汇率的波动幅度，货币当局也不再承担维持汇率波动界限的义务，而是由外汇市场的供求变化来决定货币汇率水平的汇率制度。在这种制度下，汇率并不是纯粹的自由浮动，在必要的时候，政府也会对汇率进行或明或暗的干预。 （2）我国实行以市场供求为基础、参考一篮子货币进行调节、有管理的浮动汇率制度。

解读5 如黄金、某一种货币或某一组货币。

📝 **章节练习**

一、单选题（以下各小题所给出的四个选项中，只有一项符合题目要求，请选择相应选项，不选、错选均不得分）

1. 老王现有存款 28 万元，预购一套 28 万元的新房，支取了 10 万元交首付，随后央行宣布金融机构一年期存贷款基准利率上调 0.25 个百分点。在这一购房过程中，房价 28 万元，首付 10 万元，分别体现的货币职能是（　　）。
   A. 价值尺度；流通手段　　　　　B. 价值尺度；支付手段
   C. 贮藏手段；流通手段　　　　　D. 贮藏手段；支付手段

2. 收入状况是决定货币需求的主要因素之一，在一般情况下，货币需求量与收入水平（　　）。
   A. 正相关　　　　B. 负相关　　　　C. 无关　　　　D. 不确定

3. 下列货币供应量统计指标中，通常能用于反映社会总需求变化和未来通货膨胀压力状况的指标是（　　）。
   A. $M_2 - M_1$　　　　B. M_1　　　　C. M_0　　　　D. M_2

4. 为治理通货膨胀，中央银行一般会在市场上（　　）。
   A. 出售有价证券　　B. 购入有价证券　　C. 加大货币投放量　　D. 降低利率

5. 当中央银行提高再贴现率时，（　　）。
   A. 投资者的投资意愿净值增加　　　　B. 市场利率水平将会上升
   C. 商业银行的放款能力将会增加　　　　D. 市场货币供应量将会增加

6. 现阶段，我国货币政策的操作目标是（　　），中介目标是（　　）。
   A. 基础货币；流通中现金　　　　B. 基础货币；货币供应量
   C. 基础货币；活期存款　　　　　D. 货币供应量；基础货币

7. 下列关于在商业银行的外汇交易中，间接标价法是以一定单位的本国货币为标准来计算应付出多少单位的外国货币的标价方法的说法，错误的是（　　）。
   A. 政府在必要的时候会对汇率进行干预
   B. 我国人民币汇率采用间接标价法
   C. 我国的汇率制度参考一篮子货币，不片面地关注人民币与某个单一货币的双边汇率
   D. 我国实行浮动汇率制度

二、多选题（以下各小题所给出的五个选项中，有两项或两项以上符合题目的要求，请选择相应选项，多选、少选、错选均不得分）

1. 中央银行可以运用的影响商业银行信用创造能力的手段包括（　　）。
   A. 改变再贷款规模　　　　　B. 调节再贴现率
   C. 办理银行之间的清算　　　D. 在公开市场上买卖有价证券
   E. 调整法定准备金率

2. 治理通货膨胀可采取紧缩的货币政策，主要手段包括（   ）。

    A. 增加货币供应量   B. 提高再贴现率

    C. 减少货币供应量   D. 提高法定存款准备金率

    E. 提高利率

三、判断题（请对以下各项描述做出判断，正确的为 A，错误的为 B）

1. 通货紧缩会使政府的收入向企业和个人转移，会使企业在价格下降中受到损失，会使工人的实际工资增加。（   ）

    A. 正确   B. 错误

2. 在固定汇率制度下，货币当局把汇率波动幅度限制在一定范围之内。在浮动汇率制度下，汇率是纯粹的自由浮动，政府不会对汇率进行干预。（   ）

    A. 正确   B. 错误

▶ 答案详解

一、单选题

1. A【解析】货币执行价值尺度职能时，可以是观念形态的货币，所以，房价 28 万元执行的是价值尺度职能；在商品交换中，当货币作为交换的媒介实现商品的价值时就执行流通手段的职能，首付 10 万元执行的是流通手段职能。故选 A。

2. A【解析】在一般情况下，货币需求量与收入水平成正比，当居民、企业等经济主体的收入增加时，他们对货币的需求也会增加；当其收入减少时，他们对货币的需求也会减少。

3. D【解析】M_2 通常反映社会总需求变化和未来通货膨胀的压力状况。

4. A【解析】治理通货膨胀型对策有紧缩的货币政策和紧缩的财政政策，其中，紧缩的货币政策包括在公开市场上出售有价证券、提高法定存款准备金率、提高再贴现率等。

5. B【解析】中央银行提高再贴现率，商业银行的放款能力将会降低、市场货币供应量将会减少、投资者的投资意愿净值减少、市场利率水平将会上升。

6. B【解析】货币政策的操作目标主要有基础货币、存款准备金；中介目标主要包括货币供应量和利率。

7. B【解析】我国人民币汇率采用直接标价法，故选项 B 说法错误。其余选项说法均正确。

二、多选题

1. ABDE【解析】中央银行可以通过调整法定存款准备金率、调节再贴现率、改变再贷款规模、在公开市场上买卖有价证券等手段，影响商业银行超额准备金数量的变化，从而影响商业银行的信用创造能力。

2. BCDE【解析】治理通货膨胀可采取紧缩的货币政策，包括以下内容：①减少货币供应量（减少基础货币投放或者提高法定存款准备金率）；②提高利率（如再贴现率）。

三、判断题

1. A【解析】题干所述正确。

2. B【解析】在浮动汇率制度下，汇率并不是纯粹的自由浮动，政府在必要的时候会对汇率进行或明或暗的干预。

第三章　金融市场

　　本章主要介绍了金融市场概述、货币市场和资本市场、我国金融市场组织体系三个方面的内容。本章在考试中涉及分值约为4分。重点是货币市场和资本市场的相关内容。

🏠 **思维导图**

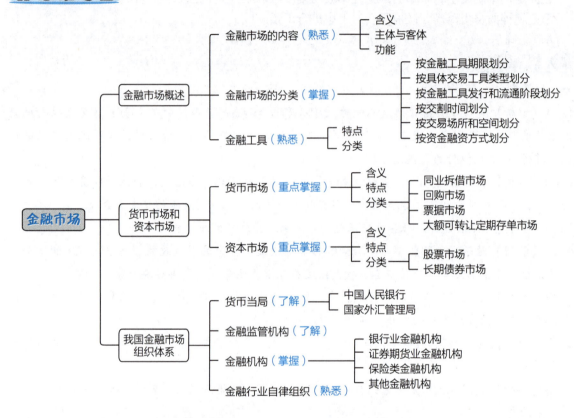

微信扫码关注
畅享在线做题

微信扫码关注
获取免费直播课

知识精讲

第一节 金融市场概述

视频讲解 微信扫描

一、金融市场的内容（熟悉）

（一）金融市场的含义

金融市场是指货币资金融通和金融工具交易的场所。

（二）金融市场的主体与客体

（1）金融市场的主体[解读1]：各类融资活动的参与者。一般包括工商企业、金融机构、中央银行、居民个人与家庭、政府、海外投资者等。

（2）金融市场的客体：金融交易对象，即货币资金，通常以金融工具为载体。

（三）金融市场的功能

功能	内容
货币资金融通	货币资金融通是最主要和最基本的功能，可以为资金不足者提供筹集资金的机会，也可以为资金盈余者提供投资机会。
优化资源配置	金融市场充当资金融通媒介，实现经济资源的再配置。
风险分散与风险管理	（1）风险分散：通过多样化的投资来分散和降低风险，即不要将所有的鸡蛋放在一个篮子里。 （2）风险管理：投融资过程。
经济调节	（1）借助货币资金供应总量的变化影响宏观经济的发展规模和速度。 （2）借助货币资金的流动和配置可以影响经济结构和布局。 （3）借助利率、汇率、金融资产价格变动促进社会经济效益的提高。 （4）借助于金融市场的运行机制，为中央银行实施货币政策、调节宏观经济提供传导渠道。
交易及定价	（1）交易：借助于金融市场的交易组织、交易规则和信用制度，以及丰富的可供选择的金融产品和便利的金融资产交易方式，可以降低交易成本，帮助金融工具实现交易。 （2）定价：具有决定和发现利率、汇率、证券价格等金融资产价格的功能，为金融资产交易提供价格依据。
反映经济运行	金融市场是国民经济景气情况的重要信号系统，也是反映国民经济情况的"晴雨表"。

真考解读 考查相对较少，考查点多为金融市场的功能，其余内容了解即可。

解读1 主体既是资金的供应者也是需求者。

典型真题

【单选题】金融市场的交易组织、交易规则和信用制度，可以降低金融活动的（   ）。

A. 沉没成本　　　　　　　　　　B. 重置成本

C. 交易成本　　　　　　　　　　D. 历史成本

【答案】C【解析】借助于金融市场的交易组织、交易规则和信用制度，以及丰富的可供选择的金融产品和便利的金融资产交易方式，可以降低交易成本，帮助金融工具实现交易。

真考解读 属于常考点，一般会考1道题，主要考查对各市场含义的理解以及包含的种类。

二、金融市场的分类（掌握）

（一）按金融工具期限划分

划分	内容
货币市场（短期资金融通市场）	（1）特点：偿还期短、流动性强、风险小。 （2）资金用途：周转和短期投资。 （3）我国货币市场主要包括银行间同业拆借市场、银行间债券回购市场和票据市场等。
资本市场（长期资金融通市场）	（1）特点：偿还期长，流动性相对较小，风险相对较高。 （2）资金用途：大多用于固定资产的投资。 （3）主要包括债券市场和股票市场。

（二）按具体交易工具类型划分

划分	内容
债券市场	债券市场是债券发行和交易的场所。
票据市场	票据市场指由具有高信用等级的大企业和财务公司发行的短期无担保债券筹措资金的短期融资场所。
外汇市场	外汇市场是指进行外汇交易的场所，由外汇需求者、外汇供给者、买卖中介机构等构成。
股票市场	股票市场是专门对股票进行公开交易的市场，包括股票的发行和流通转让。
黄金市场	黄金市场是进行黄金交易的场所。

（三）按金融工具发行和流通阶段划分

划分	内容
发行市场	发行市场（一级市场）是债券、股票等金融工具初次发行、供投资者认购投资的市场。证券发行可以通过公募和私募两种方式进行。
流通市场	流通市场（二级市场）是对已上市的金融工具（如债券、股票等）进行买卖转让的市场。

（四）按交割时间划分

划分	内容
现货市场	现货市场是当日成交，当日、次日或隔日等几日内进行交割（一方支付款项，另一方支付证券等金融工具）的市场。
期货市场	期货市场是将款项和证券等金融工具的交割放在成交后的某一约定时间[解读2]进行的市场，是进行期货交易的场所。

（五）按交易场所和空间划分

划分	内容
有形市场	有形市场（场内交易市场）是有固定场所、有专门的组织机构和人员、有专门设备的金融交易市场，如股票交易所。
无形市场	无形市场（场外交易市场）是无固定交易场所和交易设施，交易者通过经纪人或交易商的电话、网络等洽谈成交的市场。

（六）按资金融资方式划分[解读3]

划分	内容
直接融资市场	直接融资市场是资金的供给者直接向资金需求者进行融资的市场，一般不通过金融中介机构进行，如商业信用、企业发行股票和债券、国家发行国库券、公债券。
间接融资市场	间接融资市场是通过银行等信用中介机构进行资金融通的市场，一般要通过金融中介机构进行。

解读2 此约定时间可以是1个月、2个月、3个月或半年等，一般在1个月以上、1年以内。

解读3 直接融资市场与间接融资市场的区别：是否通过金融机构进行融资。

典 型 真 题

【单选题】债券、股票等金融工具初次发行，供投资者认购投资的市场是（　　）。

A. 一级市场　　　　　　　　B. 二级市场

C. 流通市场　　　　　　　　D. 直接融资市场

【答案】A【解析】发行市场也称为一级市场，是债券、股票等金融工具初次发行、供投资者认购投资的市场。

【单选题】下列选项中，属于货币市场的是（　　）。
A. 银行间同业拆借市场　　　　　B. 中长期债券市场
C. 中长期借贷市场　　　　　　　D. 股票市场

【答案】A【解析】我国货币市场主要包括银行间同业拆借市场、银行间债券回购市场和票据市场等。

三、金融工具（熟悉）

真考解读 考查相对较少，重点关注金融工具的几种划分标准，其他内容熟悉即可。

（一）金融工具的特点

特点	内容
流动性	流动性是指信用工具迅速变现而不致遭受损失的能力。 关系：一般来说，流动性与偿还期限成反比，而与债务人的信用能力成正比。偿还期限越短、债务人信用能力越高，流动性则越大。
收益性	收益性是指信用工具能定期或不定期地给持有者带来收益，其衡量指标是收益率。
风险性	风险性是指信用工具的本金和预期收益的安全保证程度，主要包括信用风险和市场风险^{解读4}两类。

解读4 信用风险即违约风险；市场风险主要是经济环境、市场利率等导致的风险。

（二）金融工具的分类

划分标准	内容
按期限长短划分	（1）短期金融工具：期限一般在1年以下（含1年），如商业票据、短期国库券、银行承兑汇票、可转让大额定期存单、回购协议等。 （2）长期金融工具：期限一般在1年以上，如股票、企业债券、长期国债等。
按融资方式划分	（1）直接融资工具：政府、企业发行的国库券、企业债券、商业票据、公司股票等。 （2）间接融资工具：银行债券、银行承兑汇票、可转让大额存单、人寿保险单等。
按投资者所拥有的权利划分	（1）债权工具：如债券。 （2）股权工具：如股票。 （3）混合工具：如可转换公司债券和证券投资基金。

第二节 货币市场和资本市场

视频讲解 微信扫描

一、货币市场（重点掌握）

（一）货币市场的含义

货币市场是指以短期金融工具为媒介进行的、期限在1年以内（含1年）的短期资金融通市场，主要包括同业拆借市场、回购市场、票据市场、大额可转让定期存单市场等。

（二）货币市场的特点

（1）低风险、低收益。

（2）期限短、流动性高。

（3）交易量大、交易频繁。

（三）货币市场的分类 解读1

1. 同业拆借市场

项目	内容
含义	同业拆借市场是银行等金融机构间的短期资金借贷市场。
作用	主要满足金融机构日常资金的支付清算和短期融通需要。
特点	（1）资金融通的期限较短，主要用于金融机构临时性资金需要。 （2）在无担保条件下进行的资金与信用的直接交换，要求拆借主体具有较高的信用等级。 （3）同业拆借形成的资金价格信号，反映了整个金融体系的资金供求状况和流动性状况。以回购方式进行的债券交易其实是一种有抵押的贷款。

2. 回购市场

项目	内容
含义	回购市场是指对回购协议进行交易的短期融资市场。其中，回购协议是指交易的一方将持有的债券卖出，并在未来约定的日期以约定的价格将债券买回的协议。
特点	（1）以回购方式进行的债券交易其实是一种有抵押的贷款。 （2）在回购交易中，交易双方以期限在1年以内（含1年）的短期融资为目的。

真考解读 属于必考点，一般会考2~3道题。

解读1 必考点：货币市场的分类。考生要掌握各分类市场的含义及特点。

续 表

项目	内容
债券回购	债券回购是金融机构之间以债券为抵押的短期资金的融通，以大宗交易为主，其标的物一般是信用等级高的政府债券。

3. 票据市场

项目	内容
传统的票据市场	（1）传统的票据市场是指在商品交易和资金往来过程中产生的以汇票、本票和支票的发行、担保、承兑、贴现[解读2]来实现短期资金融通的市场。 （2）票据主要有汇票、本票、支票三类，票据市场主要包括票据承兑市场和票据贴现市场。
现代商业票据市场	（1）现代商业票据市场是指由具有高信用等级的大企业和财务公司发行短期无担保债券筹措资金的短期融资场所，一般只有发行市场，少有二级市场。 （2）现代商业票据大多已和商品交易脱离关系，演变为一种专供在货币市场上融资的票据，发行人与投资者成为一种单纯的债务和债权关系，从而摆脱了商品买卖与劳务供应关系。

解读2 贴现是指商业票据的持票人将其持有的未到期商业票据转让给银行，银行扣除贴息后将余款支付给持票人。

4. 大额可转让定期存单市场

大额可转让定期存单（简称 CDs），是由商业银行发行的、有固定面额和约定期限并可以在市场上转让流通的存款凭证。大额可转让定期存单与传统的定期存款相比具有以下不同的特点。

对比标准	大额可转让定期存单	传统的定期存款
是否记名	不记名。	记名。
是否可转让	可以转让，有专门的大额可转让定期存单二级市场。	不可转让，无特定的流通市场。
金额是否固定	面额固定，且都比较大。	存款金额不固定，由存款人意愿决定。
是否能提前支取	不可提前支取，但可以在二级市场上转让。	可以提前支取，但所得利息低于原固定利率计算的利息。

【单选题】下列关于同业拆借的表述，错误的是（　　）。

A. 同业拆借是金融机构之间进行短期的资金借贷行为

B. 借入资金的行为称为拆入，借出资金的行为称为拆出

C. 同业拆借的利率随资金供求的变化而变化

D. 同业拆借业务主要通过全国银行间债券市场进行

【答案】D**【解析】**同业拆借是指经中国人民银行批准进入全国银行间同业拆借市场，同业拆借市场是银行等金融机构间的短期资金借贷市场。故选项 D 表述错误。

【多选题】下列对回购市场的表述中，正确的有（　　）。

A. 回购市场属于短期融资的市场

B. 以回购方式融资其实是一种信用贷款

C. 债券回购以大宗交易为主

D. 在回购交易中，交易双方是以短期融资为目的，其期限通常在 1 年以上

E. 债券回购是金融机构之间的资金的融通

【答案】ACE**【解析】**以回购方式进行的债券交易其实是一种有抵押的贷款，故选项 B 说法错误。在回购交易中，交易双方是以短期融资为目的，其期限通常在 1 年以内（含 1 年），故选项 D 说法错误。其余选项说法均正确。

二、资本市场（重点掌握）

（一）资本市场的含义

资本市场是指以长期金融工具为媒介进行的、期限在 1 年以上的长期资金融通市场，主要包括股票市场和债券市场。

（二）资本市场的特点

（1）风险大、收益较高。

（2）期限长、流动性较差。

【多选题】与货币市场相比，资本市场的特点包括（　　）。

A. 期限较长　　B. 流动性较差　　C. 风险相对较小

D. 期限较短　　E. 风险相对较大

【答案】ABE**【解析】**资本市场的主要特点是风险大、收益较高、期限长、流动性差。

（三）资本市场的分类 ^{解读3}

1. 股票市场

（1）股票。

股票是股份有限公司发行的、用以证明投资者的股东身份和权益，并据以获

真考解读 属于必考点，一般会考 2~3 道题。

解读3 资本市场的分类是考试中经常考查的，尤其注意股票以及债券发行的相关内容。

得股息和红利的凭证。按照不同的划分标准可以将股票进行如下分类。

划分标准		分类
按股票所代表的股东权利划分	普通股	普通股是最普遍的一种股票，其股利分配不固定，风险最大。 权利：①经营决策的参与权；②公司盈余的分配权；③剩余财产索取权；④优先认股权。
	优先股	优先股是股东在公司盈余和剩余资产分配上享有优先权的股票，但在股东权利上有所限制。 权利的股票：①优先按约定方式领取股息；②优先清偿权；③限制参与经营决策；④享有固定的股息权益。
按是否记载股东姓名划分	记名股票	记名股票是指在股票和股份公司股东名册上记载股东姓名的股票。
	无记名股票	无记名股票是指在股票票面和股份公司股东名册上均不记载股东姓名的股票。
按是否在股票面额上标明金额划分	有面额股票	有面额股票^{解读4}是指在股票票面上记载一定金额的股票，其记载的账面金额称为票面价值。
	无面额股票	无面额股票是指在股票票面上不记载股票面额，只注明它在公司总股本中所占有比例的股票，其没有票面价值，但有账面价值。
按是否有实物载体划分	实体股票	实体股票是指股份公司向股东发行纸质的票据，作为其持有股份的表现形式。
	记账股票	记账股票是指不发行股票实体，只做股东名册登记的股票。
按上市地点及股票投资者划分（我国）	A股	A股^{解读5}是以人民币标明面值、以人民币认购和进行交易、供国内投资者买卖的股票。
	B股	B股又称为人民币特种股票，是指以人民币标明面值、以外币认购和进行交易、专供外国和我国香港、澳门、台湾地区的投资者买卖的股票。
	H股	H股是指由中国境内注册的公司发行、直接在中国香港上市的股票。
	N股	N股是指由中国境内注册的公司发行、直接在美国纽约上市的股票。

解读4 大多数国家的股票都是有面额股票。

解读5 A股和B股从认购币种进行区分，H股和N股从上市地点进行区分。

续 表

划分标准	分类	
按投资主体 的性质划分 （我国）	国家股	国家股是指有权代表国家投资的部门或机构，以国有资产向公司投资形成的股份。
	法人股	法人股是指企业法人或具有法人资格的事业单位和社会团体，以其依法可支配的资产投入公司形成的股份。
	社会公众股	社会公众股是指社会公众（个人和机构），依法以其拥有的财产向可上市流通股权部分投资所形成的股份。

（2）我国的多层次股票市场^{解读6}。

我国多层次股票市场分为场内市场和场外市场。场内市场主要包括沪深主板市场、中小企业板市场、创业板市场以及科创板市场。场外市场主要包括全国中小企业股份转让系统、区域股权交易市场以及已试点的券商柜台交易市场。

分类	内容
沪深主板 市场	①沪深主板市场是证券发行、上市及交易的主要场所，也是资本市场中最重要的组成部分，在很大程度上能够反映经济发展状况。 ②主板市场主要接纳国民经济中的支柱企业、占据行业龙头地位的企业、具有较大资产规模和经营规模的企业上市。
中小企业板 市场	中小企业板市场主要服务于中小型企业和高科技企业。
创业板市场	创业板上市的公司大多为成立时间较短、规模较小、业绩不突出但有很大发展空间的高科技行业。
科创板市场	科创板市场是设立于上海证券交易所下的、独立于现有主板市场的新设板块，是为优先支持符合国家战略，拥有关键核心技术，科技创新能力突出，主要依靠核心技术开展生产经营，市场认可度高，社会形象良好，具有较强成长性的企业提供服务的场所。
全国中小 企业股份 转让系统	全国中小企业股份转让系统主要针对国家级高科技园区的中小微企业。
区域股权 交易市场	区域股权交易市场是为特定区域企业提供股权、债权转让和融资服务的私募市场，对于促进企业特别是中小微企业股权交易和融资，鼓励科技创新和激活民间资本，加强对实体经济薄弱环节的支持，具有不可替代的作用。

解读6 1990年11月上海证券交易所成立，1990年12月深圳证券交易所成立。

分类	内容
券商柜台交易市场	券商柜台交易市场是指证券公司为与特定交易对手方在集中交易场所之外进行交易或为投资者在集中交易场所之外进行交易提供服务的场所或平台。

典型真题

【单选题】股份有限公司发行的具有收益分配和剩余财产分配优先权的股票成为（　　）。

A. 优先股　　　　　　　　　B. 法人股

C. 流通股　　　　　　　　　D. 普通股

【答案】A【解析】优先股是相对于普通股股票而言的，是股东权利受到一定限制，但在公司盈余和剩余资产分配上享有优先权的股票。

【多选题】我国的股票根据投资主体性质的不同，可以分为（　　）。

A. 社会公众股　　　　　　　B. 国家股

C. 普通股　　　　　　　　　D. 优先股

E. 法人股

【答案】ABE【解析】我国的股票根据投资主体的性质的不同，还可以分为国家股、法人股及社会公众股。

2. 长期债券市场

长期债券市场是指政府、企业和金融机构等募集长期资金的主要场所，具有融资、资源优化配置、投资、宏观调控以及防范金融风险的功能。

（1）债券的分类。

债券是指债务人向债权人出具的、在一定时期支付利息和到期归还本金的债权债务凭证。按不同的划分角度可以对债券进行如下分类。

①按发行主体划分：国家债券、地方政府债券、公司债券和金融债券。

②按利率是否固定划分：固定利率债券、浮动利率债券。

③按利息支付方式划分：普通债券、附息债券、贴现债券、零息债券。

④按有无担保分类划分：信用债券、担保债券。

⑤按是否可转换划分：可转换债券与不可转换债券。

⑥按募集方式划分：公募债券和私募债券。

（2）债券的发行。

项目	内容
分类	①直接发行：发行人直接向投资者推销债券，不需要中介机构进行承销。 ②间接发行^{解读7}：发行人不直接向投资者推销债券，而是委托中介机构进行承销。
定价	债券的发行价格是指债券原始投资者购入债券时应支付的市场价格。 影响债券定价的因素如下。 ①外部因素：贴现率、基准利率、<u>市场利率、通货膨胀水平、市场汇率</u>等。 ②内部因素：债券的面值、债券的票面利息、债券的有效期、是否可提前赎回、是否可以转换、税收待遇、流通性、违约的可能性等。 ③发行人发行成本：发行手续费、宣传广告费、律师费、担保抵押费、债券印刷费等。 最主要的影响因素如下。 ①债券面额：债券票面上标出的金额。 ②票面利率：固定利率和浮动利率。 ③市场利率：决定债券价格是按面值发行（平价）还是溢价或折价^{解读8}发行。 ④债券期限：期限越长，债权人风险越大，其所要求的利息报酬就越高，发行价格就可能较低。
债券价格指数	①债券价格指数是反映债券市场价格总体走势的指标体系。 ②目前，中债指数产品体系主要包括中债总指数、中债成分指数、中债定制指数、中债策略型指数、中债投资者分类指数、中债外币计价指数、中债绿色系列指数、中债美元债券指数及中债离岸人民币债指数等。

解读7 现代债券发行，特别是国债发行大部分是采取间接发行的方式，主要有承购包销、招标发行等方式。

解读8 平价：票面利率＝市场利率。
溢价：票面利率＞市场利率。
折价：票面利率＜市场利率。

典型真题

【多选题】在影响债券定价的因素中，属于外部因素的有（　　）。

A. 债券的面值　　　　　　B. 市场利率

C. 通货膨胀水平　　　　　D. 债券期限

E. 市场汇率

【答案】BCE【解析】影响债券定价的外部因素包括贴现率、基准利率、市场利率、通货膨胀水平及市场汇率等。

第三节 我国金融市场组织体系

一、货币当局（了解）

货币当局包括中国人民银行、国家外汇管理局。

（一）中国人民银行^{解读1}

中国人民银行是我的中央银行，是代表政府干预经济、管理金融的国家机关。

职能：在国务院领导下履行职责，开展业务，依法制定和执行货币政策，防范和化解金融风险，维护金融稳定。

（二）国家外汇管理局

国家外汇管理局由中国人民银行管理，是依法进行外汇管理的行政机构，是中国人民银行管理的国家局。

二、金融监管机构（了解）

我国金融监督管理机构主要包括中国银行保险监督管理委员会、中国证券监督管理委员会。

中国银行保险监督管理委员会的主要职责：依法依规对全国银行业和保险业实行统一监督管理，维护银行业和保险业合法、稳健运行，对派出机构实行垂直领导。防范和化解金融风险，保护金融消费者合法权益，维护金融稳定。

中国证券监督管理委员会的主要职责：统一监督管理全国证券期货市场、维护证券期货市场秩序，保障其合法运行。

三、金融机构（掌握）

（一）银行业金融机构

（1）开发性金融机构：国家开发银行。

（2）政策性银行：中国进出口银行、中国农业发展银行^{解读2}。

（3）商业银行：大型商业银行、股份制商业银行、城市商业银行、农村中小金融机构、中国邮政储蓄银行、外资银行等。

（4）其他银行业金融机构：金融资产管理公司、信托公司、企业集团财务公司、金融租赁公司、汽车金融公司、货币经纪公司、贷款公司和消费金融公司等。

（二）证券期货业金融机构

证券期货类金融机构主要包括证券公司、证券交易所、中国证券登记结算有限责任公司、基金管理公司、期货公司、中国金融期货交易所等。

（三）保险类金融机构

保险类金融机构主要包括保险公司、保险专业中介机构、保险资产管理公司等。

（四）其他金融机构

其他银行业金融机构主要包括金融控股公司、小额贷款公司、第三方支付公司、融资性担保公司等。

典型真题

【单选题】下列机构中，不属于中国银行保险监督管理委员会负责监管的非银行金融机构是（   ）。

A. 信托公司   B. 期货公司

C. 金融租赁公司   D. 企业集团财务公司

【答案】B【解析】选项B属于证券期货业金融机构。

四、金融行业自律组织（熟悉）

真考解读 考查相对较少，考生熟悉即可。

自律组织	内容
中国银行业协会	中国银行业协会是中国银行业自律组织，是全国性非营利社会团体。
中国证券业协会	中国证券业协会是全国性证券业自律组织，是非营利性社会团体法人。
中国期货业协会	中国期货业协会是全国期货行业自律性组织，是非营利性社会团体法人。
中国证券投资基金业协会	中国证券投资基金业协会是依法设立的，由证券投资基金行业相关机构自愿结成的全国性、行业性、非营利性社会组织，从事非营利性活动。
中国保险行业协会	中国保险行业协会是中国保险业的全国性自律组织，是自愿结成的非营利性社会团体法人。
中国银行间市场交易商协会	中国银行间市场交易商协会是由市场参与者自愿组成的，包括银行间债券市场、同业拆借市场、外汇市场、票据市场和黄金市场在内的银行间市场的自律组织，是全国性的非营利性社会团体法人。
中国信托业协会	中国信托业协会是全国性信托业自律组织，是经中国银行保险监督管理委员会同意并在中华人民共和国民政部登记注册的非营利性社会团体法人。
中国互联网金融协会	中国互联网金融协会是由中国人民银行在2015年会同原银监会、证监会、原保监会等国家有关部委组织建立的国家级互联网金融行业自律组织。

章节练习

一、**单选题**（以下各小题所给出的四个选项中，只有一项符合题目要求，请选择相应选项，不选、错选均不得分）

1. （　　）是通过多样化的投资来分散和降低风险的方法，也就是"不要将所有的鸡蛋放在一个篮子里"。
   A. 风险分散
   B. 风险对冲
   C. 风险缓释和转移
   D. 风险规避

2. 金融市场的客体是（　　）。
   A. 融资活动的参与者
   B. 资金的需求者
   C. 金融交易对象
   D. 资金的供应者

3. 下列关于金融市场分类的表述，错误的是（　　）。
   A. 按照交易的阶段划分可以分为发行市场和流通市场
   B. 按照金融工具资金融资方式划分可以分为现货市场和期货市场
   C. 按照金融工具的具体类型划分可分为债券市场、股票市场、外汇市场、黄金市场等
   D. 按照金融工具的期限划分可分为货币市场和资本市场

4. 以人民币标明面值，以人民币认购和进行交易，供国内投资者买卖的股票是（　　）。
   A. B 股
   B. H 股
   C. N 股
   D. A 股

5. 下列关于科创板的说法中，错误的是（　　）。
   A. 科创板是设立于上海证券交易所下的创业板
   B. 科创板隶属于主板市场
   C. 设立科创板的定位在于，坚持面向世界科技前沿、面向经济主战场、面向国家重大需求
   D. 主要服务于符合国家战略、突破关键核心技术、市场认可度高的科技创新企业

二、**多选题**（以下各小题所给出的五个选项中，有两项或两项以上符合题目的要求，请选择相应选项，多选、少选、错选均不得分）

1. 回购市场是指对回购协议进行交易的市场，下列对回购市场表述正确的有（　　）。
   A. 回购市场属于短期融资的市场
   B. 以回购方式融资其实是一种信用贷款
   C. 债券回购以大宗交易为主
   D. 以回购方式融资其实是一种有担保的贷款
   E. 债券回购是金融机构之间的资金的融通

2. 大额可转让定期存单不同于传统定期存款的特点有（　　）。
   A. 记名
   B. 面额固定
   C. 不可提前支取
   D. 可在二级市场流通转让
   E. 利率固定

3. 下列选项中，属于我国金融行业自律组织的有（　　）。
   A. 中国银行业协会
   B. 中国证监会
   C. 中国期货业协会
   D. 中国保险业协会
   E. 中国证券投资基金业协会

三、判断题（请对以下描述做出判断，正确的为 A，错误的为 B）

按融资方式划分，金融工具可分为直接融资工具和间接融资工具，其中商业票据属于间接融资工具。（   ）

A．正确　　　　　　　　　　B．错误

➡ 答案详解

一、单选题

1．A【解析】风险分散是通过多样化的投资来分散和降低风险的方法，也就是"不要将所有的鸡蛋放在一个篮子里"。

2．C【解析】金融市场的客体是金融交易对象。金融市场的交易对象是货币资金，通常以金融工具为载体。

3．B【解析】按照资金融资方式可分为直接融资市场和间接融资市场，故选项 B 表述错误。

4．D【解析】A 股是以人民币标明面值、以人民币认购和进行交易、供国内投资者买卖的股票。

5．B【解析】科创板是设立于上海证券交易所下的、独立于现有主板市场的新设板块。选项 B 说法错误。

二、多选题

1．ACE【解析】以回购方式进行的债券交易其实是一种有抵押的贷款，故选项 B、选项 D 表述错误。其余选项表述均正确。

2．BCD【解析】大额可转让定期存单与传统的定期存款相比具有以下不同的特点：①定期存款记名而且不可以转让，没有特定的流通市场；大额可转让定期存单则是不记名而且可以转让，有专门的大额可转让定期存单二级市场可以进行流通转让。②定期存款金额往往根据存款人意愿决定，数额大小并不固定；大额可转让定期存单则一般面额固定，而且都比较大。③定期存款可以提前支取，只是所得利息要低于原来的固定利率计算的利息；大额可转让定期存单不可提前支取，但可以在二级市场上转让。

3．ACDE【解析】中国证监会属于我国的金融监督管理机构，不属于金融行业自律组织，故选项 B 错误。其余选项表述均正确。

三、判断题

B【解析】商业票据属于直接融资工具。

第四章　银行体系

🔍 应试分析

　　本章分两部分介绍银行体系，第一部分介绍银行的起源与发展，第二部分从中央银行、开发性金融机构和政策性银行、商业银行、非银行金融机构这几个方面介绍我国银行的分类与职能。本章内容在考试中涉及分值约为 3 分。其中，考查的重难点集中在第二部分，需要考生重点掌握。

🏠 思维导图

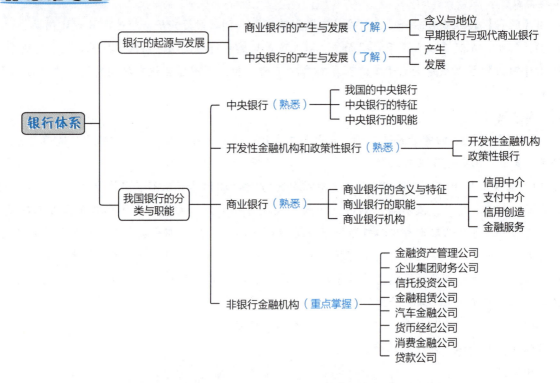

微信扫码关注
畅享在线做题

微信扫码关注
获取免费直播课

知识精讲

第一节 银行的起源与发展

一、商业银行的产生与发展 （了解）

（一）商业银行的含义与地位

商业银行是指能够吸收公众存款、发放贷款、办理结算等多种业务，以盈利为主要经营目标，经营货币的金融企业。

商业银行在银行体系中占有重要的地位，在信用活动中起主导作用。

（二）早期银行与现代商业银行

项目	内容
早期银行	早期银行是由货币兑换业渐渐发展成为既办理兑换，又经营货币存款、贷款、汇款等业务。 特点：贷款利息很高；规模不大。
现代商业银行	现代商业银行是随着资本主义生产方式的产生而发展起来的。 特点：利息水平适当；信用功能扩大；信用创造功能。

二、中央银行的产生与发展 （了解）

（一）中央银行的产生

中央银行是从现代商业银行中分离出来逐渐演变而成的。中央银行产生的原因如下。

（1）集中统一银行券发行的需要。

（2）统一票据交换及清算的需要。

（3）满足"最后贷款人"的需要。

（4）对金融业统一管理的需要。

（二）中央银行的发展

（1）第一次世界大战爆发后，出现的金融混乱和严重的通货膨胀，推动了中央银行的普遍建立。

（2）第二次世界大战结束后，各国都加强了对中央银行的控制，中央银行成为制定与执行货币政策的重要机构。

真考解读 较少考查，考生了解即可。

真考解读 较少考查，考生了解即可。

第二节　我国银行的分类与职能

一、中央银行（熟悉）

真考解读 考查相对较少，考生需要熟悉中央银行的特征与职能。

（一）我国的中央银行

我国的中央银行是中国人民银行，成立于1948年。其在国务院的领导下依法独立执行货币政策，履行职责，开展业务，不受地方政府、社会团体和个人的干涉。

（二）中央银行的特征

（1）不以营利为目的。

（2）不经营普通银行业务。

（3）在制定和执行国家货币方针政策时具有相对独立性。

（三）中央银行的职能 解读1

解读1 中央银行的三种职能在考试中出题的可能性较大，考生要分清各自对应的职责。

（1）中央银行是"发行的银行"。中央银行垄断货币发行权，统一全国货币发行，并通过调控货币流通，稳定币值。

（2）中央银行是"银行的银行"，即商业银行的银行，具体包括以下内容：①集中商业银行的存款准备；②办理商业银行间的清算；③对商业银行发放贷款。

（3）中央银行是"政府的银行"，具体包括以下内容：①代理国库、中央银行经办政府的财政收支，执行国库的出纳职能；②对国家提供信贷；③在国际关系中，代表国家与外国金融机构、国际金融机构建立业务联系，处理各种国际金融事务。

二、开发性金融机构和政策性银行（熟悉）

真考解读 考查相对较少，考生需要熟悉各银行的主要业务。

（一）开发性金融机构

我国开发性金融机构是国家开发银行，成立于1994年。主要业务包括规划业务、信贷业务、资金业务、营运业务、综合金融业务等。

（二）政策性银行

解读2 中国进出口银行和中国农业发展银行的成立时间：1994年。

政策性银行的职能主要包括经济调控职能、政策导向职能、补充性职能、金融服务职能。我国政策性银行包括中国进出口银行、中国农业发展银行 解读2。

项目	内容
中国进出口银行	中国进出口银行是由国家出资设立、直属国务院领导、支持中国对外经济贸易投资发展与国际经济合作、具有独立法人地位的国有政策性银行。 经营宗旨：紧紧围绕服务国家战略，建设定位明确、业务清晰、功能突出、资本充足、治理规范、内控严密、运营安全、服务良好、具备可持续发展能力的政策性银行。

续 表

项目	内容
中国农业发展银行	中国农业发展银行是直属国务院领导的农业政策性银行。 主要职责：按照国家的法律法规和方针政策，以国家信用为基础筹集资金，承担农业政策性金融业务，代理财政支农资金的拨付，为农业和农村经济发展服务。

典型真题

【单选题】下列属于中国农业发展银行主要任务的是（　　　）。

A. 吸收公众存款

B. 承担国家规定的农业政策性金融业务

C. 向国家大中型基本建设和技术改造发放贷款

D. 执行国家外贸政策，为资本性货物出口提供政策性金融支持

【答案】B【解析】中国农业发展银行主要职责是按照国家的法律法规和方针政策，以国家信用为基础筹集资金，承担农业政策性金融业务，代理财政支农资金的拨付，为农业和农村经济发展服务。

三、商业银行 （熟悉）

（一）商业银行的含义与特征

我国商业银行是以办理存贷款和转账结算为主要业务，以营利为主要经营目标，经营货币的金融企业。

最明显的特征：能够吸收活期存款，创造货币。

（二）商业银行的职能

职能	内容
信用中介	信用中介^{解读3}是指银行通过吸收存款，动员和集中社会上一切闲置的货币资本，然后又通过放款把这些货币资本贷放给需要资本的企业使用。银行作为信用中介，克服了企业之间直接借贷的局限性。 企业之间直接借贷的局限性：①资本数量、借贷时间、空间上不一致性；②不了解信用能力。
支付中介	支付中介是指商业银行在办理负债业务的基础上，通过为客户办理货币结算、货币收付、货币兑换、存款转移等业务发挥支付中介的职能。 主要方式：账户间划拨和转移。

真考解读 考查相对较少，考生需要熟悉商业银行的职能以及包含的各个机构。

解读3 信用中介是银行最基本的职能。

续 表

职能	内容
信用创造	商业银行发挥此功能，扩大社会货币供应量。
金融服务	金融服务是指为客户提供信息咨询、融资代理、信托租赁、代收代付等各种金融服务。

（三）商业银行机构

商业银行机构	内容
我国大型商业银行	中国工商银行股份有限公司、中国农业银行股份有限公司、中国银行股份有限公司、中国建设银行股份有限公司、交通银行股份有限公司、中国邮政储蓄银行有限公司。
股份制商业银行	招商银行、中信银行、中国光大银行、华夏银行、上海浦东发展银行、中国民生银行、广发银行、兴业银行、平安银行、浙商银行、渤海银行、恒丰银行，共计12家。
城市商业银行	20世纪90年代中期，以城市信用社为基础，我国开始陆续组建城市合作银行，后改称城市商业银行。
农村中小金融机构	农村信用社、农村商业银行、农村合作银行和村镇银行。
外资银行	外资银行是指在我国境内由外国独资创办的银行。 （1）1979年，日本输出入银行在北京设立第一家外资银行代表处。 （2）1981年，香港南洋商业银行在深圳设立第一家外资银行营业性机构。

四、非银行金融机构（重点掌握）

（一）金融资产管理公司

金融资产管理公司是指由国家出面专门设立的以处理银行不良资产为使命的金融机构，具有特定使命以及较为宽泛的业务范围。

1999年，我国成立了中国华融资产管理股份有限公司、中国长城资产管理股份有限公司、中国东方资产管理股份有限公司和中国信达资产管理股份有限公司，分别收购、管理和处置中国工商银行、中国农业银行、中国银行、中国建设银行四大国有商业银行和国家开发银行的部分不良资产。

真考解读 属于必考点，一般会考1~2道题。重点关注这些非银行金融机构的业务范围。

业务范围^{解读4}：对不良资产进行管理、债权转股权、对外投资、买卖有价证券、破产管理、资产及项目评估、资产证券化业务等。

（二）企业集团财务公司

企业集团财务公司主要是为集团内部成员单位提供财务管理服务。

业务范围：①资产、负债、中间业务（基础类业务）；②发行财务公司债券、承销成员单位企业债、对金融机构的股权投资、有价证券投资、成员单位产品的消费信贷、买方信贷及融资租赁等业务（满足条件的财务公司办理的业务）。

（三）信托投资公司

信托投资公司是指依法设立的、主要经营信托业务的金融机构。

业务范围：以受托人身份承诺信托和处理信托事务。

（四）金融租赁公司^{解读5}

在我国，金融租赁公司特指由国务院银行业监督管理机构批准设立的、<u>以经营融资租赁业务为主</u>的非银行金融机构。

业务范围：①融资租赁业务；②吸收非银行股东3个月（含）以上定期存款；③接受承租人的租赁保证金；④转让和受让融资租赁资产；⑤固定收益类证券投资业务；⑥同业拆借；⑦向金融机构借款；⑧境外借款；⑨租赁物变卖及处理业务；⑩经济咨询。

典型真题

【单选题】根据《金融租赁公司管理办法》的规定，金融租赁公司以（　　）业务为主。

A. 转租赁　　　　B. 融资租赁　　　C. 商品租赁　　　D. 经营租赁

【答案】B【解析】金融租赁公司，是指经银保监会批准，以经营融资租赁业务为主的非银行金融机构。

（五）汽车金融公司^{解读6}

汽车金融公司是指经批准设立的为中国境内的汽车购买者及销售者提供金融服务的非银行金融机构。

业务范围：①接受境外股东及其所在集团在华全资子公司和境内股东3个月（含）以上定期存款；②接受汽车经销商采购车辆贷款保证金和承租人汽车租赁保证金；③<u>经批准，发行金融债券</u>；④<u>从事同业拆借</u>；⑤<u>向金融机构借款</u>；⑥<u>提供购车贷款业务</u>；⑦提供汽车经销商采购车辆贷款和营运设备贷款，包括展示厅建设贷款和零配件贷款以及维修设备贷款等；⑧提供汽车融资租赁业务（售后回租业务除外）；⑨向金融机构出售或回购汽车贷款应收款和汽车融资租赁应收款业务；⑩办理租赁汽车残值变卖及处理业务；⑪从事与购车融资活动相关的咨询、代理业务；⑫经批准，从事与汽车金融业务相关的金融机构股权投资业务；⑬其他业务。

右栏批注：

解读4 金融资产管理公司是以最大限度保全资产、减少损失为主要经营目标，依法独立承担民事责任的非银行金融机构。

解读5 常考点：金融租赁公司的含义与业务范围

解读6 常考点：汽车金融公司的含义与业务范围。

典型真题

【多选题】汽车金融公司可以从事的业务包括（   ）。

A. 同业拆借

B. 提供购车贷款业务

C. 经批准，发行金融债券

D. 经批准，从事与汽车金融业务相关的金融机构股权投资业务

E. 向金融机构借款

【答案】ABCDE【解析】选项A、选项B、选项C、选项D、选项E表述均正确。

（六）货币经纪公司^{解读7}

货币经纪公司是指经批准在中国境内设立的，通过电子技术或其他手段，专门从事促进<u>金融机构</u>间资金融通和外汇交易等<u>经纪服务</u>，并从中收取佣金的非银行金融机构。

业务范围：①境内外外汇市场交易；②境内外货币市场交易；③境内外债券市场交易；④境内外衍生产品交易^{解读8}。

【提示】货币经纪公司及其分公司仅限于向境内外金融机构提供经纪服务，不得从事任何金融产品的自营业务。

（左侧注解）解读7 必考点：货币经纪公司的含义与业务范围。

解读8 我国货币经纪公司不得从事任何金融产品的自营业务。

典型真题

【单选题】下列属于货币经纪公司可以从事的业务是（   ）。

A. 投资国债

B. 投资金融债券

C. 向境内外金融机构提供经纪服务

D. 向境内外金融机构提供资金拆借

【答案】C【解析】在我国，按照国务院银行业监督管理机构批准经营的业务范围，货币经纪公司可以经营下列经纪业务：境内外外汇市场交易、境内外货币市场交易、境内外债券市场交易、境内外衍生产品交易等。

【单选题】货币经纪公司的服务对象是（   ）。

A. 地方政府   B. 事业单位

C. 上市公司   D. 金融机构

【答案】D【解析】货币经纪公司及其分公司仅限于向境内外金融机构提供经纪服务。

（七）消费金融公司

消费金融公司是指经国务院银行业监督管理机构批准，在中华人民共和国境

内设立的，不吸收公众存款，以小额、分散为原则，为中国境内居民个人提供以消费为目的的贷款的非银行金融机构。

业务范围：①发放个人消费贷款；②接受股东境内子公司及境内股东的存款；③境内同业拆借；④向境内金融机构借款；⑤经批准发行金融债券；⑥与消费金融相关的咨询、代理业务；⑦代理销售与消费贷款相关的保险产品；⑧固定收益类证券投资业务；⑨国务院银行业监督管理机构批准的其他业务。

（八）贷款公司解读9

贷款公司是指经国务院银行业监督管理机构依据有关法律法规批准，由境内商业银行或农村合作银行在农村地区设立的专门为县域农民、农业和农村经济发展提供贷款服务的非银行金融机构。

（1）业务范围：①办理各项贷款；②办理票据贴现；③办理资产转让；④办理贷款项下的结算；⑤经国务院银行业监督管理机构批准的其他资产业务。

（2）营运资金来源：实收资本、向投资人的借款、向其他金融机构融资但融资资金余额不得超过其资本净额的50%。

> 解读9 贷款公司对同一借款人的贷款余额不得超过资本净额的10%；对单一集团企业客户的授信余额不得超过资本净额的15%。

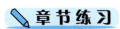

一、单选题（以下各小题所给出的四个选项中，只有一项符合题目要求，请选择相应选项，不选、错选均不得分）

1. 在信用活动中发挥主导作用的金融机构是（   ）。

    A. 中央银行　　　　　　　　　　B. 投资银行

    C. 政策性银行　　　　　　　　　D. 商业银行

2. 中央银行的业务活动的特征不包括（   ）。

    A. 包含商业银行所有业务　　　　B. 不以营利为目的

    C. 不经营普通银行业务　　　　　D. 具有相对独立性

3. "以最大限度保全资产、减少损失为主要经营目标，依法独立承担民事责任"的非银行金融机构是（   ）。

    A. 金融租赁公司　　　　　　　　B. 货币经纪公司

    C. 信托投资公司　　　　　　　　D. 金融资产管理公司

二、多选题（以下各小题所给出的五个选项中，有两项或两项以上符合题目的要求，请选择相应选项，多选、少选、错选均不得分）

1. 银行作为信用中介所克服的企业之间直接借贷的局限性包括（   ）。

    A. 空间上不一致　　　　　　　　B. 借贷时间不一致

    C. 企业经营管理不一致　　　　　D. 资金需要数量不一致

    E. 不了解信用能力

2. 国家开发银行的主要业务有（　　　）。

    A. 规划业务　　　　B. 信贷业务　　　　C. 资金业务

    D. 营运业务　　　　E. 货币发行业务

3. 消费金融公司经营的业务包括（　　　）。

    A. 办理信贷资产转让　　　　　　　　B. 办理一般用途个人消费贷款

    C. 境内同业拆借　　　　　　　　　　D. 办理各项存款

    E. 经批准发行金融债券

三、判断题（请对以下描述做出判断，正确的为 A，错误的为 B）

    企业集团财务公司主要是为集团内部和外部成员单位提供财务管理服务。（　　　）

    A. 正确　　　　　　　　　　　　　　B. 错误

➡ 答案详解

一、单选题

1. D【解析】商业银行在银行体系中占有重要的地位，在信用活动中起主导作用。

2. A【解析】中央银行业务活动的特征：①不以营利为目的；②不经营普通银行业务；③在制定和执行国家货币方针政策时具有相对独立性。

3. D【解析】金融资产管理公司是以最大限度保全资产、减少损失为主要经营目标，依法独立承担民事责任的非银行金融机构。

二、多选题

1. ABDE【解析】银行作为信用中介，克服了企业之间直接借贷的局限性，具体包括以下内容：①资本数量、借贷时间、空间上不一致性；②不了解信用能力。

2. ABCD【解析】国家开发银行的主要业务包括规划业务、信贷业务、资金业务、营运业务、综合金融业务等。货币发行是中央银行的业务，故选项 E 错误。

3. ABCE【解析】选项 D 不属于消费金融公司经营的业务。

三、判断题

    B【解析】财务公司主要是为集团内部成员单位提供财务管理服务。

第二部分　银行业务

第五章　存款业务

🔍 应试分析

本章主要介绍了个人存款业务、单位存款业务、外币存款业务及其他存款业务。本章在考试中涉及分值约为 7 分。考试重点是个人存款、单位存款、外币存款以及其他存款业务的种类、特点及操作规则。活期存款的计息会涉及计算题，考生应结合题目熟练掌握相关计算公式。

🏠 思维导图

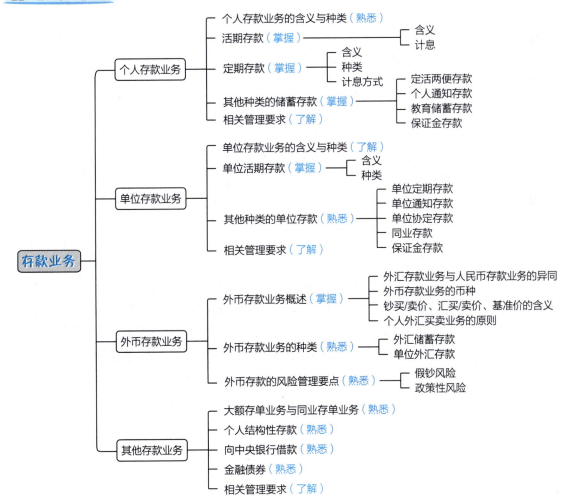

知识精讲

第一节 个人存款业务

视频讲解 微信扫描

一、个人存款业务的含义与种类（熟悉）

真考解读 考查相对较少，考生熟悉个人存款业务的种类即可。

个人存款（储蓄存款）是居民个人将闲置不用的货币资金存入银行，并可以随时或按约定时间支取款项的一种信用行为，也是银行对存款人的负债。

（1）种类：活期存款、定期存款、定活两便存款、个人通知存款、教育储蓄存款和保证金存款。

（2）原则：存款自愿、取款自由、存款有息、为存款人保密。

【提示】由于存款业务是存款机构经特许而经营的，存取业务量巨大，故存款合同一般采用存款机构的格式合同。

二、活期存款（掌握）

真考解读 属于常考点，一般会考1道题。

（一）活期存款的含义

活期存款是指不规定存款期限，客户可以随时存取的存款。

（二）活期存款的计息 解读1

解读1 常考点：考查关于利息的相关计算。

项目	内容
计息时间	从 2005 年 9 月 21 日起，我国对活期存款实行按季度结息，每季度末月的 20 日为结息日，次日付息 解读2。
起存金额	在现实中，活期存款通常 1 元起存。
计息金额	存款的计息起点为元，元以下角分不计利息。利息金额算至分位，分以下尾数四舍五入。分段计息算至厘位，合计利息后分以下四舍五入。活期存款按复利计息，即在每季度结息日时将利息计入本金作为下一季度的本金计算复利。其他存款不论存期多长，一律不计复利。
计息方式	（1）积数计息法，即按实际天数每日累计账户余额，以累计积数乘以日利率计算利息，多用于计算活期存款利息。 计息公式： 利息 = 累计计息积数 × 日利率 其中，累计计息积数 = 每日余额合计数。 （2）逐笔计息法 解读3，即按预先确定的计息公式逐笔计算利息，多用于计算整存整取定期存款利息。

解读2 考试中应注意题目问的是结息日还是付息日。付息日为每季度末月的 21 日。

解读3 积数计息和逐笔计息一般通过计算题进行考查，题目不难，考生结合题目理解计算公式即可。

续 表

项目	内容
计息方式 解读4	计息公式： 计息期为整年（月）的，利息 = 本金 × 年（月）数 × 年（月）利率 计息期有整年（月）又有零头天数的，利息 = 本金 × 年（月）数 × 年（月）利率 + 本金 × 零头天数 × 日利率 （3）人民币存款计息。 计息公式： 利息 = 本金 × 实际天数 × 日利率 人民币存款利率的换算公式： 日利率 解读5 （‰） = 年利率（%） ÷360 月利率（‰） = 年利率（%） ÷12

解读4 储户只能选择银行，不能选择计息方式。

解读5 银行使用年利率除以360天折算日利率。

典型真题

【单选题】假设某企业于3月31日持面额为20万元的银行承兑汇票到银行办理贴现，汇票到期日为4月30日，若按6%的月贴现率计算，银行实付该企业的贴现金额为（　　）元。

A. 99400　　　　B. 188000　　　　C. 99380　　　　D. 12100

【答案】B 【解析】贴现银行在扣除贴现利息后实付贴现金额给持票人，则贴现金额 = 票面金额 – 利息。利息 = 票面金额 × 月 × 月利率 = 200000 × 1 × 6% = 12000（元），故贴现金额 = 200000 – 12000 = 188000（元）。

三、定期存款 （掌握）

真考解读 属于常考点，一般会考1道题。

（一）定期存款的含义

定期存款是个人事先约定偿还期的存款，其存款利率视期限长短而定，一般期限越长，利率越高。

（二）定期存款的种类 解读6

定期存款按照存取方式划分为四种：整存整取、零存整取、整存零取及存本取息。

解读6 常考点：四种存款方式的区别。

存款种类	存款方式	取款方式	起存金额	存取期类别	特点
整存整取 解读7	整笔存入	到期一次支取本息	50元	3个月、6个月、1年、2年、3年、5年	长期闲置资金。

解读7 整存整取最常见，是定期存款的典型代表。

续　表

存款种类	存款方式	取款方式	起存金额	存取期类别	特点
零存整取	固定金额	到期一次支取本息	5 元	1 年、3 年、5 年	利率低于整存整取定期存款，高于活期存款。
整存零取	整笔存入	固定期限，分期支取	1000 元	存款期分为1 年、3 年、5 年；支取期分为1 个月、3 个月或半年一次	本金可全部提前支取，不可部分提前支取。利息于期满结清时支取。利率高于活期存款。
存本取息	整笔存入	约定取息期到期一次性支取本金、分期支取利息	5000 元	存期分为1 年、3 年、5 年；可以1 个月或几个月取息一次	本金可全部提前支取，不可部分提前支取。取息日未到不得提前支取利息，取息日未取息，以后可随时取息，但不计复利。

（三）定期存款的计息方式

（1）提前支取。支取部分按活期存款利率计付利息，提前支取部分的利息同本金一并支取。

（2）到期支取。按约定期限和约定利率计付利息。

（3）逾期支取。超过原定存期的部分，除约定自动转存外，按支取日挂牌公告的活期存款利率计付利息，并全部计入本金。

（4）存期内遇有利率调整，仍按存单开户日挂牌公告的相应定期存款利率计息。

典型真题

【单选题】小李在 2020 年 3 月 3 日存入银行一笔 30000 元的一年期整存整取定期存款，假设一年期定期存款年利率 1.98%，活期存款利率 0.36%。存满 1 个月后，小李取出了 10000 元。按照积数计息法，小李支取 10000 元的利息是（　　）元。

A. 3.10　　　　　　B. 5.30　　　　　　C. 16.50　　　　　　D. 12.40

【答案】A【解析】提前支取的定期存款计息方式如下：支取部分按活期存款利率计付利息，提前支取部分的利息同本金一并支取。因此，小李支取的10000元应按活期存款利率0.36%计息。积数计息法是按实际天数每日累计账户余额，以累计积数乘以日利率计算利息，其计息公式：利息 = 累计计息积数 × 日利率，其中，累计计息积数 = 每日余额合计数。银行使用年利率除以360天折算出日利率。3月份共有31天，按照积数计息法，小李支取10000元的利息是10000 × 0.36% × （1 ÷ 360）×31 = 3.10（元）。

【单选题】在存期内遇有利率调整，定期存款按存单（   ）挂牌公告的相应定期储蓄存款利率计付利息。

A. 清户日
B. 开户日
C. 结息日
D. 支取日

【答案】B【解析】定期存款在存期内遇有利率调整，仍按存单开户日挂牌公告的相应定期存款利率计息。

四、其他种类的储蓄存款 （掌握）

（一）定活两便存款

（1）存款灵活：开户时不约定存期，一次存入本金，随时可以支取，银行根据客户存款的实际存期按规定计息。

（2）利率优惠：利息高于活期储蓄。

（二）个人通知存款 解读8

（1）开户时不约定存期，预先确定品种。

（2）一般5万元起存。支取时提前一定时间通知银行，约定支取日期及金额。

（三）教育储蓄存款

教育储蓄存款是指父母为了子女接受非义务教育而存钱，分次存入，到期一次支取本金和利息的一种定期储蓄。

（1）利率优惠。1年期、3年期按开户日同期同档次整存整取定期储蓄存款利率计息；6年期按开户日5年期整存整取定期储蓄存款利率计息。

（2）总额控制。教育储蓄起存金额为50元，本金合计最高限额为2万元。

（3）储户特定。储户为在校小学四年级（含四年级）以上学生，如果需要申请助学贷款，金融机构优先解决。

（4）存期灵活 解读9。存期分为1年、3年和6年，提前支取时必须全额支取。

（四）保证金存款

（1）主要指个人购汇保证金存款中，商业银行向居民个人收存一定比例人民币作为居民购汇的取得外汇的保证金。

真考解读 属于常考点，一般会考1道题。以综合类考查的多选题居多，考生要学会对比区分。

解读8 目前，银行提供1天、7天通知储蓄存款两个品种。

解读9 教育储蓄属于零存整取定期储蓄存款。

（2）保证金存款的目的是解决境内居民个人自费出国（境）留学需预交一定比例外汇保证金才能取得前往国家入境签证的特殊需要。

典型真题

【单选题】个人客户在办理存款时不约定存款期限，支取时提前一定时间通知银行约定支取日期和支取金额的存款是（　　）。

A. 教育储蓄存款

B. 定活两便存款

C. 保证金存款

D. 个人通知存款

【答案】D【解析】个人通知存款是指开户时不约定存期，预先确定品种，支取时只要提前一定时间通知银行，约定支取日期及金额。

真考解读 较少考查，考生了解即可。

五、相关管理要求 （了解）

储蓄业务客户群体大，其主要风险操作风险较为明显，需要切实防范。

第二节　单位存款业务

真考解读 较少考查，大致了解即可。

一、单位存款业务的含义与种类 （了解）

（一）单位存款的含义

单位存款（对公存款）是机关、团体、部队、企业、事业单位和其他组织以及个体工商户将货币资金存入银行，并可以随时或按约定时间支取款项的一种信用行为。

（二）单位存款的种类

单位存款按照存款的支取方式不同进行划分，可分为单位活期存款、单位定期存款、单位通知存款、单位协定存款、保证金存款和同业存款等。

真考解读 属于常考点，一般会考1道题。

二、单位活期存款 （掌握）

（一）单位活期存款的含义

单位活期存款是指单位类客户在商业银行开立结算账户，办理不规定存期、可随时转账、存取的存款类型。

解读1 常考点：4种单位活期存款账户的区别。

（二）单位活期存款账户的种类 **解读1**

单位活期存款账户又称单位结算账户，包括基本存款账户、一般存款账户、专用存款账户和临时存款账户。

种类	内容
基本存款账户	基本存款账户^{解读2}（基本户）是存款人的主办账户，是指存款人因办理日常转账结算和现金收付需要开立的银行结算账户。
一般存款账户	一般存款账户（一般户）是指存款人因借款或其他结算需要，在基本存款账户开户银行以外的银行营业机构开立的银行结算账户。一般户可以办理现金缴存，但不得办理现金支取。
专用存款账户	（1）专用存款账户是指存款人对其特定用途的资金进行专项管理和使用而开立的银行结算账户。 （2）存款人可以开立专用存款账户的资金：基本建设资金，期货交易保证金，信托基金，金融机构存放同业资金，政策性房地产开发资金，单位银行卡备用金，住房基金，社会保障基金，收入汇缴资金和业务支出资金，党、团、工会设在单位的组织机构经费等。
临时存款账户	（1）临时存款账户是指存款人因临时需要并在规定期限内使用而开立的银行结算账户。 （2）开立情形：设立临时机构、异地临时经营活动、注册验资。 （3）账户有效期：最长不得超过2年。

解读2 企事业单位只能选择1家商业银行开立基本户；同一存款客户只能在商业银行开立1个基本户。

典型真题

【单选题】在单位存款业务中，存款人因借款或其他结算需要，在基本存款账户开户银行以外的银行营业机构开立的银行结算账户是（   ）。

A．一般存款账户　　　　　　B．专用存款账户

C．基本存款账户　　　　　　D．临时存款账户

【答案】A【解析】一般存款账户，是指存款人因借款或其他结算需要，在基本存款账户开户银行以外的银行营业机构开立的银行结算账户。

【单选题】企业所处下列情形中，不可以开立临时存款账户的是(   )。

A．日常转账结算　　　　　　B．注册验资

C．设立临时机构　　　　　　D．异地临时经营活动

【答案】A【解析】可以开立临时存款账户的情形包括设立临时机构、异地临时经营活动、注册验资。

三、其他种类的单位存款（熟悉）

真考解读 考查相对较少，考生熟悉即可。

（一）单位定期存款

单位定期存款是指单位类客户在商业银行办理的约定期限、整笔存入，到期

一次性支取本息的存款类型。

（二）单位通知存款

单位通知存款是指单位类客户在存入款项时不约定存期，支取时需提前通知商业银行，并约定支取存款日期和金额方能支取的存款类型。

按存款人提前通知的期限长短划分：1天通知存款和7天通知存款。

（三）单位协定存款

单位协定存款是一种单位类客户通过与商业银行签订合同的形式约定合同期限、确定结算账户需要保留的基本存款额度，对超过基本存款额度的存款按中国人民银行规定的上浮利率计付利息、对基本存款额度按活期存款利率付息的存款类型。

（四）同业存款

同业存款（同业存放^{解读3}）属于商业银行的负债业务，是指因支付清算和业务合作等需要，由其他金融机构存放于商业银行的款项。

（五）保证金存款

保证金存款是指商业银行为保证客户在银行为客户对外出具具有结算功能的信用工具，或提供资金融通后按约履行相关义务，而与其约定将一定数量的资金存入特定账户所形成的存款类别。

按照保证金担保的对象不同划分，可分为银行承兑汇票保证金、信用证保证金、黄金交易保证金、远期结售汇保证金。

解读3 与同业存放相对应的是存放同业，即存放在其他商业银行的款项，属于资产业务。考生要注意区分。

典型真题

【多选题】单位通知存款，按照提前通知的时间长短可以分为（　　　）。

A．2个月通知存款　　　　B．1天通知存款

C．15日通知存款　　　　D．7天通知存款

E．1个月通知存款

【答案】BD【解析】单位通知存款按存款人提前通知的期限长短，可再分为1天通知存款和7天通知存款两个品种。

四、相关管理要求 （了解）

真考解读 较少考查，考生了解即可。

开办单位存款业务，要符合结算账户管理办法及单位存款管理办法的相关监管要求，其主要风险点是所承受的操作风险和流动性风险较为集中。

第三节 外币存款业务

视频讲解 微信扫描

一、外币存款业务概述 （掌握）

（一）外汇存款业务与人民币存款业务的异同

项目	内容
共同点	（1）两种存款业务都是存款人将资金存入银行的信用行为。 （2）两种存款业务都可按存款期限分为活期存款和定期存款，按客户类型分为个人存款和单位存款等。
不同点	（1）存款币种不同。 （2）具体管理方式不同。

（二）外币存款业务的币种

我国银行开办的外币存款业务币种主要有美元、欧元、日元、港元、英镑、澳大利亚元、加拿大元、瑞士法郎、新加坡元。其他可自由兑换的外币，需要存款人兑换成这9种货币中的一种，按存入日的外汇牌价折算存入。

（三）钞买/卖价、汇买/卖价、基准价的含义 解读

（1）现钞买入价（钞买价）是指银行买入外币现钞的价格。

（2）现汇买入价（汇买价）是指银行买入外汇的价格。

（3）现钞卖出价（钞卖价）是指银行卖出外币现钞的价格。

（4）现汇卖出价（汇卖价）是指银行卖出外汇的价格。

（5）中间价（基准价）是指中国人民银行授权外汇交易中心对外公布的当日外汇牌价。

其中，现汇是可自由兑换的汇票、支票等外币票据。现钞是具体的、实在的外国纸币、硬币。

（四）个人外汇买卖业务的原则

个人外汇买卖业务通常遵守的原则是"钞变钞、汇变汇"。现钞不能随意兑换成现汇，需要支付一定的钞变汇手续费。一般钞买价比汇买价要低（现钞管理成本高），现有些银行的卖出价却只有一个（即不分钞卖价、汇卖价）。

典型真题

【多选题】目前，我国银行开办的外币存款业务的币种有（　　　）。

A. 新加坡元　　B. 英镑　　　　C. 卢布

D. 欧元　　　　E. 瑞士法郎

真考解读 属于常考点，一般会考1道题。

解读 属于考试的常考点，考生应能熟练掌握并区分钞买价、汇买价、钞卖价、汇卖价以及基准价的含义。

【答案】ABDE【解析】目前,我国银行开办的外币存款业务币种主要有9种:美元、欧元、日元、港元、英镑、澳大利亚元、加拿大元、瑞士法郎、新加坡元。

【多选题】下列关于我国商业银行的外币存款和人民币存款业务的表述,正确的有( )。

A. 两种存款都可以分为个人存款和单位存款

B. 外币存款储蓄账户可以用于转账

C. 个人外币存款的管理已经不再区分现钞账户和现汇账户

D. 外汇存款币种可以自由选择任何外币

E. 两种存款的具体管理方式相同

【答案】AC【解析】外汇储蓄账户一般不得转账,故选项B表述错误。目前,我国银行开办的外币存款业务币种主要有美元、欧元、日元、港元、英镑、澳大利亚元、加拿大元、瑞士法郎、新加坡元,并不是自由选择任何外币,故选项D表述错误。外币存款业务与人民币存款业务存款币种和具体管理方式不同,故选项E表述错误。

【判断题】现汇是指可以自由兑换的汇票、支票等外币票据和外国纸币、硬币。( )

A. 正确　　　　　　　　　　B. 错误

【答案】B【解析】现汇是指可自由兑换的汇票、支票等外币票据。现钞是具体的、实在的外国纸币、硬币。

二、外币存款业务的种类（熟悉）

真考解读 考查相对较少,考生熟悉外汇存款业务的两大类即可。

（一）外汇储蓄存款

1. 个人外汇账户的分类

按主体类别区分为境内个人外汇账户和境外个人外汇账户。

按账户性质区分为外汇结算账户、资本项目账户及外汇储蓄账户。其中,外汇结算账户用于转账汇款等资金清算支付,外汇储蓄账户一般不得转账,但本人或与其直系亲属之间同一主体类别的储蓄账户的资金划转等情况除外。

2.《个人外汇管理办法实施细则》对个人外汇管理进行的相应调整和改进

根据《个人外汇管理办法实施细则》的相关规定,不再区分现钞和现汇账户,对个人非经营性外汇收付统一通过外汇储蓄账户进行管理。

（二）单位外汇存款

（1）单位经常项目外汇账户:境内机构原则上只能开立一个经常项目外汇账户。境内机构经常项目外汇账户的限额统一采用美元核定。

（2）单位资本项目外汇账户：贷款（外债及转贷款）专户、还贷账户、发行外币股票专户、B股交易专户等。

三、外币存款的风险管理要点 （熟悉）

商业银行要加强外汇存款业务合规性、内部控制完备性和核算真实性风险的把控。

（一）假钞风险

由于商业银行员工对外币假钞的识别能力有限，容易收进国外流入的假钞或已停止流通的废币。

（二）政策性风险

政策性风险主要包括资本项下外币储蓄、提钞、兑换人民币时未经国家外汇管理部门批准。

第四节　其他存款业务

一、大额存单业务与同业存单业务 （熟悉）

（一）大额存单业务

大额存单是由银行业存款类金融机构面向非金融机构投资人发行的、以人民币计价的记账式大额存款凭证，是银行存款类金融产品，属于一般性存款。

项目	内容
期限	大额存单采用标准期限的产品形式。 大额存单期限品种：1个月、3个月、6个月、9个月、1年、18个月、2年、3年和5年，共9个。
发行利率	大额存单发行利率以市场化方式确定。 固定利率存单：采用票面年化收益率的形式计息。 浮动利率存单：以上海银行间同业拆借利率（Shibor）为浮动利率基准计息。
付息方式	大额存单自认购之日起计息，付息方式分为到期一次还本付息和定期付息、到期还本。
发行主体	即银行业存款类金融机构，包括商业银行、政策性银行、农村合作金融机构以及中国人民银行认可的其他金融机构等。
投资人	包括个人、非金融企业、机关团体等非金融机构投资人。除此之外，保险公司、社保基金也可以投资大额存单。

真考解读考查相对较少，考生熟悉即可。

真考解读考查相对较少，考生主要熟悉这两大业务的含义及其相关内容。

项目	内容
存单 起点金额	个人投资人：不低于 20 万元。 机构投资人：不低于 1000 万元。
发行方式	大额存单发行采用电子化的方式，既可以在发行人的营业网点、电子银行发行，也可以在第三方平台以及经中国人民银行认可的其他渠道发行。

（二）同业存单业务

解读 存款类金融机构包括政策性银行、商业银行、农村合作金融机构以及中国人民银行认可的其他金融机构。

同业存单是指由存款类金融机构^{解读}在全国银行间市场上发行的记账式定期存款凭证，是一种货币市场工具。

项目	内容
投资和 交易主体	全国银行间同业拆借市场成员、基金管理公司及基金类产品。
发行利率	同业存单的发行利率、发行价格等以市场化方式确定。 固定利率存单：期限原则上不超过 1 年，为 1 个月、3 个月、6 个月、9 个月和 1 年，参考同期限上海银行间同业拆借利率定价。 浮动利率存单：以上海银行间同业拆借利率为浮动利率基准计息，期限原则上在 1 年以上，包括 1 年、2 年和 3 年。
发行方式	同业存单发行采取电子化的方式，在全国银行间市场上公开发行或定向发行。
发行要求	（1）存款类金融机构发行同业存单，应当于每年首只同业存单发行前，向中国人民银行备案年度发行计划。 （2）存款类金融机构可以在当年发行备案额度内，自行确定每期同业存单的发行金额、期限，但单期发行金额不得低于 5000 万元人民币。 （3）同业存单在银行间市场清算所股份有限公司登记、托管、结算。

二、个人结构性存款 （熟悉）

真考解读 考查相对较少，考生主要熟悉个人结构性存款的含义。

个人结构性存款是银行向个人发售的在普通外汇存款的基础上嵌入某种金融衍生工具（主要是各类期权），通过与利率、汇率、指数等的波动挂钩或与某实体的信用情况挂钩，使存款人在承受一定风险的基础上获得更高收益的外汇存款。其特点是本金无风险。

三、向中央银行借款（熟悉）

商业银行一般只把向中央银行借款作为融资的最后选择，只有在通过其他方式难以借到足够的资金时，才会求助于中央银行。因此中央银行被称为"最后贷款人"。商业银行向中央银行借款有再贴现和再贷款两种途径。

真考解读 考查相对较少，考生主要熟悉向中央银行借款的含义与途径。

四、金融债券（熟悉）

我国商业银行所发行的金融债券，均是在全国银行间债券市场上发行和交易的。其种类包括政策性金融债券（由国家开发银行、中国进出口银行、中国农业发展银行发行）、商业银行债券（普通债券、次级债券、可转换债券、混合资本债券）和其他金融债券（企业集团财务公司及其他金融机构发行）。

真考解读 考查相对较少，考生主要熟悉金融债券的种类。

五、相关管理要求（了解）

商业银行办理上述业务，要保证业务资金来源及用途的合法合规，要加强内控制度建设与执行管控，保证核算真实可靠。

真考解读 较少考查，考生了解即可。

章节练习

一、单选题（以下各小题所给出的四个选项中，只有一项符合题目要求，请选择相应选项，不选、错选均不得分）

1. 我国单位银行结算账户按用途分为基本存款账户、一般存款账户、（　　）和临时存款账户。

   A. 专用存款账户　　　　　　　　　　B. 现金存款账户

   C. 外汇存款账户　　　　　　　　　　D. 支票存款账户

2. 银行买入外国纸币时所使用的外汇牌价是（　　）。

   A. 现钞买入价　　　　　　　　　　　B. 现汇买入价

   C. 现钞卖出价　　　　　　　　　　　D. 现汇卖出价

3. 钱先生在2021年2月1日存入一笔1000元的活期存款，2021年3月1日取出全部本金，如果按照积数计息法计算，假设年利率为0.72%，暂免征收利息税，他能取回的全部金额是（　　）元。

   A. 1000.53　　　　　　　　　　　　B. 1000.60

   C. 1000.56　　　　　　　　　　　　D. 1000.48

4. 因支付结算和业务合作等的需要，由其他金融机构存放于商业银行的款项，称为（　　）。

   A. 同业拆入　　　　　　　　　　　　B. 同业拆出

   C. 存放同业　　　　　　　　　　　　D. 同业存放

5. 下列关于境内机构外汇账户的表述，错误的是（　　）。

　　A. 境内机构原则上只能开立一个经常项目外汇账户

　　B. 境内机构经常项目外汇账户的限额可以采用欧元核定

　　C. 境内机构经常项目外汇账户的限额统一采用美元核定

　　D. 境内机构可以开立多个资本项目外汇账户

二、**多选题**（以下各小题所给出的五个选项中，有两项或两项以上符合题目的要求，请选择相应选项，多选、少选、错选均不得分）

1. 我国开办的个人人民币存款业务包括（　　）。

　　A. 个人通知存款　　　　　　　　B. 定活两便存款

　　C. 定期存款　　　　　　　　　　D. 教育储蓄存款

　　E. 保证金存款

2. 关于各类定期存款，下列说法正确的有（　　）。

　　A. 整存整取的起存金额为 100 元

　　B. 零存整取每月存入一定金额，到期一次支取本息

　　C. 整存零取是指整笔存入，固定期限分期支取

　　D. 存本取息的起存金额为 10000 元

　　E. 存本取息的起存金额为 5000 元

3. 我国商业银行教育储蓄存款的特征包括（　　）。

　　A. 利率优惠　　　　　　　　　　B. 存期灵活

　　C. 总额控制　　　　　　　　　　D. 利息免税

　　E. 储户特定

4. 存款人可以申请开立临时存款账户的情况包括（　　）。

　　A. 设立临时机构　　　　　　　　B. 注册验资

　　C. 日常周转结算　　　　　　　　D. 金融机构存放同业

　　E. 异地临时经营活动

三、**判断题**（请对以下各项描述做出判断，正确的为 A，错误的为 B）

1. 人民币活期存款 1 元起存，个人活期存款按季结息，按结息日挂牌活期利率计息。（　　）

　　A. 正确　　　　　　　　　　　　B. 错误

2. 整存零取最为常见，是定期存款的典型代表。（　　）

　　A. 正确　　　　　　　　　　　　B. 错误

3. 银行向中央银行借款有再贴现和再贷款两种方式。（　　）

　　A. 正确　　　　　　　　　　　　B. 错误

➡️ 答案详解

一、单选题

1. A【解析】单位活期存款账户又称为单位结算账户，包括基本存款账户、一般存款账户、专用存款账户和临时存款账户。

2. A【解析】现钞买入价（钞买价）是指银行买入外币现钞的价格。

3. C【解析】本题中，计息天数为28天，累计计息积数＝1000×28＝28000（元）。因此，钱先生取回的全部金额＝1000＋28000×0.72%÷360＝1000.56（元）。

4. D【解析】同业存放属于商业银行的负债业务，是指因支付清算和业务合作等需要，由其他金融机构存放于商业银行的款项。

5. B【解析】境内机构经常项目外汇账户的限额统一采用美元核定，故选项B表述错误。

二、多选题

1. ABCDE【解析】个人存款包括活期存款、定期存款、定活两便存款、个人通知存款、教育储蓄存款和保证金存款。

2. BCE【解析】选项A错误，人民币整存整取的起存金额为50元。选项D错误，存本取息是指一次存入本金，分次支取利息，到期支取本金，起存金额为5000元人民币。

3. ABCE【解析】教育储蓄存款的特征：①利率优惠；②总额控制；③储户特定；④存期灵活。

4. ABE【解析】可以开立临时存款账户的情形包括设立临时机构、异地临时经营活动、注册验资。该种账户的有效期最长不得超过两年。

三、判断题

1. A【解析】题干所述正确。

2. B【解析】整存整取最为常见，是定期存款的典型代表。

3. A【解析】商业银行向中央银行借款有再贴现和再贷款两种途径。

第六章　贷款业务

应试分析

　　本章主要介绍了个人贷款业务；公司贷款业务；票据业务以及保函、承诺等业务。本章在考试中涉及分值约为 9 分，所占分值相对较高。考试重点是个人贷款、公司贷款业务的种类、特征和管理要求。

思维导图

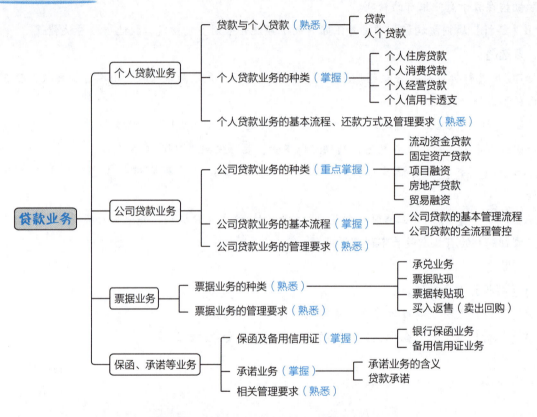

贷款业务
- 个人贷款业务
  - 贷款与个人贷款（熟悉）
    - 贷款
    - 人个贷款
  - 个人贷款业务的种类（掌握）
    - 个人住房贷款
    - 个人消费贷款
    - 个人经营贷款
    - 个人信用卡透支
  - 个人贷款业务的基本流程、还款方式及管理要求（熟悉）
- 公司贷款业务
  - 公司贷款业务的种类（重点掌握）
    - 流动资金贷款
    - 固定资产贷款
    - 项目融资
    - 房地产贷款
    - 贸易融资
  - 公司贷款业务的基本流程（掌握）
    - 公司贷款的基本管理流程
    - 公司贷款的全流程管控
  - 公司贷款业务的管理要求（熟悉）
- 票据业务
  - 票据业务的种类（熟悉）
    - 承兑业务
    - 票据贴现
    - 票据转贴现
    - 买入返售（卖出回购）
  - 票据业务的管理要求（熟悉）
- 保函、承诺等业务
  - 保函及备用信用证（掌握）
    - 银行保函业务
    - 备用信用证业务
  - 承诺业务（掌握）
    - 承诺业务的含义
    - 贷款承诺
  - 相关管理要求（熟悉）

微信扫码关注
畅享在线做题

微信扫码关注
获取免费直播课

 **知识精讲**

第一节　个人贷款业务

一、贷款与个人贷款（熟悉）

（一）贷款

贷款是指经批准可以经营贷款业务的金融机构对借款人提供的并按约定的利率和期限还本付息的货币资金。

性质：是银行最主要的资产和最主要的资金运用，也是最大、最明显的信用风险领域。

【提示】保函、承诺、票据等业务，其风险实质、管理要求与贷款业务基本一致，属于信用风险领域，纳入银行统一授信管理。

（二）个人贷款 解读1

个人贷款是指贷款人向符合条件的自然人发放的用于个人消费、生产经营等用途的本外币贷款。

典型真题

【判断题】商业银行办理银行承兑汇票的贴现是一种融资行为，应纳入授信管理。（　　）

A. 正确　　　　　　　　　　B. 错误

【答案】A【解析】题干表述正确。

二、个人贷款业务的种类（掌握）

个人贷款业务包括个人住房贷款、个人消费贷款、个人经营贷款和个人信用卡透支。其中，最主要的组成部分是个人住房贷款。

（一）个人住房贷款

个人住房贷款是指向借款人发放的用于购买、建造和大修理各类型住房的贷款。

分类：个人住房按揭贷款、二手房贷款、公积金个人住房贷款、个人住房组合贷款 解读2、个人住房最高额抵押贷款、直客式个人住房贷款、固定利率个人住房贷款、个人商用房贷款。

（二）个人消费贷款

个人消费贷款一般包括个人汽车贷款、助学贷款、个人消费额度贷款、个人住房装修贷款、个人耐用消费品贷款、个人权利质押贷款等。

真考解读 考查相对较少，重点关注贷款的性质。

解读1 绝大多数个人贷款主要用于消费。

真考解读 属于常考点，一般会考1道题。

解读2 个人住房组合贷款是个人住房委托贷款和银行自营性贷款的组合。

项目	内容
个人汽车贷款	个人汽车贷款是指银行向个人发放的用于购买汽车的人民币贷款。 贷款发放比例：自用传统动力汽车贷款最高发放比例为借款人所购汽车价格的80%，商用传统动力汽车贷款最高发放比例为借款人所购汽车价格的70%；自用新能源汽车贷款最高发放比例为借款人所购汽车价格的85%，商用新能源汽车贷款最高发放比例为借款人所购汽车价格的75%；二手车贷款最高发放比例为借款人所购汽车价格的70%。 贷款期限：汽车贷款的贷款期限（含展期）不得超过5年[解读3]。
助学贷款	助学贷款包括国家助学贷款和一般商业性助学贷款。 国家助学贷款：银行向中华人民共和国境内的（不含香港和澳门特别行政区、台湾地区）高等学校中经济确实困难的全日制普通本、专科生（含高职生）、研究生和第二学士学位学生发放的，用于支付学费、住宿费和生活费用的人民币贷款。 一般商业性助学贷款：银行向正在接受非义务教育学习的学生或其直系亲属、法定监护人发放的，只能用于学生的学杂费、生活费以及其他与学习有关的费用的商业性贷款。
个人消费额度贷款	个人消费额度贷款是指银行对个人客户发放的可在一定期限和额度内随时支用的人民币贷款。 质押额度：一般不超过借款人提供的质押权利凭证票面价值的90%。 抵押额度：一般不超过抵押物评估价值的70%。 保证额度和信用额度：根据借款人的信用等级确定。
个人住房装修贷款	个人住房装修贷款是指银行向个人客户发放的用于装修自用住房的人民币担保贷款。
个人耐用消费品贷款	个人耐用消费品贷款是银行对个人客户发放的用于购买大件耐用消费品的人民币贷款。
个人权利质押贷款	个人权利质押贷款[解读4]是指借款人以本人或其他自然人的未到期本外币定期储蓄存单、凭证式国债、电子记账类国债、个人寿险保险单以及银行认可的其他权利出质，由银行按权利凭证票面价值或记载价值的一定比例向借款人发放的人民币贷款。

解读3 二手车贷款的贷款期限（含展期）不得超过3年，经销商汽车贷款的贷款期限不得超过1年。

解读4 商业银行接受客户拥有的国债作为其借款担保，属于质押担保。

典型真题

【多选题】下列可以当作个人权利质押贷款质押物的有（　　）。

A. 凭证式国债　　　　　　　　B. 未到期本外币定期储蓄存单

C. 个人寿险保险单　　　　　　D. 已被冻结的存款

E. 身份证

【答案】ABC【解析】根据个人权利质押贷款的定义可知，选项 A、选项 B、选项 C 符合题意。

（三）个人经营贷款

个人经营贷款是指银行对自然人发放的、用于合法生产、经营的贷款。个人申请经营贷款，一般需要有一个经营实体^{解读5}作为借款基础。

（四）个人信用卡透支

个人信用卡透支是指持卡人进行信用消费、取现或其他情况所产生的累积未还款金。

（1）信用额度：可以循环使用，不同等级的信用卡的透支额度也有所不同。

（2）免息期：只在用信用卡透支消费时才能够享受的，取现透支没有免息期。

（3）还款保障：仅为持卡人的信用，没有实物或第三方保障。

典型真题

【单选题】下列关于信用卡透支操作的表述，正确的是（　　）。

A. 信用额度一般不能循环使用　　B. 消费透支有免息期

C. 所有透支都是免息的　　D. 取现透支有免息期

【答案】B【解析】信用额度可以循环使用，故选项 A 错误。信用卡的免息期是只在用信用卡透支消费时才能够享受的，信用卡取现透支没有免息期，故选项 C、选项 D 错误。

三、个人贷款业务的基本流程、还款方式及管理要求（熟悉）

项目	内容
基本流程	个人贷款的基本流程与公司贷款的基本流程环节基本一致。
还款方式	（1）一般还款方式包括等额本息还款法和等额本金还款法。 （2）特色还款方式包括按周还本付息、递增还款法、递减还款法、先息后本法、组合还款法、到期一次还本付息法等。
管理要求	（1）遵守"了解你的客户"原则，全面持续评估借款人的信用情况、偿付能力、贷款用途等，审慎确定借款人适当性、综合资金成本、贷款金额上限、贷款期限、贷款用途限定、还款方式等。 （2）防止借款人"以贷养贷""多头借款"等行为。 （3）不得发放"首付贷"和首付不合规的个人住房贷款，各类消费贷款、个人经营性贷款、信用卡透支等不得用于购房。

解读5 经营实体一般包括个体工商户、个人独资企业投资人、合伙企业合伙人等。

真考解读 考查相对较少，考生熟悉即可。这里的基本流程不做详解，可参考第二节中公司贷款业务的基本流程。

第二节　公司贷款业务

真考解读 属于必考点，一般会考2~3道题。

一、公司贷款业务的种类（重点掌握）

（一）流动资金贷款

流动资金贷款是指商业银行向企（事）业法人或国家规定可以作为借款人的其他组织发放的用于借款人日常生产经营周转的本外币贷款，是我国商业银行最为传统、最为熟悉的信贷业务。

1. 流动资金贷款的用途

限于借款人日常生产经营周转，即用来弥补营运资金的不足。

其他限定范围：不得用于固定资产、股权等投资；不得用于国家禁止生产、经营的领域和用途。

2. 流动资金贷款的申请条件

（1）借款人依法设立、贷款用途明确合法、借款人具有持续经营能力。

（2）借款人有合法的还款来源。

（3）借款人信用状况良好，无重大不良信用记录等。

（二）固定资产贷款

固定资产贷款是指商业银行向企（事）业法人或国家规定可以作为借款人的其他组织发放的，用于借款人固定资产投资的本外币贷款，是当前国内银行业金融机构最重要的信贷品种之一。

1. 固定资产贷款的分类

按照用途不同，固定资产贷款可分为基本建设贷款、技术改造贷款。

2. 固定资产贷款的申请条件

（1）借款人依法经工商行政管理机关或主管机关核准登记。

（2）借款人信用状况良好，无重大不良记录。

（3）借款人为新设项目法人的，其控股股东应有良好的信用状况，无重大不良记录。

（4）国家对拟投资项目有投资主体资格和经营资质要求的，符合其要求。

（5）借款用途及还款来源明确、合法。

（6）项目符合国家的产业、土地、环保等相关政策，并按规定履行了固定资产投资项目的合法管理程序。

（7）符合国家有关投资项目资本金制度的规定等。

3. 固定资产贷款的具体要求

（1）商业银行应按照审贷分离、分级审批的原则，规范固定资产贷款审批流程，明确贷款审批权限，确保审批人员按照授权独立审批贷款。

（2）对于固定资产贷款项下借款人单笔支付金额超过项目总投资5%或超过

500 万元人民币的贷款资金支付，应采用商业银行受托支付方式。

4. 固定资产投资^{解读1}的分类（按照管理渠道划分）

项目	内容
基本建设投资	基本建设投资是指企业、事业、行政单位以扩大生产能力或工程效益为主要目的的新建、扩建工程及有关工作。 综合范围：总投资 50 万元以上（含）的基本建设项目。
更新改造投资	更新改造投资是指企业、事业单位对原有设施进行固定资产更新和技术改造，以及相应配套的工程和有关工作^{解读2}。 综合范围：总投资 50 万元以上（含）的更新改造项目。
房地产开发投资	房地产开发投资是指房地产开发公司、商品房建设公司及其他房地产开发法人单位和附属于其他法人单位实际从事房地产开发或经营活动的单位统一开发的包括统代建、拆迁还建的住宅、厂房、仓库、饭店、宾馆、度假村、写字楼、办公楼等房屋建筑物和配套的服务设施，土地开发工程^{解读3}的投资；不包括单纯的土地交易活动。
其他固定资产投资	其他固定资产投资是指全社会固定资产投资中未列入基本建设、更新改造和房地产开发投资的建造和购置固定资产的活动。

解读1 固定资产投资是指建造和购置固定资产的活动，是社会固定资产再生产的主要手段。

解读2 这里不包括大修理和维护工程。

解读3 如道路、给水、排水、供电、供热、通信、平整场地等基础设施工程。

典型真题

【单选题】单笔金额超过项目总投资（   ）或超过（   ）万元人民币的固定资产贷款资金支付，应采用贷款人受托支付方式。

A. 5%，300　　　B. 10%，500　　　C. 5%，500　　　D. 3%，300

【答案】C【解析】对于固定资产贷款项下借款人单笔支付金额超过项目总投资 5% 或超过 500 万元人民币的贷款资金支付，应采用商业银行受托支付方式。

（三）项目融资

项目	内容
特征	（1）贷款用途通常是用于建造一个或一组大型生产装置、基础设施、房地产项目或其他项目，包括对在建或已建项目的再融资。 （2）借款人通常是为建设、经营该项目或为该项目融资而专门组建的企事业法人，包括主要从事该项目建设、经营或融资的既有企事业法人。 （3）还款资金来源主要依赖该项目产生的销售收入、补贴收入或其他收入，一般不具备其他还款来源。
适用情况	（1）投资大、回收期长的大型能源开发、资源开发和基础设施建设类项目。 （2）不确定性大、风险高的文化创意和新技术开发项目。

项目	内容
与固定资产贷款的相关性^{解读4}	（1）以项目融资方式筹措资金的项目一般都属于固定资产投资项目，其发放的贷款也属于固定资产贷款。 （2）在风险特征上，项目融资与一般固定资产投资有所区别。表现为贷款偿还主要依赖项目未来的现金流或者项目自身资产价值；风险较大，通常需要多家银行业金融机构参与，并通过复杂的融资和担保结构以分散和降低风险等。

解读4 项目融资与房地产贷款都属于特殊的固定资产贷款。

（四）房地产贷款

房地产贷款是指与房产或地产的开发、经营、消费活动有关的贷款。

1．房地产贷款的分类

（1）住房开发贷款是指银行向借款人发放的用于商品住房及其配套设施开发建设的贷款，贷款用途限于客户正常建造商品房及其配套设施所需的资金，一般包括拆迁费、建安费、装修费等费用的支出。

（2）商业用房开发贷款是指银行向借款人发放的用于宾馆（酒店）、写字楼、大型购物中心及其配套设施等商用项目建设的贷款。对非住宅部分投资占总投资比例超过50％的综合性房地产项目，其贷款也视同商业用房开发贷款。

2．房地产贷款的申请条件

解读5 自有资金是指所有者权益。

（1）房地产开发企业的自有资金^{解读5}应不低于国家规定的资本金比例要求。

（2）房地产开发企业应当具备"四证"，即土地使用权证书、建设用地规划许可证、建设工程规划许可证和施工许可证。

解读6 贸易融资的方式是考试的必考点，考生要在理解的基础上掌握。

（五）贸易融资^{解读6}

贸易融资是指银行对进口商或出口商提供的与进出口贸易结算相关的短期融资或信用便利。其方式主要有保理、信用证、福费廷、打包放款、出口押汇、进口押汇。

方式	内容
保理	保理融资是指销售商通过将其合法拥有的应收账款转让给银行，从而获得融资的行为。 分类：有追索与无追索。 适用范围：有真实贸易背景、合法形成应收账款的贸易企业。
信用证	信用证是一种银行开立的有条件的承诺付款的书面文件。
福费廷	（1）福费廷（Forfaiting），意为放弃，是指包买商从出口商那里无追索地购买已经承兑的，并通常由进口商所在地银行担保的远期汇票或本票的业务。

续 表

方式	内容
福费廷	（2）在福费廷业务中，放弃包括出口商卖断票据，放弃了对所出售票据的一切权益；银行（包买人）买断票据，放弃了对出口商所贴现款项的追索权，可能承担票据拒付的风险。 （3）福费廷与票据贴现业务。 ①从业务运作的实质来看，福费廷就是远期票据贴现。 ②从其他方面来看，福费廷不同于一般的票据贴现业务。如银行（包买人）放弃了票据追索权，属于中长期融资，票据金额比较大，只能基于真实贸易背景开立票据，融资的条件较为严格，银行（包买人）承担了票据拒付的所有风险，带有长期固定利率融资的性质。
打包放款	打包放款是指出口商收到境外开来的信用证，出口商在采购这笔信用证有关的出口商品或生产出口商品时，资金出现短缺，用该笔信用证作为抵押，向银行申请本、外币流动资金贷款，用于出口货物进行加工、包装及运输过程出现的资金缺口。
出口押汇	出口押汇是指银行凭出口商提供的信用证项下完备的货运单据做抵押，在收到开证行支付的货款之前，向出口商融通资金的业务^{解读7}
进口押汇	进口押汇是指信用证项下单到并经审核无误后，开证申请人因资金周转关系，无法及时对外付款赎单，以该信用证项下代表货权的单据为质押，并同时提供必要的抵押/质押或其他担保，由银行先行代为对外付款。

解读7 对客户来说，如为即期收汇，可申请出口押汇；如为远期收汇，可在国外银行承兑可申请贴现。

典型真题

【单选题】中国某公司生产的轻工产品年销售额中约一半为应收账款，国内某银行对其应收账款进行了无追索权"购买"，为其注入现金，加速了资金周转，促进了该公司经营规模的扩张，然后由银行去向买方要求付款。这属于银行的（   ）。

A. 保理业务　　B. 负债业务　　C. 代理业务　　D. 贷款业务

【答案】A【解析】保理融资是指销售商通过将其合法拥有的应收账款转让给银行，从而获得融资的行为，分为有追索与无追索两种。分析案例可知为保理业务。

【单选题】下列关于银行福费廷业务特点的表述，错误的是（   ）。

A. 出口商卖断票据，放弃了对所出售票据的一切权益

B. 银行承担了票据拒付的所有风险，带有长期固定利率的融资性质

C. 福费廷业务是一种即期票据贴现

D. 银行对国际贸易延期付款方式中出口商持有的远期承兑汇票或本票无追索权的贴现

【答案】 C **【解析】** 从业务运作的实质来看，福费廷是远期票据贴现，故选项 C 表述错误。

真考解读 属于常考点，一般会考 1 道题。

二、公司贷款业务的基本流程 （掌握）

（一）公司贷款的基本管理流程

流程	内容
贷款申请（首要环节）	借款人需用贷款资金时，应按照贷款人要求的方式和内容提出贷款申请。 基本内容：借款人名称、企业性质、经营范围，申请贷款的种类、期限、金额、方式、用途，用款计划，还本付息计划等。
受理与调查	由分管客户关系管理的客户经理进行受理与调查。
风险评价	由审批部门对贷前调查报告及贷款资料进行全面的风险评价，并对借款人情况、还款来源、担保情况等进行审查。 地位：风险评价隶属于贷款决策过程，是贷款全流程管理中的关键环节之一。
贷款审批	银行要按照"审贷分离^{解读8}、分级审批"的原则对信贷资金的投向、金额、期限、利率等贷款内容和条件进行最终决策，逐级签署审批意见。
合同签订	借款申请经审查批准后，银行与借款人签订书面借款合同。合同基本内容应包括金额、期限、利率、借款种类、用途、支付、还款保障及风险处置等。
贷款发放	实行贷放分离、实贷实付。贷款人应设立独立的责任部门或岗位，负责贷款发放审核。
贷款支付	贷款人应设立独立的责任部门或岗位，负责贷款支付审核和支付操作。采用贷款人受托支付^{解读9}的，贷款人应审核交易资料是否符合合同约定条件。采用借款人支付方式的，贷款人应要求借款人定期汇总报告贷款资金支付情况。
贷后管理	银行在贷款发放后对合同执行情况及借款人经营管理情况进行检查或监控。 主要内容：监督借款人的贷款使用情况、跟踪掌握企业财务状况及其清偿能力、检查贷款抵押品和担保权益的完整性等。

解读8 审贷分离是指银行业金融机构将贷款审批与贷款发放作为两个独立的业务环节，分别管理和控制，以达到降低信贷业务操作风险的目的。

解读9 贷款人应通过贷款人受托支付或借款人自主支付的方式对贷款资金的支付进行管理与控制。

续 表

流程	内容
贷款回收与处置	贷款回收与处置直接关系到商业银行预期收益的实现和信贷资金的安全，贷款到期按合同约定足额归还本息，是借款人履行借款合同、维护信用关系当事人各方权益的基本要求。

（二）公司贷款的全流程管控^{解读10}

解读10 常考点：全流程管控的具体规定。

流程	内容
全流程管理	全流程贷款管理强调要将有效的信贷风险管理行为贯串到贷款生命周期中的每一个环节，可将贷款过程管理中的各个环节进行分解，按照有效制衡的原则将各环节职责落实到具体的部门和岗位，并建立明确的问责机制^{解读11}。
诚信申贷	（1）借款人恪守诚实守信原则，按照贷款人要求的具体方式和内容提供贷款申请材料，并且承诺所提供材料是真实、完整、有效的。 （2）借款人应证明其设立合法、经营管理合规合法、信用记录良好、贷款用途明确合法以及还款来源明确合法等。
协议承诺	要求银行业金融机构作为贷款人应与借款人乃至其他相关各方通过签订完备的贷款合同等协议文件，规范各方有关行为，明确各方权利义务，调整各方法律关系，追究各方法律责任。
贷放分控	商业银行将贷款审批与贷款发放作为两个独立的业务环节，分别管理和控制，以达到降低信贷业务操作风险的目的。
实贷实付	银行业金融机构根据贷款项目进度和有效贷款需求，在借款人需要对外支付贷款资金时，根据借款人的提款申请以及支付委托，将贷款资金通过贷款人受托支付等方式，支付给符合合同约定的借款人交易对象的过程^{解读12}。
贷后管理	商业银行在贷款发放以后所开展的所有信贷风险管理工作。

解读11 贷款"三查"分为贷前管理、贷中管理和贷后管理。

解读12 实贷实付的关键是让借款人按照贷款合同的约定用途，减少贷款挪用的风险。

典型真题

【单选题】 根据"实贷实付"原则，银行应将贷款资金通过贷款人受托支付等方式，支付给符合合同约定的（　　）。

A. 借款人任意账户　　　　B. 借款人特定账户

C. 借款人交易对象账户　　D. 第三方托管账户

【答案】 C **【解析】** 采用贷款人受托支付的，贷款人应审核交易资料是否符合合同约定条件。在审核通过后，将贷款资金通过借款人账户支付给借款人交易对象。

真考解读 考查相对较少，考生熟悉即可。

三、公司贷款业务的管理要求（熟悉）

2018 年 1 月，《中国银监会关于进一步深化整治银行业市场乱象的通知》（银监发〔2018〕4 号）对商业银行贷款管理工作做了相关禁止性规定。

（1）严禁违反宏观调控政策，向产能过剩领域等限制领域或禁止性领域违规发放贷款。严禁违规为地方政府提供债务融资，严禁违规为环保排放不达标、严重污染且整改无望的落后企业提供贷款；严禁违规为固定资产投资项目提供资本金，或向不符合条件的固定资产投资项目提供贷款。

（2）坚持集中度管理，防止出现多头授信、过度授信、不当分配授信额度等情形。

（3）不得超授权额度审批并发放贷款。

（4）不得接受壳公司贷款、重复抵质押、虚假抵质押、违规担保等。

（5）不得违规发放流动资金贷款用于固定资产投资或股权投资。

（6）不得直接或变相为房地产企业支付土地购置费用提供各类表内外融资；向"四证"不全、资本金未足额到位的房地产开发项目提供融资。

第三节 票据业务

真考解读 考查相对较少，考生熟悉相关定义即可。

一、票据业务的种类（熟悉）

（一）承兑业务

票据承兑业务是商业银行根据在本行开户客户提出的承兑申请，对客户的资信情况、交易背景情况、担保情况等进行审查，决定是否承兑的过程。票据承兑业务一般归于信贷业务。

（二）票据贴现

1. 票据贴现的含义

票据贴现是指商业汇票的合法持票人，在商业汇票到期以前，为获取票款，由持票人或第三人向金融机构贴付一定的利息后，以背书方式所做的票据转让。

2. 票据贴现的分类（按出票人不同）

（1）银行承兑汇票贴现。其中，银行承兑汇票是由承兑申请人签发并向开户银行申请、经银行审查同意承兑的商业汇票。

（2）商业承兑汇票贴现。其中，商业承兑汇票是由付款人或收款人签发，付款人作为承兑人承诺在汇票到期日，对收款人或持票人无条件支付汇票金额的票据。

（三）票据转贴现

票据转贴现是金融机构间融通资金的一种方式，是指金融机构为了取得资金，将未到期的已贴现商业汇票再以卖断方式向另一金融机构转让的票据行为。

（四）买入返售（卖出回购）

1. 买入返售（卖出回购）的含义

买入返售（卖出回购）是指两家金融机构之间按照协议约定先买入（卖出）金融资产，再按约定价格于到期日将该项金融资产返售（回购）的资金融通行为。

2. 买入返售（卖出回购）的禁止规定

（1）三方或以上交易对手之间的类似交易，不得纳入买入返售或卖出回购业务管理和核算。

（2）开展买入返售（卖出回购）业务，不得接受和提供任何直接或间接、显性或隐性的第三方金融机构信用担保，国家另有规定的除外。

二、票据业务的管理要求 （熟悉）

（1）坚持贸易背景真实性要求，严禁资金空转。

（2）加强客户授信调查和统一授信管理。

（3）规范票据交易行为。

（4）加强承兑保证金管理。

（5）不得掩盖信用风险。

真考解读 考查相对较少，考生熟悉即可。

第四节　保函、承诺等业务

一、保函及备用信用证 （掌握）

（一）银行保函业务

1. 银行保函业务的含义

银行保函是指银行应申请人的要求，向受益人做出的书面付款保证承诺，银行将凭受益人提交的与保函条款相符的书面索赔履行担保支付或赔偿责任。

2. 银行保函业务的分类

按照担保银行承担风险的不同及管理的需要，银行保函可分为融资类保函和非融资类保函。

（1）融资类保函。

真考解读 属于常考点，一般会考1道题。考生重点关注银行保函的两大类。

分类	内容
借款保函	担保借款人（申请人）向贷款人（受益人）按贷款合同的规定偿还贷款本息。

分类	内容
授信额度保函	担保申请授信额度和在授信额度项下偿还义务的履行。一般是母公司为海外的子公司申请。
有价证券保付保函	为企业债券本息的偿还或可转债提供的担保。
融资租赁保函	为融资租赁合同项下的租金支付提供的担保。
延期付款保函	为延期支付的货款及其利息提供的担保。

解读1 考试中常将融资类保函与非融资类保函进行混合，考生要学会区分，根据题干选出正确的选项。

（2）非融资类保函解读1。

分类	内容
投标保函	多用于公开招标的工程承包和物资采购合同项下，根据标书要求的担保。
预付款保函	申请人一旦在基础交易项下违约，银行承担向受益人返还预付款的保证责任。
履约保函	对保函申请人诚信、善意、及时履行基础交易中约定义务的保证。
关税保函	为进出口物品缴纳关税提供的担保。
即期付款保函	保证申请人因购买商品、技术、专利或劳动合同项下的付款责任而出具的类同信用证性质的保函。
经营租赁保函	对经营租赁合同项下的租金支付提供的担保。

典型真题

【多选题】商业银行保函业务中，融资类保函包括（　　）。

A. 投标保函　　　　　　　　　B. 借款保函

C. 授信额度保函　　　　　　　D. 融资租赁保函

E. 有价证券保付保函

【答案】BCDE【解析】融资类保函包括借款保函（选项 B）、授信额度保函（选项 C）、有价证券保付保函（选项 E）、融资租赁保函（选项 D）、延期付款保函。

【多选题】下列业务中，可使用银行保函的有（   ）。

A. 借款   B. 延期付款

C. 工程履约   D. 融资租赁

E. 投标

【答案】ABCDE【解析】选项A、选项B、选项C、选项D、选项E均可使用银行保函。

（二）备用信用证业务

1. 备用信用证的含义

备用信用证是指开证行应借款人的要求，以放款人作为信用证的受益人而出具的一种特殊信用证，是在法律限制开立保函的情况下出现的保函业务的替代品。其实质是银行对借款人的一种担保行为。

2. 备用信用证的特征

对于备用信用证，其特征是在备用信用证业务关系中，开证行通常是第二付款人，即只有借款人发生意外才会发生资金的垫付。

对于其他信用证，其特征是只要受益人所提供的单据和信用证条款一致，无论申请人是否履行其义务，银行都要承担对受益人的第一付款责任。

3. 备用信用证的分类

（1）可撤销的备用信用证是指附有申请人财务状况出现某种变化时可撤销或修改条款的信用证，旨在保护开证行的利益。

（2）不可撤销的备用信用证是指开证行不可以单方面撤销或修改信用证。开证行不可撤销的付款承诺使受益人有了可靠的收款保证。

典型真题

【判断题】备用信用证与其他信用证相比，只有借款人发生意外才会发生资金的垫付。（   ）

A. 对   B. 错

【答案】A【解析】题干表述正确。

二、承诺业务（掌握）

（一）承诺业务的含义

承诺业务是指商业银行承诺在未来某一日期按照事先约定的条件向客户提供约定的信用业务，包括贷款承诺等。

（二）贷款承诺

1. 含义

贷款承诺指应客户的申请，银行对项目进行评估论证，在项目符合银行信贷

真考解读 属于常考点，一般会考1道题。考生重点关注贷款承诺的四类。

投向和贷款条件的前提下，对客户承诺在一定的有效期内，提供一定额度和期限的贷款，用于指定项目建设或企业经营周转。

解读2 常考点：贷款承诺业务各分类的内容。

2. 分类 ^{解读2}

贷款承诺业务可以分为项目贷款承诺、客户授信额度和票据发行便利及开立信贷证明。

分类	内容
项目贷款承诺	主要是为客户报批项目可行性研究报告时，向国家有关部门表明银行同意贷款支持项目建设的文件。
客户授信额度	（1）授信额度是银行确定的在一定期限内对某客户提供短期授信支持的量化控制指标，主要用于解决客户短期的流动资金需要。 （2）有效期限：按双方协议规定（通常为1年）。 （3）按授信形式的不同，可分为贷款额度、开证额度、开立保函额度、开立银行承兑汇票额度、承兑汇票贴现额度、进口保理额度、出口保理额度、进口押汇额度、出口押汇额度等业务品种分项额度。
票据发行便利	是一种具有法律约束力的中期周转性票据发行融资的承诺。
开立信贷证明	是应投标人和招标人或项目业主的要求，在项目投标人资格预审阶段开出的用以证明投标人在中标后可在承诺行获得针对该项目的一定额度信贷支持的授信文件。

典型真题

【单选题】票据发行便利是一种具有法律约束力的（　　）周转性票据发行融资的承诺。

A. 中期　　　　　B. 短期　　　　　C. 不定期　　　　　D. 长期

【答案】A【解析】票据发行便利是一种具有法律约束力的中期周转性票据发行融资的承诺。

【多选题】商业银行的贷款承诺业务包括（　　）。

A. 票据贴现　　　　　　　　　　　B. 履约保函

C. 项目贷款承诺　　　　　　　　　D. 开立信贷证明

E. 客户资信证明

【答案】CD【解析】贷款承诺业务可以分为项目贷款承诺（选项C）、客户授信额度和票据发行便利及信贷证明（选项D）。

三、相关管理要求 （熟悉）

保函、承诺等业务要纳入商业银行综合授信管理范畴，实行综合授信额度管理。

真考解读 考查相对较少，熟悉即可。

章节练习

一、单选题（以下各小题所给出的四个选项中，只有一项符合题目要求，请选择相应选项，不选、错选均不得分）

1. 当企业经营周转资金出现缺口，可以申请的贷款是（   ）。
   A. 项目贷款
   B. 固定资产贷款
   C. 流动资金贷款
   D. 房地产贷款

2. 房地产开发贷款包括住房开发贷款和商业用房开发贷款，对非住宅部分投资占总投资比例超过（   ）的综合性房地产项目，其贷款也视同商业用房开发贷款。
   A. 40%
   B. 60%
   C. 70%
   D. 50%

3. 下列关于商业银行备用信用证的表述中，正确的是（   ）。
   A. 商业银行无须垫付资金
   B. 商业银行在一定条件下需要垫付资金
   C. 属于商业银行代理业务
   D. 商业银行必须垫付资金

4. 银行应进口申请人的要求，与其达成进口项下单据及货物的所有权归银行所有的协议后，银行以信托收据的方式向其释放单据并先行对外付款的行为是（   ）。
   A. 保付代理
   B. 打包放款
   C. 进口押汇
   D. 出口押汇

二、多选题（以下各小题所给出的五个选项中，有两项或两项以上符合题目的要求，请选择相应选项，多选、少选、错选均不得分）

1. 福费廷是国际贸易融资的一种方式，下列关于福费廷的表述正确的有（   ）。
   A. 如果票据拒付，银行无权向出口商追索
   B. 银行不承担票据拒付的风险
   C. 福费廷就是远期票据贴现
   D. 福费廷属于中长期融资，带有长期固定利率融资的性质
   E. 福费廷包含着出口商买断票据

2. 《个人贷款管理暂行办法》所称个人贷款，是指贷款人向符合条件的自然人发放的用于（   ）等用途的本外币贷款。

A. 投资理财　　　　B. 代人融资　　　　C. 生产经营

D. 资金周转　　　　E. 个人消费

3. 下列关于商业银行办理客户授信业务的表述，正确的有（　　　）。

A. 主要用于解决客户中长期的资金需求

B. 从授信额度转为实际授信有不确定性

C. 按照授信额度内实际业务具体审查

D. 授信额度只能用于贷款

E. 授信额度内客户可以随时提款

4. 下列关于银行保函业务的表述，正确的有（　　　）。

A. 履约保函是对保函申请人诚信、善意、及时履行基础交易中约定义务的保证

B. 银行保函是银行应申请人的要求向受益人做出的书面付款保证承诺

C. 即期付款保函是保证申请人因购买商品、技术、专利或劳动合同项下的付款责任而出具的类同信用证性质的保函

D. 预付款保函下，银行承担在基础交易违约的情况下向受益人返还预付款的保证责任

E. 关税保函是为进口物品缴纳关税提供的担保

三、判断题（请对以下各项描述做出判断，正确的为 A，错误的为 B）

1. 贷款是商业银行最主要的资产，是商业银行最主要的资金运用。（　　　）

A. 正确　　　　　　　　　　　　　B. 错误

2. 根据中国人民银行、原中国银监会《汽车贷款管理办法》（2017 年修订）规定，个人汽车贷款中自用新能源汽车贷款最高发放比例为 80%。（　　　）

A. 正确　　　　　　　　　　　　　B. 错误

3. 商业银行可以向企业发放流动资金贷款，并用于固定资产投资。（　　　）

A. 正确　　　　　　　　　　　　　B. 错误

⇨ 答案详解

一、单选题

1. C【解析】流动资金贷款限于借款人日常生产经营周转，即用来弥补营运资金的不足。故选 C。

2. D【解析】对非住宅部分投资占总投资比例超过 50% 的综合性房地产项目，其贷款也视同商业用房开发贷款。故选 D。

3. B【解析】当借款人发生意外时，商业银行需要垫付资金，故选项 A、选项 D 表述错误，选项 B 表述正确。备用信用证业务属于担保业务，故选项 C 表述错误。

4. C【解析】进口押汇是指信用证项下单到并经审核无误后，开证申请人因资金周转关系，无法及时对外付款赎单，以该信用证项下代表货权的单据为质押，并同时提供必要的抵押/质押或其他担保，由银行先行代为对外付款。故选 C。

二、多选题

1. ACD【解析】在福费廷业务中，银行（包买人）承担了票据拒付的所有风险，带有长期固定利率融资的性质，故选项 B 表述错误。选项 E，应该是福费廷包含着出口商卖断票据。故本题选 A、C、D。

2. CE【解析】个人贷款是指贷款人向符合条件的自然人发放的用于个人消费、生产经营等用途的本外币贷款。

3. BCE【解析】授信业务主要用于解决客户短期的流动资金需要，故选项 A 表述错误。按照授信形式的不同，授信额度可分为多种业务品种分项额度，故选项 D 表述错误。

4. ABCDE【解析】选项 A、选项 B、选项 C、选项 D、选项 E 表述均正确。

三、判断题

1. A【解析】题干表述正确。

2. B【解析】根据中国人民银行、原中国银监会《汽车贷款管理办法》（2017 年修订）规定，自用传统动力汽车贷款最高发放比例为借款人所购汽车价格的 80%，商用传统动力汽车贷款最高发放比例为借款人所购汽车价格的 70%；自用新能源汽车贷款最高发放比例为借款人所购汽车价格的 85%，商用新能源汽车贷款最高发放比例为借款人所购汽车价格的 75%。

3. B【解析】流动资金贷款不得用于固定资产、股权等投资，不得用于国家禁止生产、经营的领域和用途。

第七章 结算、代理及托管业务

本章主要介绍商业银行的支付结算业务、代理业务和托管业务。本章内容相对较少，在考试中涉及分值约为7分。考查的重点是各类业务的分类及相关定义，填写票据和结算凭证的基本规定也是常考知识点。

🏠 思维导图

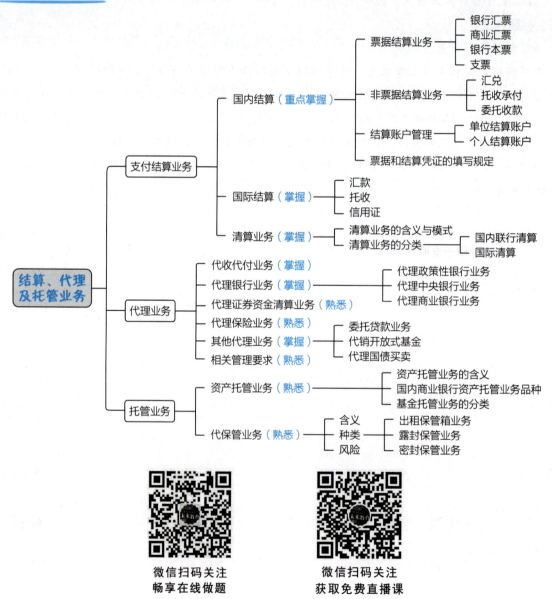

知识精讲

第一节 支付结算业务

一、国内结算（重点掌握）

现有的票据和结算方式有汇票、本票、支票、银行卡及汇兑、托收承付、委托收款和国内信用证等。

（一）票据结算业务

1. 银行汇票

项目	内容
含义	银行汇票是由出票银行签发的，由其在见票时按照实际结算金额无条件支付给收款人或持票人的票据。
性质	银行汇票是一种见票即付、无须提示承兑的票据，票随人走，人到款到，凭票取款，可以背书转让。
特点	方便、灵活，具有较强的流通性和兑现性，是异地结算中较受欢迎、应用较广的结算工具。
使用	（1）单位和个人各种款项结算，均可使用银行汇票。 （2）银行汇票可以用于转账，填明"现金"字样的银行汇票可以用于支取现金。 （3）代理付款银行^{解读1}不得受理未在本行开立存款账户的持票人为单位直接提交的银行汇票。 （4）申请人必须交足现金或其账户有足额资金支付，银行才能为其签发银行汇票，银行不垫款。

2. 商业汇票

项目	内容
含义	商业汇票是出票人签发的，委托付款人在指定付款日期无条件支付确定金额给收款人或持票人的票据。
付款期限	最长不得超过6个月。提示付款期限自汇票到期日起10日。
分类	按照承兑人的不同，商业汇票可分为商业承兑汇票和银行承兑汇票两种^{解读2}。其中，银行承兑汇票^{解读3}是由在承兑银行开立存款账户的存款人出票，向开户银行申请并经银行审查同意承兑后，保证在指定日期无条件支付确定的金额给收款人或持票人的票据，基础是真实的商品交易。

真考解读 属于必考点，一般会考2~3道题。

解读1 银行汇票的出票银行即为银行汇票的付款人。

解读2 商业承兑汇票由银行以外的付款人承兑，银行承兑汇票由银行承兑。

解读3 银行承兑汇票（纸质）的付款期限：自出票之日起最长不得超过6个月。

典型真题

【单选题】银行承兑汇票（非电子式）的最长付款期限为（　　）。

A. 12 个月　　　　B. 3 个月　　　　C. 1 个月　　　　D. 6 个月

【答案】D【解析】银行承兑汇票（纸质）期限自出票之日起最长不得超过 6 个月。

3. 银行本票

项目	内容
含义	银行本票是银行签发的，承诺自己在见票时无条件支付确定的金额给收款人或者持票人的票据。
出票人	经中国人民银行当地分支行批准办理银行本票业务的银行机构。
代理付款人	代理出票银行审核支付银行本票款项的银行。
特点	（1）见票即付，可以背书转让。 （2）通用性强，灵活方便，限于在同一票据交换区域内使用。
提示付款期限	<u>2 个月</u>^{解读4}。
使用要求	（1）银行本票可以用于转账，填明"现金"字样的银行本票也可用于支取现金，申请人或收款人为单位的，银行不予签发现金银行本票。 （2）银行本票一律记名，允许背书转让。 （3）单位和个人在同一票据交换区域可以使用银行本票支付各种款项。

解读4 票据的提示付款期限是考试中的必考点，且各票据有所不同，考生要区分记忆，切勿混淆。

典型真题

【单选题】银行本票的提示付款期限为（　　）。

A. 2 个月　　　　B. 3 个月　　　　C. 10 天　　　　D. 1 个月

【答案】A【解析】银行本票的提示付款期限为 2 个月。

4. 支票

项目	内容
含义	支票是出票人签发的、委托办理支票存款业务的银行在见票时无条件支付确定的金额给收款人或者持票人的票据。

续 表

项目	内容
分类	(1) 现金支票：只能用于支付现金。 (2) 转账支票：只能用于转账。 (3) 普通支票：既可以用于支取现金，也可以用于转账。
特点	(1) 出票人是银行存款客户。 (2) 付款人是银行。 (3) 支票是即期付款，是替代现金的一种支付工具。 (4) 手续方便、使用灵活、结算及时、可以转让。
提示付款期限	自出票日起10日，不受金额起点限制。
使用要求	(1) 支票的使用涉及出票人、付款人和受款人^{解读5}等。 (2) 支票一律记名，即填明收款人名称。 (3) 支票结算适用于单位和个人在同一票据交换区的各种款项的结算。 (4) 禁止签发空头支票。

典型真题

【单选题】下列关于支票使用的表述，正确的是（　　）。

A. 变更账户银行一般见票无条件支付款项

B. 转账支票能够用于支取现金

C. 支票金额一般可以超过支票账户余额

D. 支票账户银行可以推迟支票支付

【答案】A【解析】转账支票只能用于转账，故选项B表述错误。由支票的定义可知，选项C、选项D表述错误。

（二）非票据结算业务

1. 汇兑

汇兑是汇款人委托银行将其款项支付给收款人的结算方式，也是异地结算中最广为使用的一种方式。单位和个人的各种款项的结算，均可使用汇兑结算方式。

特点：能够及时、安全地将款项汇划至指定账户，操作环节相对简单^{解读6}。

解读5 支票的付款人为支票上记载的出票人开户银行；支票的受款人，即支票上标明的收款单位或个人。

解读6 汇兑仅包括汇款人汇款、银行划款、解付款项等3个环节。

2. 托收承付

项目	内容
含义	托收承付也称异地托收承付，是收款人根据购销合同发货后，委托银行向异地付款人收取款项，付款人向银行承认付款的结算方式。
特点	可以促使销货单位按照合同规定发货，购货单位按照合同规定付款，维护了购销双方的权益。
适用范围	适用于异地单位之间订有合同的商品交易及由此产生的劳务供应的款项结算。
结算方式	先发货后收款的结算方式，分为邮划和电划两种，由收款单位选择采用。
其他要求	（1）收付双方必须签有符合《中华人民共和国经济合同法》的购销合同。 （2）一般需要收付双方具有较高的信用度且有较长期的合作关系。

3. 委托收款 解读7

项目	内容
含义	委托收款是指收款人向银行提供收款依据，委托银行向付款人收取款项的结算方式。
分类	异地委托收款、同城委托收款和同城特约委托收款。
特点	方便灵活、适用面广、不受金额起点限制等。
适用范围	（1）无论单位还是个人都可凭已承兑的商业汇票、债券、存单等付款人债务证明，使用委托收款结算方式。 （2）委托收款适用于水费、电费、电话费等付款人众多及分散的事业性收费结算，在同城、异地均可办理。

（三）结算账户管理

按存款人不同，结算账户可分为单位结算账户和个人结算账户。

1. 单位结算账户

单位结算账户是指存款人以单位名称开立的银行结算账户。按用途不同，单位结算账户可分为基本存款账户、一般存款账户、专用存款账户、临时存款账户。

（1）基本存款账户：存款人因办理日常转账结算和现金收付需要开立的结算账户。

（2）一般存款账户：存款人因借款或其他结算需要，在基本存款账户开户银行以外的银行营业机构开立的结算账户。

（3）专用存款账户：存款人按照法律、行政法规和规章，对其特定用途资金

解读7 对于委托收款，贷款人（受托人）只收取手续费，不承担贷款风险。

进行专项管理和使用而开立的结算账户。

（4）临时存款账户：存款人因临时需要并在规定期限内使用而开立的结算账户。

2. 个人结算账户 ^{解读8}

个人结算账户是指自然人因投资、消费、结算等而开立的可办理支付结算业务的存款账户。一般分为Ⅰ类银行账户、Ⅱ类银行账户和Ⅲ类银行账户（以下分别简称Ⅰ类户、Ⅱ类户和Ⅲ类户）。

（1）银行可通过Ⅰ类户为存款人提供存款、购买投资理财产品等金融产品、转账、消费和缴费支付、支取现金等服务。

（2）银行可通过Ⅱ类户为存款人提供存款、购买投资理财产品等金融产品、限定金额的消费和缴费支付等服务。

（3）银行可通过Ⅲ类户为存款人提供限定金额的消费和缴费支付服务。

【提示】银行不得通过Ⅱ类户和Ⅲ类户为存款人提供存取现金服务，不得为Ⅱ类户和Ⅲ类户发放实体介质。

（四）票据和结算凭证的填写规定

（1）中文大写金额数字应用正楷或行书填写，如壹、贰、叁、肆、伍、陆、柒、捌、玖、拾、佰、仟、万、亿、元（圆）、角、分、零、整（正）等字样。

（2）中文大写金额数字到"元"为止的，在"元"之后，应写"整"（或"正"）字，在"角"之后可以不写"整"（或"正"）字。大写金额数字有"分"的，"分"后面不写"整"（或"正"）字。

（3）中文大写金额数字前应标明"人民币"字样。大写金额数字应紧接"人民币"字样填写，不得留有空白。大写金额数字前未印"人民币"字样的，应加填"人民币"三字。

（4）票据的出票日期必须使用中文大写。为防止变造票据的出票日期，在填写月、日时，月为壹、贰和壹拾的，日为壹至玖和壹拾、贰拾和叁拾的，应在其前加"零"；日为拾壹至拾玖的，应在其前面加"壹"。如1月15日，应写成零壹月壹拾伍日；10月20日，应写成零壹拾月零贰拾日。

典型真题

【单选题】根据我国《支付结算办法》，以下不符合票据日期填写要求的是（　　）。

A. 零壹月壹拾伍日　　　　　B. 叁月壹拾伍日

C. 壹拾月壹拾伍日　　　　　D. 壹拾贰月壹拾伍日

【答案】C【解析】选项C的正确写法应为零壹拾月壹拾伍日。选项A、选项B、选项D均符合填写要求。正确答案为选项C。

解读8 开户申请人开立个人银行账户或者办理其他个人银行账户业务，原则上应当由开户申请人本人亲自办理；符合条件的，可以由他人代理办理。

真考解读 属于常考点，一般会考1道题。重点关注托收和信用证。

二、国际结算 （掌握）

目前，在进出口业务中所采用的国际结算方式主要有汇款、托收和信用证三种。其中，汇款是顺汇法，托收和信用证方式是逆汇法。

（一）汇款

汇款是银行（汇出行）应汇款人（债务人）的要求，以一定的方式将一定的金额，以其国外联行或代理行作为付款银行（汇入行），付给收款人（债权人）的一种结算方式。

（1）基本当事人：汇款人、收款人、汇出行、汇入行。

（2）分类：按汇款支付授权的投递方式划分，汇款业务分为电汇、信汇和票汇。

解读9 托收属于商业信用。

（二）托收 解读9

项目	内容
含义	国际商会第522号出版物《托收统一规则》第2条对托收的正式定义：托收意指银行根据所收的指示，处理金融单据或商业单据，目的在于取得付款和/或承兑，凭付款和/或承兑交单，或按其他条款及条件交单。
基本当事人	委托人、托收行、代收行和付款人。
种类	托收结算方式分为光票托收、跟单托收和直接托收。 （1）光票托收是指不附带商业单据的金融票据的托收，是委托人向银行提交凭以收取款项的金融票据，要求托收行通过其联行或代理行向付款人提示要求其付款的一种结算方式； （2）跟单托收是指附有商业单据的托收。

典型真题

【单选题】仅附金融票据，不附带发票、运输单据的托收方式为（　　）。

A. 跟单托收　　　B. 出口托收　　　C. 光票托收　　　D. 进口托收

【答案】C【解析】光票托收是指不附带商业单据的金融票据的托收。

解读10 在国际贸易中，开证申请人通常是进口商。开证申请人（买方）的权利和义务：开立信用证的义务、付款责任、得到合格单据的权利。

（三）信用证

项目	内容
含义	信用证是银行应进口商请求，开出一项凭证给出口商的，在一定条件下保证付款、或者承兑并付款、或者议付的一种结算方式。
基本当事人	开证申请人 解读10、开证行和受益人。

续 表

项目	内容
性质	信用证业务是单据买卖。在信用证业务中的所有各方,包括银行和商人所处理的都是单据,而非货物。
种类	(1) 按进出口划分:进口信用证和出口信用证。 (2) 按开证行保证的性质不同划分:可撤销信用证和不可撤销信用证。现在银行基本上只开不可撤销信用证。 (3) 按信用证项下的汇票是否附商业单据划分:跟单商业信用证(附有)和光票信用证(不附有)。现在银行开立的基本上是跟单商业信用证。 (4) 按信用证项下的权利是否可转让划分:可转让信用证和不可转让信用证^{解读11}。 (5) 按付款期限划分:即期信用证和远期信用证。 (6) 按是否可循环使用划分:循环信用证和不可循环信用证。 (7) 按是否保兑划分:保兑信用证和无保兑信用证。

解读11 现在银行开立的大多是不可转让信用证。

【单选题】信用证项下的汇票需要附商业票据才可以结算的属于(   )。

A. 跟单商业信用证　　　　　　B. 光票信用证

C. 可撤销信用证　　　　　　　D. 不可撤销信用证

【答案】A【解析】按信用证项下的汇票是否附商业单据,可分为跟单商业信用证(附有)和光票信用证(不附有)。

三、清算业务 (掌握)

(一)清算业务的含义与模式

银行清算业务是指银行间通过账户或有关货币当地清算系统,在办理结算和支付中用以清讫双边或多边债权债务的过程和方法。

常见的清算模式:实时全额清算、净额批量清算、大额资金转账系统及小额定时清算四种模式。

真考解读 属于常考点,一般会出1道题,主要考查国内和国际两种清算业务。

(二)清算业务的分类

按地域划分,清算业务可分为国内联行^{解读12}清算和国际清算。

1. 国内联行清算

按照交易行是否属于同一银行划分,国内联行清算可分为系统内联行清算和跨系统联行往来。

解读12 同一家银行的总、分、支行间彼此互称为联行。

（1）系统内联行清算：全国联行往来、分行辖内往来和支行辖内往来。

（2）**跨系统联行往来**：结算业务发生在两家不同的银行间的清算业务。**其资金清算必须通过中国人民银行办理。**

2. 国际清算

国际清算是国际银行间办理结算和支付中用以清讫双边或多边债权债务的过程和方法，是一项综合性、服务性、国际性的基础业务。包括内部转账型和交换型。

典型真题

【单选题】下列资金清算业务中，必须通过中国人民银行办理的是（   ）。

A. 全国联行往来   B. 支行辖内往来

C. 跨系统联行往来   D. 分行辖内往来

【答案】C【解析】跨系统联行往来的资金清算必须通过中国人民银行办理。

第二节　代理业务

一、代收代付业务 （掌握）

代收代付业务是商业银行利用自身的结算便利，接受客户委托代为办理指定款项收付事宜的业务。**目前主要是委托收款和托收承付两类。**

种类：代理各项公用事业收费、代理行政事业性收费和财政性收费、代发工资、代扣住房按揭消费贷款等。

典型真题

【多选题】代收代付业务是商业银行利用自身的结算便利，接受客户委托代为办理指定款项收付事宜的业务，目前主要是（   ）和（   ）。

A. 代理证券   B. 代理银行

C. 代理国库   D. 托收承付

E. 委托收款

【答案】DE【解析】代收代付业务目前主要是委托收款和托收承付两类。

二、代理银行业务 （掌握）

（一）代理政策性银行业务

代理政策性银行业务主要包括代理资金结算、代理现金支付、代理专项资金管理、代理贷款项目管理等业务。目前主要代理中国进出口银行和国家开发银行业务。

【提示】根据政策性银行的需求，现主要提供代理资金结算业务和代理专项资金管理业务。

（二）代理中央银行业务

代理中央银行业务主要包括代理财政性存款、代理国库、代理金银等业务。

（三）代理商业银行业务

代理商业银行业务主要包括代理结算业务、代理外币清算业务、代理外币现钞业务等。

（1）代理结算业务（主要）：代理银行汇票业务和汇兑、委托收款、托收承付业务等其他结算业务。

（2）代理银行汇票业务（最典型）：代理签发银行汇票和代理兑付银行汇票业务。

典型真题

【单选题】国内 A 商业银行为中国进出口银行代理了资金结算业务，对 A 银行来说，该项业务称为（   ）。

A. 代理中央银行业务　　　　B. 代理商业银行业务

C. 代理政策性银行业务　　　D. 代理证券业务

【答案】C【解析】代理政策性银行业务主要包括代理资金结算、代理现金支付、代理专项资金管理、代理贷款项目管理等业务。

三、代理证券资金清算业务（熟悉）

（1）一级清算业务，即各证券公司总部以法人为单位与证券登记结算公司之间发生的资金往来业务。

（2）二级清算业务，即法人证券公司与下属证券营业部之间的证券资金汇划业务。

四、代理保险业务（熟悉）

代理保险业务主要包括代理人寿保险业务、代理财产保险业务、代理收取保费及支付保险金业务、代理保险公司资金结算业务。

五、其他代理业务（掌握）

（一）委托贷款业务

委托贷款是指由政府部门、企事业单位及个人等委托人提供资金，由贷款人（受托人）根据委托人确定的贷款对象、用途、金额、期限、利率等代为发放、监督使用并协助收回的贷款。

真考解读 考查相对较少，考生熟悉即可。

真考解读 考查相对较少，考生熟悉即可。

真考解读 属于常考点，一般会考 1 道题。

商业银行办理委托贷款业务，只收取手续费，不承担贷款风险。

（二）代销开放式基金

开放式基金代销业务是指银行利用其网点柜台或电话银行、网上银行等销售渠道代理销售开放式基金产品的经营活动。开放式基金代销业务中，银行向基金公司收取基金代销费用。

（三）代理国债买卖

银行客户可以在银行营业网点购买、兑付、查询凭证式国债、储蓄国债（电子式）以及柜台记账式国债。

典型真题

【判断题】银行代销开放式基金时，应向基金投资者收取基金代销费用。（　　　）

A．正确　　　　　　　　　　　　　B．错误

【答案】B【解析】开放式基金代销业务是指银行利用其网点柜台或电话银行、网上银行等销售渠道代理销售开放式基金产品的经营活动银行向基金公司收取基金代销费用。故题干表述错误。

真考解读 考查相对较少，考生熟悉即可。

六、相关管理要求（熟悉）

（1）开展代理业务，要按照"内控优先、制度先行"原则，制定完善较为科学的代理业务管理办法、操作规程和财务核算办法。

（2）开办代理业务，要有明确的授权，不得未经授权擅自代理，不得超越权限代理。

第三节　托管业务

真考解读 考查相对较少，考生熟悉即可。

一、资产托管业务（熟悉）

（一）资产托管业务的含义

资产托管业务是指具备托管资格的商业银行作为托管人，依据有关法律法规，与委托人签订委托资产托管合同，履行托管人相关职责的业务。

托管人的职责：针对投资资产的安全保管、资金清算、会计核算、资产估值、投资监督及信息披露。

（二）国内商业银行资产托管业务品种

国内商业银行资产托管业务品种主要包括证券投资基金托管、保险资产托管、社保基金托管、企业年金基金托管、券商资产管理计划资产托管、信托资产托管、商业银行人民币理财产品托管、QFII（合格境外机构投资者）资产托管、QDII（合格境内机构投资者）资产托管等。

【提示】我国自1997年引入托管制度，首家开办托管业务的银行为中国工商银行。

（三）基金托管业务的分类

基金托管业务包括证券投资基金、开放式基金和其他基金托管业务。

（1）封闭式基金是指经核准的基金规模（基金份额总额）在基金合同期限内固定不变，基金份额可以在依法设立的证券交易所交易，但基金份额持有人不得申请赎回的一种基金运作方式。

（2）开放式基金是指基金规模（基金份额总额）不固定，基金份额可以在基金合同约定的时间和场所进行申购或者赎回的一种基金运作方式。

二、代保管业务（熟悉）

（一）代保管业务的含义

代保管业务是银行利用自身安全设施齐全等有利条件设置保险箱库，为客户代理保管各种贵重物品和单证并收取手续费的业务。

（二）代保管业务的种类

代保管业务包括出租保管箱业务、露封保管业务^{解读}和密封保管业务。

（1）出租保管箱业务：银行提供各种规格的保管箱，对客户存放物品的种类、数量不予查验，客户在租期内可随时开箱取物。

（2）露封保管业务：客户将物品交给商业银行代保管时不加封，主要用于股票、债券和银行存折等有价证券和单证的代保管。

（3）密封保管业务：客户先将代保管物品加以密封，主要用于金银珠宝、珍贵文物、契约文件等物品的保管。

（三）代保管业务的风险

代保管业务的经营风险是操作风险。操作风险主要是商业银行内部控制系统不完善而导致的风险，是代保管业务管理制度不完善或工作人员未严格遵守规章制度，违章操作，导致代保管行承受各种损失。

真考解读 考查相对较少，考生需要熟悉代保管的三种业务，并学会区分。

解读 露封与密封的相同点：办理保管时都注明保管期限和保管物品的名称、种类、数量、金额等。不同点：密封保管的客户在将保管物品交给银行时先加以密封。

典型真题

【单选题】 下列关于商业银行出租保管箱业务的表述，错误的是（　　）。

A. 对客户存放的物品数量不予查验

B. 对客户存放的物品种类不予查验

C. 对客户存放的物品种类予以查验

D. 客户在租期内可随时开箱取物

【答案】 C **【解析】** 银行提供各种规格的保管箱，对客户存放物品的种类、数量不予查验，客户在租期内可随时开箱取物，故选项C表述错误。

章节练习

一、单选题（以下各小题所给出的四个选项中，只有一项符合题目要求，请选择相应选项，不选、错选均不得分）

1. 下列关于支票的表述，正确的是（　　）。

   A. 普通支票可以提取现金　　　　　　B. 支票等同于现金

   C. 划线支票可以提取现金　　　　　　D. 转账支票可以提取现金

2. 下列关于票据的写法，正确的是（　　）。

   A. 出票日期：贰零零柒年零壹月壹拾伍日　　B. 出票日期：贰零零柒年壹月拾伍日

   C. 大写票据金额：人民币三万伍千元整　　　D. 大写票据金额：三万伍千元整

3. 系统内联行清算不包括（　　）。

   A. 全国联行往来　　　　　　　　　　B. 同地域联行往来

   C. 分行辖内往来　　　　　　　　　　D. 支行辖内往来

4. 资产托管业务是指（　　）作为托管人，依据有关法律法规，与委托人签订委托资产托管合同，履行托管人相关职责的业务。

   A. 具备托管资格的信托机构　　　　　B. 投资银行

   C. 投资基金公司　　　　　　　　　　D. 具备托管资格的商业银行

二、多选题（以下各小题所给出的五个选项中，有两项或两项以上符合题目的要求，请选择相应选项，多选、少选、错选均不得分）

1. 商业银行代理中央银行业务主要包括（　　）。

   A. 代理国库　　　　　　　　　　　　B. 代理专项资金管理

   C. 代理财政性存款　　　　　　　　　D. 代理金银

   E. 代理贷款项目管理

2. 目前，我国商业银行开展的资产托管业务主要有（　　）。

   A. 企业年金基金托管业务　　　　　　B. 信托资产托管业务

   C. QFII 资产托管业务　　　　　　　　D. QDII 资产托管业务

   E. 证券投资基金托管业务

3. 商业银行委托贷款业务的特点有（　　）。

   A. 银行提供资金　　　　　　　　　　B. 银行赚取贷款利差

   C. 银行不承担贷款风险　　　　　　　D. 银行收取手续费

   E. 具体贷款条件银行与借款人协商

三、判断题（请对以下各项描述做出判断，正确的为 A，错误的为 B）

1. 银行承兑汇票的承兑银行负有承兑汇票到期无条件付款的义务。（　　）

   A. 正确　　　　　　　　　　　　　　B. 错误

2. 委托贷款的贷款人（受托人）只收取手续费，不承担贷款风险。（　　）

   A. 正确　　　　　　　　　　　　　　B. 错误

⇨ 答案详解

一、单选题

1. A【解析】现金支票只能用于支付现金；转账支票只能用于转账；普通支票既可以用于支取现金，也可以用于转账。

2. A【解析】根据票据出票日期的填写要求可知选项 A 正确，选项 B 错误。选项 C 及选项 D，大写票据金额应为人民币叁万伍仟元整。

3. B【解析】系统内联行清算包括全国联行往来、分行辖内往来和支行辖内往来。

4. D【解析】资产托管业务是指具备托管资格的商业银行作为托管人，依据有关法律法规，与委托人签订委托资产托管合同，履行托管人相关职责的业务。

二、多选题

1. ACD【解析】代理中央银行业务主要包括代理财政性存款、代理国库、代理金银等业务。

2. ABCDE【解析】选项 A、选项 B、选项 C、选项 D、选项 E 均属于我国商业银行开展的资产托管业务。

3. CD【解析】贷款人（受托人）只收取手续费，不承担贷款风险。

三、判断题

1. A【解析】银行承兑汇票是由在承兑银行开立存款账户的存款人出票，向开户银行申请并经银行审查同意承兑后，保证在指定日期无条件支付确定的金额给收款人或持票人的票据。

2. A【解析】委托贷款系指由政府部门、企事业单位及个人等委托人提供资金，由贷款人（即受托人）根据委托人确定的贷款对象、用途、金额、期限、利率等代为发放、监督使用并协助收回的贷款。贷款人（受托人）只收取手续费，不承担贷款风险。

第八章　银行卡业务

　　本章主要介绍了银行卡的分类、借记卡业务和信用卡业务的含义、分类和特点。本章在考试中涉及分值约为2分。考查重点是借记卡与信用卡的区别，考生在学习时，可以进行对比记忆。

思维导图

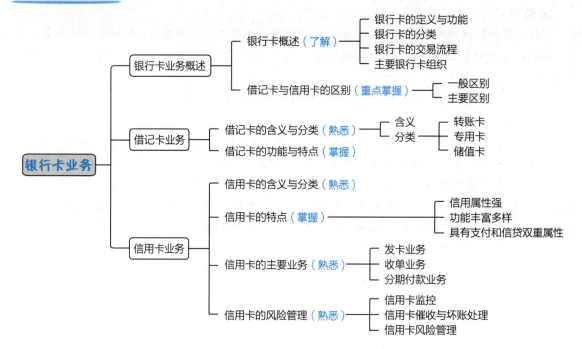

微信扫码关注
畅享在线做题

微信扫码关注
获取免费直播课

知识精讲

第一节 银行卡业务概述

一、银行卡概述（了解）

（一）银行卡的定义与功能

银行卡是由商业银行（或者发卡机构）发行的具有消费信用、转账结算、存取现金等全部或部分功能的信用支付工具。

功能：支付结算、汇兑转账、储蓄、循环贷款、个人信用和综合服务等。

（二）银行卡的分类

划分标准	分类
清偿方式	借记卡、信用卡。
账户结算币种	人民币卡、外币卡、双（多）币卡。
发行对象	单位卡（商务卡或公务卡）、个人卡。
信息存储介质	磁条卡、芯片卡（智能卡、IC卡）、虚拟卡。
资信等级	普通卡、金卡、白金卡、钻石卡等不同等级，无限卡、世界卡、私人银行卡等最高等级银行卡。
持卡人地位和责任	主卡、附属卡。
合作单位性质	联名卡[解读1]、认同卡。

（三）银行卡的交易流程

银行卡交易主要包括五个参与主体，即持卡人、合作商户、发卡机构、收单机构和银行卡组织。其交易流程如下。

（1）持卡人发起银行卡交易。

（2）合作商户向持卡人提供银行卡交易的受理渠道，出售商品或服务并获得营业利润。

（3）发卡机构[解读2]向持卡人发行银行卡。

（4）收单机构在审核商户的各项资质后，与其签约成为该收单机构的合作商户，为合作商户提供刷卡消费的机具等各项服务。

真考解读 较少考查，考生了解即可。

解读1 联名卡是发卡银行和一般企业联合发行的。

解读2 这里的机构可以是银行，也可以是其他非银行机构。

（5）银行卡组织在交易过程中主要是起到跨行交易的转接清算作用。

（四）主要银行卡组织

（1）国内主要的银行卡组织是中国银联。

（2）国际主要的银行卡组织^{解读3}包括维萨（VISA）国际组织、万事达卡（MasterCard）国际组织、美国运通国际股份有限公司、大来信用卡有限公司和 JCB（Japan Credit Bureau）日本国际信用卡公司。

二、借记卡与信用卡的区别（重点掌握）

（一）借记卡与信用卡的一般区别

借记卡是客户先在卡内存入资金，再消费，不允许透支使用。

信用卡一般是银行或发卡机构给予客户一定的授信额度，客户可以在额度内透支使用，先消费，后还款。

最大区别：信用卡可以透支；借记卡不能透支。

（二）借记卡与信用卡的主要区别

项目	借记卡	准贷记卡/贷记卡^{解读4}
申办条件	不进行资信审查，使用前需存款。	视发卡银行规定，需进行必要的资信审查，对符合申请条件的方予发卡。
用款方式	存多少，用多少，不能透支。	可以透支，先消费，后还款。
免息还款期	无	20～56天（具体以发卡银行规定为准）
信用额度	无	有
预借现金	无	有
循环信用	无	有
消费方法	凭密码	凭密码或签名
存款利息	有	有（准贷记卡）/无（贷记卡）

典型真题

【多选题】下列关于银行卡业务的表述，错误的有（　　）。

A. 准贷记卡要求交存一定金额的备用金，不具备透支功能

B. 信用卡具有无抵押担保的性质

C. 贷记卡可以先消费，后还款

D. 借记卡和贷记卡统称信用卡

E. 借记卡要求先存款后消费，不具备透支功能

【答案】AD【解析】准贷记卡可以透支,先消费,后还款,故选项 A 错误。准贷记卡和贷记卡统称信用卡,故选项 D 错误。

【判断题】借记卡是银行发行的一种要求先存款后消费的信用卡。(   )

A. 正确　　　　　　　　　　　　B. 错误

【答案】B【解析】借记卡是客户先在卡内存入资金,再消费,不允许透支使用。

第二节　借记卡业务

一、借记卡的含义与分类 （熟悉）

真考解读考查相对较少,考生熟悉即可。

（一）借记卡的含义

借记卡是指发卡银行向持卡人签发的,没有信用额度,持卡人先存款后使用的银行卡。

【提示】同一客户在同一商业银行开立借记卡原则上不得超过 4 张;同一代理人在同一商业银行代理开卡原则上不得超过 3 张。

（二）借记卡的分类

借记卡按功能的不同分为转账卡（含储蓄卡）、专用卡、储值卡。

（1）转账卡是实时扣账的借记卡,具有转账结算、存取现金和消费功能。

（2）专用卡是具有专门用途（指在百货、餐饮、饭店、娱乐行业以外的用途）,在特定领域使用的借记卡,具有转账结算、存取现金的功能。

（3）储值卡是发卡银行根据持卡人的要求将其资金转至卡内存储,交易时直接从卡内扣款的预付钱包式借记卡。

二、借记卡的功能与特点 （掌握）

真考解读属于常考点,一般会考 1 道题,考生要注意与信用卡的功能和特点进行对比记忆。

（一）借记卡的功能

借记卡的功能包括<u>存取现金（储蓄功能）</u>、<u>转账汇款</u>、<u>刷卡消费</u>、<u>代收代付</u>、<u>资产管理（签约、交易和结算）</u>、<u>其他服务</u>（如为持卡人提供机场贵宾通道、医疗健康服务等）。

（二）借记卡的特点

（1）不具备透支功能,需要先存款后消费。

（2）申请简便,即申请手续简单、无须提供担保。

（3）安全可靠,即遗失后可挂失,比现金携带更方便。

（4）易用与普及,即在电子交易中使用普遍,也能减少社会中的现金流通数量。

典型真题

【多选题】商业银行借记卡功能包括（　　　）。

A. 消费信贷　　　B. 储蓄功能　　　C. 汇兑转账

D. 支付结算　　　E. 个人信用

【答案】BD【解析】借记卡功能：存取现金（选项B）；转账汇款；刷卡消费（选项D）；代收代付；资产管理；其他服务。

第三节　信用卡业务

一、信用卡的含义与分类（熟悉）

真考解读考查相对较少，考生熟悉信用卡的分类即可。

（一）信用卡的含义

信用卡是指记录持卡人账户相关信息，具备银行授信额度和透支功能，并为持卡人提供相关银行服务的各类介质。

（二）信用卡的分类

划分标准	分类
是否向发卡银行交存备用金	（1）贷记卡：发卡银行给予持卡人一定的信用额度，持卡人可在信用额度内先消费、后还款的信用卡。 （2）准贷记卡：持卡人须先按发卡银行的要求交存一定金额的备用金，当备用金账户余额不足支付时，可在发卡银行规定的信用额度内透支的信用卡。
发行对象	（1）个人卡：按产品特点划分为标准卡、联名卡及主题卡。 （2）单位卡：按用途划分为商务差旅卡和商务采购卡。

二、信用卡的特点（掌握）

真考解读属于常考点，一般会考1道题，主要考查对信用卡特点的理解。

（一）信用属性强

（1）具有无抵押、无担保贷款性质，通常是短期、小额、无指定用途的信用类消费。所以，信用卡使用对个人资信有一定的要求。

（2）持卡人一般享受20～56天的免息期，其信用额度一般在10万元人民币以内。

（3）客户刷卡消费一般使用循环额度，在客户还款后额度可恢复。

（4）一般有最低还款额要求。

（二）功能丰富多样

（1）基本功能：刷卡消费、预借现金。

（2）其他功能：存取现金、转账、支付结算、代收代付、通存通兑、网上购物等。

（三）具有支付和信贷双重属性

属性	内容
支付属性	客户可在发卡银行批准的额度内进行刷卡消费，无须以现金支付款项，方便购物消费，简化收款服务，可节约社会劳动力，促进消费。
信贷属性	客户可根据个人需要，向银行申请各类信用卡分期产品，从银行获得一定的信贷资金，满足客户日常大额消费支出需要。

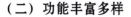

【多选题】下列属于信用卡特点的有（   ）。

A. 一般有最低还款额要求

B. 通常是短期、小额、无指定用途的信用

C. 具有无抵押、无担保贷款性质

D. 任何人均可使用信用卡消费

E. 信用卡具有支付结算、额度提现等功能

【答案】ABCE **【解析】**信用卡使用对个人资信有要求，不是任何人都可使用信用卡消费，故选项 D 错误。

三、信用卡的主要业务 （熟悉）

（一）发卡业务

发卡业务包括发卡营销、审批授信、卡片制作发放、交易授权、交易处理、交易监测、资金结算、账务处理、争议处理、增值服务和欠款催收等业务环节。

（1）发卡营销[解读1]。客户可通过银行网点、网上银行、手机银行等线上线下渠道申请信用卡产品。对申领首张信用卡的客户，发卡银行在信用卡营销过程中，要"亲见客户本人、亲见身份证及证明材料的原件、亲见客户本人签名"。

（2）审批授信。发卡银行在收到客户办卡的申请后，对信用卡申请人开展资信调查，判断是否应批准申请人申请以及授予的授信额度等。

真考解读考查相对较少，考生熟悉有几种主要的业务即可。

解读1发卡营销中，营销人员开展电话营销时，必须留存清晰的录音资料，录音资料应当至少保存2年备查。

解读2 商业银行个人信用卡（不含服务"三农"的惠农信用卡）透支应当用于消费领域，不得用于生产经营、投资等非消费领域。

（3）激活用卡^{解读2}。客户收到信用卡之后，必须先激活再使用。持卡人刷卡消费可享受免息还款期服务。信用卡具有预借现金功能，客户可在信用卡额度的一定比例内进行取现，预借现金业务原则上不享受免息还款期或最低还款额待遇。

（4）到期换卡或销户。信用卡在发卡时由发卡银行设定卡片有效期，有效期一般不超过10年。信用卡到期后，由发卡银行提供到期换卡服务。如客户在使用期间或卡片到期后不再使用卡片，发卡银行应当提供信用卡销户服务，在确认信用卡账户没有未结清款项后及时为持卡人销户。

【提示】发卡银行不得将信用卡发卡营销、领用合同（协议）签约、授信审批、交易授权、交易监测、资金结算等核心业务外包给发卡业务服务机构。

（二）收单业务

收单业务为商业银行发行的信用卡业务提供了受理环境，包括商户资质审核、商户培训、受理终端安装维护管理、获取交易授权、处理交易信息、交易监测、资金垫付、资金结算、争议处理和增值服务等业务环节。

（三）分期付款业务

分期付款业务实质上是银行向客户提供的一种"定制化还款"金融服务，客户按照约定的分期期数按月偿还信用卡欠款，并支付相应的分期手续费。

特点：目标客户分散、授信金额小、信用属性强、时效要求高、增长速度快、抗周期能力强、资金周转效率高等。

典型真题

【判断题】分期付款业务实质上是银行向客户提供的一种"定制化还款"金融服务。（　　）

A. 正确　　　　　　　　　　　　B. 错误

【答案】A【解析】题干表述正确。

真考解读 考查相对较少，考生熟悉信用卡的三类风险即可。

四、信用卡的风险管理 （熟悉）

发卡银行在信用卡发卡后，一般通过交易监控以及相应的风险管理制度进行信用卡业务风险管理。

（一）信用卡监控

发卡银行要确保信用卡24小时交易授权和实时监控，对可疑交易可以采取电话核实、调单或实地走访等方式进行风险排查并及时处理，必要时应该及时向公安机关报案。

（二）信用卡催收与坏账处理

发卡银行常用的催收手段包括短信催收、信函催收、电话催收、上门催收、法务催收、外包公司催收等。特殊情况^{解读3}下还可与持卡人达成个性化分期还款协议，但最长期限不得超过 5 年。

解读3 特殊情况：信用卡欠款金额超出持卡人还款能力、且持卡人仍有还款意愿的。

发卡银行应当加强信用卡风险资产认定和核销管理工作，及时确认并核销信用卡不良资产，或通过资产证券化等方式及时化解不良资产。

（三）信用卡风险管理

信用卡产品的风险主要如下。

（1）一般银行业务具有的信用风险、操作风险、欺诈风险。

（2）来自持卡人的风险：恶意透支；恶意信用卡套现。

（3）来自商户的风险：不法商户欺诈；内外部勾结。

（4）来自第三方的风险：盗窃卡、克隆卡、ATM（自动柜员机）欺诈、伪冒卡、虚假申报等。

✎ 章节练习

一、单选题（以下各小题所给出的四个选项中，只有一项符合题目要求，请选择相应选项，不选、错选均不得分）

1. 借记卡与信用卡功能上最显著的区别是（   ）。

   A. 信用卡的卡号是凸印的，而借记卡的卡号有可能是平面印刷的

   B. 信用卡有激光防伪标志，借记卡不一定有

   C. 信用卡有"有效期"，而借记卡不一定有

   D. 信用卡可以透支，而借记卡不可以

2. 下列银行卡中，（   ）没有信用额度。

   A. 信用卡　　　　B. 准贷记卡　　　　C. 贷记卡　　　　D. 借记卡

3. 信用卡免息还款期最短为（   ）天。

   A. 10　　　　　　B. 15　　　　　　C. 20　　　　　　D. 25

4. 下列不属于信用卡功能的是（   ）。

   A. 存取现金　　　B. 消费信贷　　　C. 支付手段　　　D. 外汇转账

二、多选题（以下各小题所给出的五个选项中，有两项或两项以上符合题目的要求，请选择相应选项，多选、少选、错选均不得分）

1. 借记卡的特点包括（   ）。

   A. 发卡银行一般给予持卡人 20 ~ 56 天的免息期

   B. 先存款后使用

   C. 可以凭借密码或签名进行消费、转账

   D. 通常与储户的活期储蓄存款账户相联结

   E. 不具备透支功能

2. 下列关于银行卡业务的表述，错误的有（   ）。

   A. 借记卡和贷记卡统称信用卡　　　　B. 信用卡具有无抵押、担保贷款性质

   C. 贷记卡可以先消费，后还款　　　　D. 借记卡要求先存款后消费，不具备透支功能

E. 贷记卡要求交存一定金额的备用金，不具备透支功能

3. 下列关于商业银行信用卡使用表述，正确的有（　　）。

A. 可以无限制透支　　　　　　　　　　B. 一般不指定透支用途

C. 一般不能提现　　　　　　　　　　　D. 不可以透支

E. 循环使用信用额度

4. 信用卡的主要功能有（　　）。

A. 支付结算　　　　　B. 理财投资　　　　　C. 预借现金

D. 消费购物　　　　　E. 通存通兑

三、判断题（请对以下各项描述做出判断，正确的为 A，错误的为 B）

1. 按是否向发卡银行交存备用金，银行卡分为白金卡、金卡、普通卡等不同等级。（　　）

A. 正确　　　　　　　　　　　　　　　B. 错误

2. 信用卡一般有最低还款额要求。（　　）

A. 正确　　　　　　　　　　　　　　　B. 错误

答案详解

一、单选题

1. D【解析】信用卡与借记卡最大的区别就是信用卡可以透支，而借记卡不可以透支。

2. D【解析】信用卡、贷记卡、准贷记卡有信用额度，借记卡没有信用额度。

3. C【解析】信用卡消费信贷中，我国发卡银行给予持卡人的免息期一般为 20～56 天。

4. D【解析】信用卡业务除了可刷卡消费、预借现金外，还具有存取现金、转账、支付结算、代收代付、通存通兑、网上购物等多样化功能。

二、多选题

1. BCDE【解析】选项 A 是信用卡的特点。

2. AE【解析】按银行卡清偿方式的不同，目前的银行卡主要有信用卡、借记卡。故选项 A 表述错误。准贷记卡是指持卡人先按发卡银行要求交存一定金额的备用金，当备用金账户余额不足支付时，可在发卡银行规定的信用额度内透支的信用卡。故选项 E 表述错误。

3. BE【解析】商业银行信用卡可以透支，有信用额度，不可以无限透支，选项 A、选项 D 表述错误。信用卡可以提现，选项 C 表述错误。

4. ACDE【解析】信用卡业务除了可刷卡消费、预借现金外，还具有存取现金、转账、支付结算、代收代付、通存通兑、网上购物等多样化功能。

三、判断题

1. B【解析】按资信等级划分，银行卡可分为白金卡、金卡、普通卡等不同等级。

2. A【解析】信用卡持卡人在到期还款日前偿还所使用全部银行款项有困难的，可按照发卡银行规定的最低还款额还款，或者办理分期付款业务分次还款。

第九章　理财与同业业务

本章首先介绍了理财业务的分类、特点和管理，其次介绍了同业业务的分类和主要同业业务的管理。本章在考试中涉及分值约为 1 分。考试重点为理财业务的含义、分类以及业务管理。学习时多留意一些数字类的考点，注意区分。

思维导图

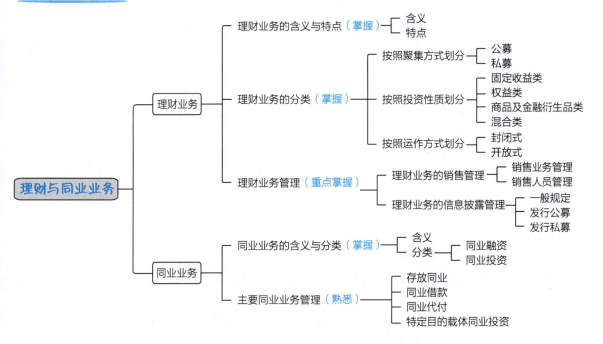

微信扫码关注
畅享在线做题

微信扫码关注
获取免费直播课

📖 **知识精讲**

第一节　理财业务

视频讲解　微信扫描

一、理财业务的含义与特点（掌握）

真考解读 属于常考点，一般会考1道题。主要考查对理财业务的理解。

（一）理财业务的含义

商业银行理财业务是指商业银行接受客户委托，按照与客户事先约定的投资计划和收益与风险承担方式，对受托的客户财产进行投资和管理的金融服务。

（二）理财业务的特点

（1）理财业务是商业银行的表外业务，商业银行开展理财业务时不得承诺保本保收益。其本质上是代理业务。

（2）商业银行在出现兑付困难时，不得以任何形式垫资兑付。

（3）商业银行按照约定条件和实际投资收益情况向投资者支付收益、不保证本金支付和收益水平。

（4）商业银行开展理财业务，应当诚实守信、勤勉尽职地履行受人之托、代人理财职责，投资者自担投资风险并获得收益。

（5）商业银行应当遵守成本可算、风险可控、信息充分披露的原则，严格遵守投资者适当性管理要求，保护金融消费者合法权益。

📘 **典型真题**

【单选题】下列关于商业银行理财业务的表述，错误的是（　　）。

A. 理财业务不是商业银行传统的资产业务

B. 理财业务本质上是投资人与商业银行之间的委托代理业务

C. 理财业务不是商业银行传统的资产负债业务

D. 理财业务是商业银行近年来创新的纳入银行资产负债管理的自营业务

【答案】D【解析】理财业务不属于银行资产负债管理的自营业务，故选项D表述错误。

二、理财业务的分类（掌握）

真考解读 属于常考点，一般会考1道题。

（一）按照聚集方式划分

（1）公募理财产品：商业银行面向不特定社会公众公开发行的理财产品。

（2）私募理财产品：商业银行面向合格投资者非公开发行的理财产品。

【提示】合格投资者是指具备相应风险识别能力和风险承受能力，投资于单只理财产品不低于一定金额且符合下列条件的自然人、法人或者依法成立的其他组织。①具有2年以上投资经历，且满足下列条件之一的自然人：家庭金融净资产不低于 300 万元人民币，家庭金融资产不低于 500 万元人民币，或者近 3 年本人年均收入不低于 40 万元人民币。②最近 1 年末净资产不低于 1000 万元人民币的法人或者依法成立的其他组织。③国务院银行业监督管理机构规定的其他情形。

（二）按照投资性质划分

（1）<u>固定收益类理财产品</u>：投资于存款、债券等债权类资产的比例不低于80%^{解读1}。

（2）<u>权益类理财产品</u>：投资于权益类资产的比例不低于80%。

（3）<u>商品及金融衍生品类理财产品</u>：投资于商品及金融衍生品的比例不低于80%。

（4）<u>混合类理财产品</u>：投资于债权类资产、权益类资产、商品及金融衍生品类资产且任一资产的投资比例未达到前三类理财产品标准。

【提示】非因商业银行主观因素导致突破前述比例限制的，商业银行应当在流动性受限资产可出售、可转让或者恢复交易的 15 个交易日内调整至符合要求。

（三）按照运作方式划分

（1）封闭式理财产品：有确定到期日，且自产品成立日至终止日期间，理财产品份额总额固定不变，投资者不得进行认购或者赎回的理财产品。

（2）开放式理财产品：自产品成立日至终止日期间，理财产品份额总额不固定，投资者可以按照协议约定的开放日和场所，进行认购或者赎回的理财产品。

典型真题

【多选题】商业银行理财产品按照投资性质的不同，分为（　　　）。

A. 浮动收益理财产品　　　　B. 固定收益类理财产品

C. 权益类理财产品　　　　　D. 商品及金融衍生品类理财产品

E. 混合类理财产品

【答案】BCDE【解析】商业银行应当根据投资性质的不同，将理财产品分为固定收益类理财产品、权益类理财产品、商品及金融衍生品类理财产品和混合类理财产品。

三、理财业务管理（重点掌握）

（一）理财业务的销售管理

1. 销售业务管理^{解读2}

项目	具体规定
宣传	（1）商业银行理财产品宣传销售文本应当全面、如实、客观地反映理财产品的重要特性，充分披露理财产品类型、投资组合、估值方法、托管安排、风险和收费等重要信息，所使用的语言表述必须真实、准确和清晰。

解读1 考生需要熟记三大理财产品的比例：不低于80%。

真考解读 属于必考点，一般会考 2~3 题。

解读2 必考点：关于销售业务管理的相关细节内容，尤其是一些方法、因素、金额以及禁止行为。

续　表

项目	具体规定
宣传	（2）商业银行发行理财产品，不得宣传理财产品预期收益率，在理财产品宣传销售文本中只能登载该理财产品或者本行同类理财产品的过往平均业绩和最好、最差业绩，并以醒目文字提醒投资者"理财产品过往业绩不代表其未来表现，不等于理财产品实际收益，投资须谨慎"。
销售	（1）商业银行销售理财产品，应当加强投资者适当性管理，向投资者充分披露信息和揭示风险，不得宣传或承诺保本保收益，不得误导投资者购买与其风险承受能力不相匹配的理财产品，只能向投资者销售风险评级等于或低于其风险承受能力评级的理财产品，并在销售文件中明确提示产品适合销售的投资者范围，在销售系统中设置销售限制措施。 （2）商业银行应当设置适当的期限和销售起点金额。发行公募理财产品的，单一投资者销售起点金额不得低于 1 万元人民币。商业银行发行私募理财产品的，合格投资者投资于单只固定收益类理财产品的金额不得低于30 万元人民币，投资于单只混合类理财产品的金额不得低于 40 万元人民币，投资于单只权益类理财产品、单只商品及金融衍生品类理财产品的金额不得低于 100 万元人民币。 （3）商业银行只能通过本行渠道（含营业网点和电子渠道）销售理财产品，或者通过其他商业银行、农村合作银行、村镇银行、农村信用合作社等吸收公众存款的银行业金融机构代理销售理财产品；不得通过电视、电台、互联网等渠道对具体理财产品进行宣传，本行渠道（含营业网点和电子渠道）除外；通过电话、传真、短信、邮件等方式开展理财产品宣传时，如投资者明确表示不同意，商业银行不得再通过此种方式向投资者开展理财产品宣传。
产品评级	商业银行应当采用科学合理的方法，根据理财产品的投资组合、成本收益测算、同类产品过往业绩和风险水平等因素，对拟销售的理财产品进行风险评级^{解读 3}。
禁止情形	（1）将存款作为理财产品销售，将理财产品作为存款销售，将理财产品与存款进行强制性搭配销售，将理财产品与其他产品进行捆绑销售。 （2）采取抽奖、回扣或者赠送实物等方式销售理财产品。 （3）销售人员代替投资者签署文件。 （4）挪用投资者资金。 （5）国务院银行业监督管理机构规定禁止的其他情形。

解读 3 理财产品风险评级结果应当以风险等级体现，由低到高至少包括一级至五级，并可以根据实际情况进一步细分。

典型真题

【单选题】商业银行对本行拟销售的理财产品进行风险评级的依据不包括( )。

A. 理财产品的投资组合

B. 成本收益测算

C. 同类产品过往业绩和风险水平

D. 本行信贷产品业绩

【答案】D【解析】从产品评级方面，商业银行应当采用科学合理的方法，根据理财产品的投资组合（选项A）、成本收益测算（选项B）、同类产品过往业绩和风险水平（选项C）等因素，对拟销售的理财产品进行风险评级。

2. 销售人员管理 解读4

解读4 常考点：销售人员应当遵循的原则。

项目	内容
遵循原则 解读5	（1）勤勉尽职原则：销售人员应当以对投资者高度负责的态度执业，认真履行各项职责。 （2）诚实守信原则：销售人员应当忠实于投资者，以诚实、公正的态度、合法的方式执业，如实告知投资者可能影响其利益的重要情况和理财产品风险评级情况。 （3）公平对待投资者原则：在理财产品销售活动中发生分歧或矛盾时，销售人员应当公平对待投资者，不得损害投资者合法权益。 （4）专业胜任原则：销售人员应当具备理财产品销售的专业资格和技能，胜任理财产品销售工作。
特别注意事项	（1）有效识别投资者身份。 （2）向投资者介绍理财产品销售业务流程、收费标准及方式等。 （3）了解投资者风险承受能力评估情况、投资期限和流动性要求。 （4）提醒投资者阅读销售文件，特别是风险揭示书和权益须知。 （5）确认投资者抄录了风险确认语句。
考核管理	（1）商业银行应当建立健全销售人员资格考核、继续培训、跟踪评价等管理制度，不得对销售人员采用以销售业绩作为单一考核和奖励指标的考核方法，并应当将投资者投诉情况、误导销售以及其他违规行为纳入考核指标体系。 （2）商业银行应当对销售人员在销售活动中出现的违规行为进行问责处理，将其纳入本行人力资源评价考核系统，持续跟踪考核。对于频繁被投资者投诉、查证属实的销售人员，应当将其调离销售岗位；情节严重的，应当按照规定承担相应法律责任。

解读5 销售人员管理应当遵循的四项原则属于常考点，考生要理解和掌握。

项目	内容
禁止情形	（1）在销售活动中为自己或他人谋取不正当利益，承诺进行利益输送，通过给予他人财物或利益，或接受他人给予的财物或利益等形式进行商业贿赂。 （2）诋毁其他机构的理财产品或销售人员。 （3）散布虚假信息，扰乱市场秩序。 （4）违规接受投资者全权委托，私自代理投资者进行理财产品认购、赎回等交易。 （5）违规对投资者作出盈亏承诺，或与投资者以口头或书面形式约定利益分成或亏损分担。 （6）挪用投资者交易资金或理财产品。 （7）擅自更改投资者交易指令。 （8）其他可能有损投资者合法权益和所在机构声誉的行为。

典型真题

【单选题】某银行从业人员为了销售理财产品，向客户隐瞒了该理财产品的风险。该行为违反了银行业从业人员职业操守基本准则关于（　　）的规定。

A. 勤勉尽职　　　　　　　　　B. 专业胜任

C. 诚实守信　　　　　　　　　D. 保护商业与客户隐私

【答案】C【解析】诚实守信原则要求，销售人员应当忠实于投资者，以诚实、公正的态度、合法的方式执业，如实告知投资者可能影响其利益的重要情况和理财产品风险评级情况。由题干分析可知违反了诚实守信原则。

（二）理财业务的信息披露管理

1. 信息披露的一般规定

（1）商业银行应当按照国务院银行业监督管理机构关于信息披露的有关规定，每半年披露其从事理财业务活动的有关信息，披露的信息应当至少包括以下内容：当期发行和到期的理财产品类型、数量和金额；期末存续理财产品数量和金额；各类理财产品的占比及其变化情况；以及理财产品直接和间接投资的资产种类、规模和占比等信息。

（2）商业银行应当及时、准确、完整地向理财产品投资者披露理财产品的募集信息、资金投向、杠杆水平、收益分配、托管安排、投资账户信息和主要投资风险等内容。

2. 发行公募理财产品的规定

（1）商业银行发行公募理财产品的，应当在本行官方网站或者按照与投资者约定的方式，披露以下信息：①在全国银行业理财信息登记系统获取的登记编码；②销售文件，包括说明书、销售协议书、风险揭示书和客户投资者权益须知；③发行公告，理财产品成立之后 5 个工作日内披露；④重大事项公告，重大事项发生后 2 个工作日内披露；⑤理财产品定期报告，商业银行应当在每个季度结束之日起 15 个工作日内、上半年结束之日起 30 个工作日内、每年结束之日起 90 个工作日内，编制完成理财产品的季度、半年和年度报告；⑥理财产品到期公告，产品终止后 5 个工作日内披露；⑦临时性信息披露；⑧国务院银行业监督管理机构规定的其他信息^{解读6}。

（2）商业银行应当在每个开放日结束后 2 日内，披露公募开放式理财产品在开放日的份额净值、份额累计净值、认购价格和赎回价格，在定期报告中披露公募开放式理财产品在季度、半年和年度最后一个市场交易日的份额净值、份额累计净值和资产净值。

（2）商业银行应当至少每周向投资者披露一次公募封闭式理财产品的资产净值和份额净值。

3．发行私募理财产品的规定

商业银行发行私募理财产品的，应当在理财产品销售文件中与合格投资者约定信息披露的方式、内容、频率等，并至少每季度向合格投资者披露理财产品的资产净值、份额净值和其他重要信息。

第二节　同业业务

一、同业业务的含义与分类 （掌握）

（一）同业业务的含义

同业业务是指中华人民共和国境内依法设立的金融机构之间开展的以投融资为核心的各项业务。

（二）同业业务的分类

同业业务的主要业务类型包括同业融资业务和同业投资业务两大类。其中，同业融资业务又分为同业拆借、同业存款、同业借款、同业代付、买入返售（卖出回购）等。

1．同业融资业务^{解读1}

分类	内容
同业拆借	同业拆借是指经中国人民银行批准，进入全国银行间同业拆借市场的金融机构之间通过全国统一的同业拆借网络进行的无担保资金融通行为。

解读6 本考点涉及较多日期，在考试中出题可能性较大，考生要进行区分记忆，切勿混淆。

真考解读 属于常考点，一般会考 1 道题。

解读1 常考点：同业融资业务的分类以及它们的含义。

续　表

分类	内容
同业存款	同业存款是指金融机构之间开展的同业资金存入与存出业务，其中资金存入方仅为具有吸收存款资格的金融机构。
同业借款	同业借款是指现行法律法规赋予此项业务范围的金融机构开展的同业资金借出和借入业务。
同业代付	同业代付^{解读2}是指商业银行（受托方）接受金融机构（委托方）的委托向企业客户付款，委托方在约定还款日偿还代付款项本息的资金融通行为。
买入返售（卖出回购）	（1）买入返售（卖出回购）是指两家金融机构之间按照协议约定先买入（卖出）金融资产，再按约定价格于到期日将该项金融资产返售（回购）的资金融通行为。 （2）买入返售（卖出回购）^{解读3}业务项下的金融资产应当为银行承兑汇票，债券、央票等在银行间市场、证券交易所市场交易的具有合理公允价值和较高流动性的金融资产。

解读2 原则上仅适用于银行业金融机构办理跨境贸易结算。

解读3 三方或三方以上交易对手之间的类似交易不得纳入买入返售或卖出回购业务管理和核算。

2. 同业投资业务

同业投资是指金融机构购买（或委托其他金融机构购买）同业金融资产或特定目的载体的投资行为。

【提示】"同业金融资产"包括但不限于金融债、次级债等在银行间市场或证券交易所市场交易的同业金融资产。"特定目的载体投资"包括但不限于商业银行理财产品、信托投资计划、证券投资基金、证券公司资产管理计划、基金管理公司及子公司资产管理计划、保险业资产管理机构资产管理产品等。

典型真题

【单选题】商业银行开展的下列业务中，不属于同业融资业务的是（　　）。

A. 同业拆借　　　　　　　　　　B. 买入返售（卖出回购）

C. 同业存款　　　　　　　　　　D. 特定目的载体投资

【答案】D【解析】选项D属于同业投资业务。

真考解读 考查相对较少，考生熟悉即可。

二、主要同业业务管理（熟悉）

（一）存放同业

1. 含义

本、外币资金存放同业业务（以下简称存放同业）是指金融机构与国内同业按约定的利率、期限及金额，以协议的方式将本外币资金存放至同业客户的业务。

2. 业务范围

存放同业业务范围分为信用存放同业业务和存单质押存放同业业务。

（1）信用存放同业业务：无论存放期限长短及金额大小，100%占用国内同业授信额度的业务。

（2）存单质押存放同业业务：不占用国内同业的授信额度。

（二）同业借款

同业借款业务期限按照监管部门对金融机构借款期限的有关规定执行，由双方共同协商确定，但最长期限自提款之日起不得超过3年。根据业务期限，非银借款业务可分为短期非银借款［不超过（含）1年］和中长期非银借款［大于1年且不超过（含）3年］两个品种。

【提示】非银借款业务特指银行机构与非银行金融机构[解读4]（以下简称借款人）按约定的期限、利率及金额，以协议等方式开展的，专项用于借款人（包括其全资或控股项目公司）经营需要或为借款人提供流动性支持的本外币资金融通业务。最长期限为3年（含），业务到期后不得展期。

（三）同业代付

（1）同业代付分为境内同业代付和海外同业代付，业务实质均属贸易融资方式，银行办理同业代付业务应具有真实贸易背景。

（2）从业务实质看，委托行是客户的债权人，直接承担借款人的信用风险，到期向借款人收回贷款本息；代付行为委托行提供贷款资金来源并完成"受托支付"服务，承担同业授信风险，拆放资金本息到期由委托行无条件偿还。

（3）银行开展同业代付业务应体现真实受托支付和加强风险管理。

（四）特定目的载体同业投资

特定目的载体同业投资业务是指金融机构购买或委托其他金融机构购买特定目的载体的投资行为。

（1）业务坚持原则：依法合规原则、风险收益匹配原则、集中管理及总量控制原则、实质重于形式原则。

（2）风险承担主体：保付行、承兑行、开证行等承担付款责任的主体。

（3）投资期限：根据投资标的的实际情况由双方协商审慎确定。

解读4 非银行金融机构包括汽车金融公司、金融租赁公司、资产管理公司、消费金融公司及其他可开展此项业务的金融机构。

章节练习

一、**单选题**（以下各小题所给出的四个选项中，只有一项符合题目要求，请选择相应选项，不选、错选均不得分）

1. 下列关于商业银行理财业务的说法，错误的是（　　）。

    A. 理财业务是商业银行的表外业务，商业银行开展理财业务时不得承诺保本保收益

    B. 理财业务出现兑付困难时，商业银行应该垫资兑付

    C. 商业银行按照约定条件和实际投资收益情况向投资者支付收益、不保证本金支付和收益水平

    D. 商业银行开展理财业务，应当诚实守信、勤勉尽职地履行受人之托、代人理财职责，投资者自担投资风险并获得收益

2. 商业银行固定收益类理财产品投资于存款、债券等债权类资产的比例不低于（　　）。

    A. 75%   B. 85%   C. 80%   D. 50%

3. 非银借款业务最长期限为（　　）。

    A. 3 年   B. 5 年   C. 10 年   D. 1 年

二、**多选题**（以下各小题所给出的五个选项中，有两项或两项以上符合题目的要求，请选择相应选项，多选、少选、错选均不得分）

1. 商业银行私募理财产品是指商业银行面向合格投资者非公开发行的理财产品，合格投资者是指具备相应风险识别能力和风险承受能力，投资于单只理财产品不低于一定金额且符合一定条件的自然人、法人或者依法成立的其他组织，其中自然人应具有 2 年以上投资经历，且满足下列条件之一（　　）。

    A. 近 3 年本人年均收入不低于 40 万元人民币

    B. 家庭金融净资产不低于 200 万元人民币

    C. 家庭金融资产不低于 500 万元人民币

    D. 家庭金融资产不低于 600 万元人民币

    E. 家庭金融净资产不低于 300 万元人民币

2. 销售人员从事理财产品销售活动，下列情形中不得有的是（　　）。

    A. 提醒投资者阅读销售文件，特别是风险揭示书和权益须知

    B. 诋毁其他机构的理财产品或销售人员

    C. 散布虚假信息，扰乱市场秩序

    D. 违规接受投资者全权委托，私自代理投资者进行理财产品认购、赎回等交易

    E. 挪用投资者交易资金或理财产品，擅自更改投资者交易指令

3. 下列业务中属于同业融资业务的是（　　）。

    A. 同业拆借   B. 同业借款   C. 同业代付

    D. 买入返售   E. 同业投资

三、**判断题**（请对以下描述做出判断，正确的为 A，错误的为 B）

商业银行从事理财业务，在尽责履行合约义务的前提下不对客户资产价值减损承担责任，不保证本金支付和收益水平。

A．正确　　　　　　　　　　　B．错误

答案详解

一、单选题

1．B【解析】理财业务是商业银行的表外业务，商业银行开展理财业务时不得承诺保本保收益。出现兑付困难时，商业银行不得以任何形式垫资兑付。故选项 B 说法错误。

2．C【解析】固定收益类理财产品投资于存款、债券等债权类资产的比例不低于 80%。

3．A【解析】非银借款业务最长期限为 3 年（含），业务到期后不得展期。

二、多选题

1．ACE【解析】合格投资者是指具备相应风险识别能力和风险承受能力，投资于单只理财产品不低于一定金额且符合下列条件的自然人、法人或者依法成立的其他组织。①具有 2 年以上投资经历，且满足下列条件之一的自然人：家庭金融净资产不低于 300 万元人民币，家庭金融资产不低于 500 万元人民币，或者近 3 年本人年均收入不低于 40 万元人民币；②最近 1 年末净资产不低于 1000 万元人民币的法人或者依法成立的其他组织；③国务院银行业监督管理机构规定的其他情形。

2．BCDE【解析】选项 A "提醒投资者阅读销售文件，特别是风险揭示书和权益须知"属于销售人员在为投资者办理购买理财产品手续前，应当特别注意的事项。

3．ABCD【解析】同业拆借、同业存款、同业借款、同业代付和买入返售（卖出回购）称为同业融资业务。

三、判断题

A【解析】题干表述正确。

第三部分　银行管理

第十章　银行管理基础

应试分析

　　本章主要介绍了商业银行的组织架构与银行管理的基本指标两大方面内容。本章在考试中涉及分值约为 3 分，考查点相对较少。考查重点与难点是银行管理的基本指标相关内容的记忆和熟练运用。

思维导图

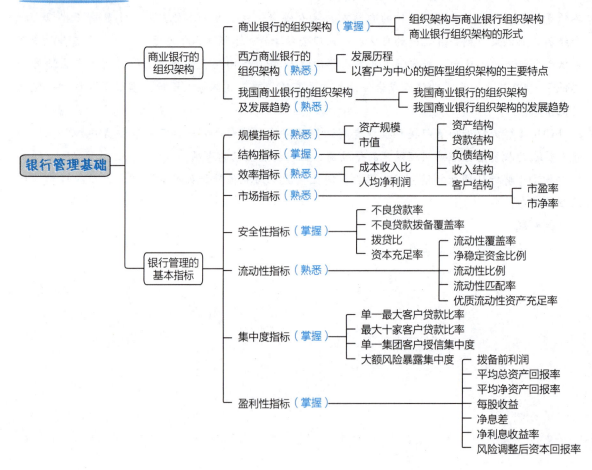

知识精讲

第一节　商业银行的组织架构

一、商业银行的组织架构（掌握）

（一）组织架构与商业银行组织架构

现代管理学认为，组织架构是由工作任务、工作流程、汇报关系和交流渠道所组成的一个系统。

商业银行组织架构是银行各部分（包括一切机构和部门）按照一定的排列顺序、空间位置、聚集状态、联系方式以及各部分之间相互关系组成的一个有机系统。

（二）商业银行组织架构的形式^{解读1}

1. 按照企业法人角度划分

分类	内容
统一法人制组织架构（相对集权）	在统一法人制组织架构下，总部与分支机构之间是直接的隶属关系，分支机构在法律上不具备独立的法人资格，经营上接受总部的管理和指导。 特点：分支机构的经营自主权相对较小。 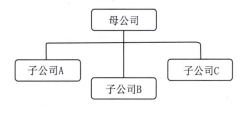
多法人制组织架构（相对彻底分权）	在多法人制组织架构下，集团总部下设立若干子公司，子公司在法律上具有法人地位，母公司和子公司之间主要是资本上的连接关系。 特点：子公司拥有较大的经营自主权，母公司对子公司不能直接行使行政指挥权，管控力度相对较弱。

真考解读 属于常考点，一般会考1道题。

解读1 常考点：按照不同标准划分的形式以及各自的含义与特点。

解读2 本考点考试中常考多选题。考生需要从主要特点、优点与缺点三个方面对三类组织架构进行区分。

2. 按照内部管理模式划分 解读2

项目	以区域管理为主的总分行型组织架构	以业务线管理为主的事业部制组织架构	矩阵型组织架构
主要特点	①总行、分行、支行设立若干履行指定职责的职能部门，行使相应的经营决策权、业务管理权、资源调度权和绩效考核权。②以分行为利润中心，总行向分行下达各项业务指标和利润指标，分行再分解到各辖属支行，并定期进行指标考核。③总行、分行、支行等各级机构形成垂直管理体系，同一层级各职能部门之间的职责协调和信息沟通由相应层级的行长负责。	①全行所有业务划分为若干业务线，总行按业务线设立若干事业部，行使本业务线的经营决策权、业务管理权、资源调度权和绩效考核权。②每个事业部都是一个利润中心，对本业务线各项业务指标和利润指标的实现负全责。③事业部不仅集业务拓展、业务管理、业务处理三大功能于一身，而且可以支配本业务线的所有人力、财力、物力资源，独立性、自主性较强。	①在总行和分支机构之间设立若干区域总部，负责全行战略规划在该区域的实施、管理和指导该区域的所有分支机构。②总行与区域总部按相同序列设立若干事业部，区域总部的事业部接受区域总部领导人和总行相同事业部领导人的双重领导。③总行最高管理层、区域总部管理层、总行各事业部、区域总部各事业部、所有分支机构共同构成一个"多维"的矩阵型结构。
优点	总行对分行、分行对支行赋以适度的经营管理自主权，在保证总行统一指挥的同时，能调动分行、支行拓展各项业务、实现经营目标的主动性和积极性。	事业部的运作始终以实现利润目标为核心，有利于整个银行获得稳定、持续的利润来源。	综合了以上两种组织架构的优点，在拓展业务时可以实施全行统一的战略规划，也可以针对区域市场差异采取不同推进策略。
缺点	①横向信息沟通难度较大，工作易重复，效率低。②总行对分行授权不当易干扰总行的统一指挥。	①对事业部领导人各方面要求很高。②各事业部所管辖的机构众多，管理幅度偏大，且管理成本过于集中在总行层面。	①实行区域总部、总行事业部双重领导，对全行范围内的授权管理系统的要求很高。②管理成本高。

续 表

项目	以区域管理为主的总分行型组织架构	以业务线管理为主的事业部制组织架构	矩阵型组织架构
缺点	③各职能部门对外部环境变化反应迟钝。④层层设置职责相同的职能部门，在一定程度上增加了管理费用。	③最高管理层对事业部授权不当或事业部的运作失效会对全行经营目标的实现产生严重影响。④各事业部之间竞争激烈，产生利益冲突时，协调比较困难。	③区域总部运作失灵可能对整个区域的业务发展有较大影响。④各区域总部之间竞争激烈，容易因争夺资源而发生内耗。

3. 按照管理会计角度划分

从管理会计角度划分，可以将银行机构分为成本中心和利润中心两类。其中成本中心包括管理部门、运作中心、培训机构等；利润中心包括独立核算的分支机构、产品线和子公司等。

典 型 真 题

【多选题】下列关于以区域管理为主的总分行型组织架构的表述，正确的有（   ）。

A. 以分行为利润中心，总行向分行下达各项业务指标和利润指标，分行再分解到各辖属支行

B. 这种组织架构的优点是各职能部门对外部环境变化反应比较灵敏

C. 总行、分行、支行等各级机构形成垂直管理体系

D. 这种组织架构的缺点是各层级职能部门自成体系，横向信息沟通难度较大

E. 总行、分行、支行设立若干履行指定职责的职能部门，行使相应的经营决策权、业务管理权、资源调度权和绩效考核权

【答案】ACDE 【解析】矩阵型组织架构有助于银行更好地适应外部环境的多变性和市场需求的多样性。故选项 B 表述错误。

二、西方商业银行的组织架构（熟悉）

（一）发展历程

（1）20 世纪 80 年代以前，发达国家商业银行的组织架构模式一般是总行以职能型架构为主，分支行以"块块"形式为主的总分行型组织架构，与我国目前的大型银行主流组织架构相似。

真考解读 考查相对较少，考生熟悉即可。

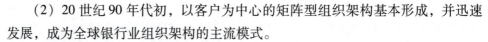

（2）20世纪90年代初，以客户为中心的矩阵型组织架构基本形成，并迅速发展，成为全球银行业组织架构的主流模式。

（二）以客户为中心的矩阵型组织架构的主要特点

1. 建立以客户需求为基础的五大业务线

（1）零售业务：负责个人客户和小微企业客户的零售银行服务。如银行账户、支付结算、银行卡、信用卡、房贷、车贷、经营性贷款等。

（2）财富管理业务：负责中高端个人客户的财富管理服务。如投资产品、投资建议、经纪业务、投资管理、信托服务等。

（3）商业银行业务：负责公司客户的常规金融服务。如银行账户、支付结算、现金管理、贸易融资、贷款、公司卡等。

（4）金融市场业务：负责公司客户的高端金融服务以及银行的流动性操作和自营投资业务。如货币、外汇、利率、债券、贵金属、大宗商品、金融衍生品、证券、基金等产品，研究、顾问咨询等。

（5）投行业务：负责公司客户的高端金融服务。如债券承销、IPO（首次公开募股）、收购兼并、私募股权、结构性融资、财务顾问等。

2. 采取不同的顶层组织架构设计

（1）采用"大个金"和"大公金"两大业务板块^{解读3}。

① "大个金"业务板块：为个人客户提供服务的零售业务和财富管理业务。

② "大公金"业务板块：为企业和机构客户提供服务的商业银行业务、金融市场业务和投行业务。

（2）根据客户需求层次来组合业务板块。这种模式是根据客户的基础金融需求和高端金融需求来划分业务板块，典型代表是法国巴黎银行。

（3）根据业务线职能设置组织架构模式。这种模式是根据业务线职能设置组织架构，提供专业化服务，业务板块划分更为细致。

三、我国商业银行的组织架构及发展趋势（熟悉）

（一）我国商业银行的组织架构

从企业法人和内部管理这两个角度来看，我国商业银行组织架构的主流形式分别是统一法人组织架构和采用以区域管理为主的总分行型组织架构。

组织架构	内容
统一法人组织架构	（1）总行作为一级法人统一领导全国各级行，其职责包括以下内容：①制定全行的基本政策、战略导向和经营目标；②管理全行的资产；③对全行进行资源优化配置。 （2）其他各级行在总行的领导下，在授权范围内展开经营。

解读3 渣打、德意志和花旗在内的银行都采取这种架构。

真考解读 考查相对较少，考生熟悉即可。

续 表

组织架构	内容
采用以区域管理为主的总分行型组织架构	（1）国内银行可分为总行、分行和支行三个层级。 （2）在实际管理中，多根据行政区划将分支机构划分为一级分行、二级分行、县支行、网点（二级支行）等相应层级（尤其是大型商业银行）。

（二）我国商业银行组织架构的发展趋势

我国商业银行自深化股份制改革后，在银行组织架构的发展方面着重于渐进式推进事业部制改革、建立垂直化风险管理体系和建设流程银行。

发展趋势	内容
渐进式推进事业部制改革	事业部型组织架构[解读4]是商业银行组织架构发展和稳定的趋势，突出了"以客户为中心"的经营理念，有利于组织专业化生产，强化银行内部的成本收益核算，进而提升银行竞争力和盈利能力。
建立垂直化风险管理体系	（1）建立垂直化的组织运作机制。即实行董事会风险执行委员会→总行风险管理委员会→总行风险管理部→分行风险管理部→基层行风险管理部的垂直管理线路。 （2）要将风险管理职能进一步向总行本部集中，减少不必要的中间层级，逐步形成横向延展、纵向深入的扁平化矩阵模式。 （3）要提高风险管理的专业化水平，在总行本部设立专业化评估中心和审批中心，不仅要实现评审分离和审贷分离，还要建立对审批人和风险经理的长期考核和监督机制。
建设流程银行	（1）以客户为中心。 （2）以业务线垂直运作和管理为主。 （3）前中后台相互分离、相互制约，以流程落实内控。 （4）实施以业务单元纵向为主的矩阵考核方式。 （5）中后台集中式运作和管理。 （6）业务流程实现信息化、自动化、标准化和智能化。

> **解读4** 事业部型组织架构是指在企业内部以产品、地区或顾客为依据，将相关的研究开发、采购、生产、销售等部门结合成一个相对独立的组织结构形式。

典型真题

【单选题】下列选项中，不属于商业银行风险管理体系建设内容的是（ ）。

A．风险管理部门承担内部审计职能

B．提高风险管理的专业化水平

C．将风险管理职能进一步向总行本部集中，减少不必要的中间层级

D. 在分行设立风险管理部门

【答案】A【解析】由建设垂直化风险管理体系的内容可知，选项B、选项C、选项D均属于建立垂直化风险管理体系建设的内容。故选A。

第二节 银行管理的基本指标

一、规模指标（熟悉）

真考解读 考查相对较少，考生熟悉市值的相关公式即可。

银行业的规模效益体现在资产规模、市场份额、存贷款规模、客户规模以及收入等方面，市值是衡量银行规模的综合性指标。

（一）资产规模

银行的规模决定了其收入的多少，但这并不表明其规模越大越好。

（二）市值

总市值反映了一家银行在资本市场上的影响力水平，也决定着该银行在资本市场上的权重，是衡量银行规模的重要综合性指标。

计算公式：总市值＝发行总股份数×股票市价

以A股为基准的市值（美元）＝（A股股价×A股股数＋H股股价×H股股数/港元对人民币汇率）/人民币对美元汇率

以H股为基准的市值（美元）＝（A股股价×A股股数/人民币对港元汇率＋H股股价×H股股数）/港元对美元汇率

二、结构指标（掌握）

真考解读 属于常考点，一般会考1道题。

结构指标主要包括资产结构、贷款结构、负债结构、收入结构、客户结构。

（一）资产结构

资产结构主要指的是银行各类生息资产（包括贷款、债券、资金业务等）占总资产的比重。

解读1 生息资产是贷款及投资资产、存放央行款项、存放拆放同业款项等指标的总称。

计算公式：生息资产[解读1]占比＝生息资产平均余额/资产总额×100%

（二）贷款结构

（1）在分析银行资产结构性时，贷款结构是最重要的一个指标。在分析贷款结构时，零售贷款占比是一个重要指标。

（2）应关注公司贷款中大型企业与中小型企业的占比以及贷款结构的行业分类、地区分类等。

（三）负债结构

（1）负债是决定一家银行盈利能力的重要因素。分析负债结构可以反映银行的资金来源情况，并在一定程度上反映了银行的业务发展水平和市场地位。

（2）银行最基本的负债业务之一是存款。存款是商业银行最主要的资金来源，是银行持续经营的基础。

（3）定活比^{解读2}是进行存款资金成本分析时最受关注的指标。

计算公式：定活比 = 定期存款/活期存款 ×100%

（四）收入结构

收入结构主要表现为净利息收入与非利息收入。其中，非利息收入对资本消耗低，风险也易于控制。主要包括收费收入、投资业务收入和其他中间业务收入^{解读3}等。

计算公式：非利息收入占营业收入比 = 非利息收入/营业收入 ×100%

【提示】在发达国家，非利息收入一般都占其营业收入40%以上。在中国，非利息收入一般仅占其营业收入的15%～20%。

典型真题

【单选题】不构成商业银行表内资产、表内负债，形成银行非利息收入的业务是（ ）。

A. 投资业务　　B. 资产业务　　C. 负债业务　　D. 中间业务

【答案】D【解析】非利息收入主要包括收费收入、投资业务收入和其他中间业务收入等。由此可知，中间业务是形成银行非利息收入的业务。

（五）客户结构

（1）客户结构是指不同类型的客户在银行总客户中的分布构成。

（2）在公司客户中，分为大客户与中小客户；在零售客户中，分为高净值客户与普通客户。根据"二八定律"，占比仅为20%左右的高端客户，其对银行盈利的贡献度达到80%左右。

三、效率指标（熟悉）

效率指标主要包括成本收入比、人均净利润。

（一）成本收入比

成本收入比是反映营业支出及费用与营业收入的投入产出关系的最主要指标。它表示的是每获取一个单位的营业净收入（营业收入减去营业支出和费用）所耗成本和费用^{解读4}。

计算公式：成本收入比 = 营业费用/营业净收入 ×100%

（二）人均净利润

人均净利润是银行创造的净利润总额和在职员工人数的对比，是从员工创造

解读2 定活比高的银行其相应的资金成本就更高。

解读3 中间业务是指不构成商业银行表内资产、表内负债，形成银行非利息收入的业务。

真考解读 考查相对较少，考生熟悉成本收入比与人均利润的公式即可。

解读4 成本和费用主要由人工和固定资产折旧、摊销构成。

性和人力资源管理的角度去度量商业银行的效率水平。人均净利润数值越大，人均创造的净利润额就会越多，银行的效率值也就越高。

计算公式：人均净利润＝净利润/员工数量×100%

四、市场指标（熟悉）

市场指标主要包括市盈率、市净率。

（一）市盈率

项目	内容
含义	市盈率是股票市场价格与其每股收益的比值，也称股价收益比率。
计算公式	市盈率（P/E）＝股票价格[解读5]（P）/每股收益（E）
分类	市盈率分为静态市盈率和动态市盈率。 （1）每股收益为已公布的上年度数据，计算结果为静态市盈率。 （2）按照对今年及未来每股收益的预测值，计算结果为动态市盈率。
作用	（1）市盈率反映了股票的风险高低程度。在股价一定时，每股收益水平越高，市盈率水平越低，则股票风险就越小，反之则风险越高；在每股收益水平一定时，股价越高，市盈率水平越高，则股票风险就越大，反之则风险越低。 （2）市盈率体现了市场对该公司的重视程度。市盈率水平越高，说明市场越看好该公司前景，其股票越受到市场的追捧。

（二）市净率

市净率是每股股价与每股净资产的比率。一般来说，市净率较低的股票，投资价值较高，相反，则投资价值较低。

计算公式：市净率（P/B）＝每股市价（P）/每股净资产（B）

五、安全性指标（掌握）

安全性指标主要包括不良贷款率、不良贷款拨备覆盖率、拨贷比、资本充足率。

（一）不良贷款率

1. 不良贷款

不良贷款是指在评估银行贷款质量时，把贷款按风险基础分为正常、关注、次级、可疑和损失五类，其中后三类合称为不良贷款。

2. 不良贷款率

不良贷款率是指银行不良贷款占总贷款余额的比重，是评价银行信贷资产安全状况的重要指标。不良贷款率高，说明收回贷款的风险大，反之，则收回贷款的风险小。

计算公式：不良贷款率＝不良贷款余额/总贷款余额×100%

（二）不良贷款拨备覆盖率

1. 拨备

拨备是最直接的风险抵补手段，当银行的盈利总体较好时，可以增提拨备，应对未来可能的不良反弹，这一举措直接反映为当期拨备覆盖率的上升。

2. 不良贷款拨备覆盖率

不良贷款拨备覆盖率是衡量银行对不良贷款进行账务处理时，所持审慎性高低的重要指标。

计算公式：不良贷款拨备覆盖率＝不良贷款损失准备/不良贷款余额×100%

（三）拨贷比 解读6

拨贷比是商业银行贷款损失准备与总贷款的比值。

计算公式：拨贷比＝不良贷款损失准备/贷款余额×100%

拨贷比＝拨备覆盖率×不良贷款率

（四）资本充足率

资本充足率（CAR）是商业银行资本总额与风险加权资产的比值，该指标反映一家银行的整体资本稳健水平。

计算公式：资本充足率＝资本/风险加权资产×100%

解读6 在目前中资银行拨备覆盖率普遍达标的情况下，拨贷比与不良贷款率存在高度正相关。

典型真题

【单选题】下列选项中，通常不用于反映银行经营安全性指标的是（ ）。

A. 拨贷比　　　　　　　　B. 不良贷款率

C. 资产回报率　　　　　　D. 资本充足率

【答案】C【解析】银行是经营风险的企业，反映银行经营安全性指标的因素：①不良贷款率；②不良贷款拨备覆盖率；③拨贷比；④资本充足率（CAR）。不包含选项C。

六、流动性指标（熟悉）

流动性指标主要包括流动性覆盖率、净稳定资金比例、流动性比例、流动性匹配率、优质流动性资产充足率。

（一）流动性覆盖率

流动性覆盖率是指确保商业银行在设定的严重流动性压力情景下，能够保持充足的、无变现障碍的优质流动性资产，并通过变现这些资产来满足未来30日的流动性需求。

计算公式：流动性覆盖率＝合格优质流动性资产/未来30天现金净流

真考解读 考查相对较少，偶尔出现1道题，考生重点关注几项指标的最低监管标准。

出量×100%

（二）净稳定资金比例

净稳定资金比例监管指标旨在确保商业银行具有充足的稳定资金来源，以满足各类资产和表外风险敞口对稳定资金的需求。

计算公式：净稳定资金比例＝可用的稳定资金/所需的稳定资金×100%

解读7 流动性比例的最低监管标准为不低于25%。

（三）流动性比例[解读7]

流动性比例＝流动性资产余额/流动性负债余额×100%

（四）流动性匹配率

流动性匹配率＝加权资金来源/加权资金运用×100%

解读8 流动性覆盖率、净稳定资金比例、流动性匹配率、优质流动性资产充足率的最低监管标准为不低于100%。

（五）优质流动性资产充足率[解读8]

优质流动性资产充足率＝优质流动性资产/短期现金净流出×100%

典型真题

【单选题】用来反映压力状态下商业银行短期流动性水平的指标是（　　）。

A. 净稳定融资比率　　　　　　　B. 核心负债比率

C. 流动性覆盖比率　　　　　　　D. 流动性缺口比率

【答案】C【解析】流动性覆盖率是用于衡量在短期压力情景下（30日内）单个银行的流动性状况。

真考解读 属于常考点，一般会考1道题。考生重点关注这几项指标涉及的金额。

七、集中度指标（掌握）

集中度指标主要包括单一最大客户贷款比率、最大十家客户贷款比率、单一集团客户授信集中度、大额风险暴露集中度。

（一）单一最大客户贷款比率

为了保障稳健经营，银行通常把单一最大客户贷款比率控制在一定限度以内，防范因"垒大户"而引发经营风险。

计算公式：单一最大客户贷款比率＝对同一借款客户贷款总额/资本净额×100%

（二）最大十家客户贷款比率

为了防止发生大户风险，银行对最大十家客户贷款比率有一定限制。

计算公式：最大十家客户贷款比率＝对最大十户借款客户贷款总额/资本净额×100%

（三）单一集团客户授信集中度

单一集团客户授信集中度不应高于15%。单一集团客户授信集中度是最大一家集团客户授信总额与资本净额之比，又称单一客户授信集中度。

计算公式：单一集团客户授信集中度＝最大一家集团客户授信总额/资本净额×100%

（四）大额风险暴露集中度

大额风险暴露是指商业银行对单一客户或一组关联客户超过其一级资本净额 2.5% 的风险暴露。

（1）对非同业单一客户的贷款余额不得超过资本净额的 10%，对非同业单一客户的风险暴露不得超过一级资本净额的15%。

（2）对一组非同业关联客户的风险暴露不得超过一级资本净额的 20%。非同业关联客户包括非同业集团客户、经济依存客户。

（3）对同业单一客户或集团客户的风险暴露不得超过一级资本净额的 25%。

（4）全球系统重要性银行对另一家全球系统重要性银行的风险暴露不得超过一级资本净额的 15%。

典型真题

【单选题】根据《商业银行大额风险暴露管理办法》，大额风险暴露是指商业银行对单一客户或一组关联客户超过其一级资本净额（　　）的风险暴露。

A. 2.5%　　　　B. 1%　　　　C. 2%　　　　D. 0.5%

【答案】A 【解析】大额风险暴露是指商业银行对单一客户或一组关联客户超过其一级资本净额 2.5% 的风险暴露。

八、盈利性指标（掌握）

盈利性指标主要包括拨备前利润、平均总资产回报率、平均净资产回报率、每股收益、净息差、净利息收益率、风险调整后资本回报率。

（一）拨备前利润

拨备前利润是指尚未扣除当期提取拨备的利润。影响拨备前利润的重要因素是银行计提拨备**解读9**的政策。

计算公式：拨备前利润 = 当期营业利润 + 当期提取拨备 = 运营收入 – 营业利润。

（二）平均总资产回报率

平均总资产回报率是考察银行盈利能力的关键指标之一，反映了银行总资产获取收益的能力。

计算公式：平均总资产回报率 = 净利润/总资产平均余额 × 100%

（三）平均净资产回报率

平均净资产回报率是评价银行盈利性的最重要指标，是计划所有比例分析的出发点。平均净资产回报率不能孤立地考察，需要同时考察平均总资产回报率。

计算公式：平均净资产回报率 = 净利润/净资产平均余额 × 100%

真考解读 属于常考点，一般会考 1 道题。主要考查盈利性指标包含哪几种。

解读9 拨备是指银行对经营中可能已经构成的风险和损失作出准备，定期提取的贷款和资产准备金。

（四）每股收益

每股收益又称每股税后利润、每股盈余，是银行某一时期净收益与股份数的比率，用于测定银行股票投资价值，是综合反映银行获利能力的重要指标。每股收益反映了银行每一股份创造的税后利润。

计算公式：每股收益＝本期净利润/期末总股本

（五）净息差

净息差是银行所处利率环境和定价能力的综合反映，对于主要依靠利息收入作为来源的银行尤其如此。

计算公式：净息差＝生息资产平均收益率－付息负债平均付息率

（六）净利息收益率 解读10

解读10 净利息收益率是对银行盈利影响较大的指标之一，对于主要以利息收入作为来源的银行尤其如此。

项目	内容
含义	净利息收益率（NIM）是指净利息收入占生息资产的比率，反映了银行生息资产创造净利息收入的能力，有年均和日均两种计算口径。
计算公式	（1）年均概念：$NIM＝$ 净利息收入/期初期末平均生息资产 $\times 100\%$ 。 （2）日均概念：$NIM＝$ 净利息收入/日均生息资产 $\times 100\%$ 。
影响因素	（1）主要包括利率调整、贷存比以及存款定活比等。 （2）加息：贷存比高的银行净利息收益率提高显著。 （3）降息：净利息收益率会下降，但贷存比较低的银行受到的影响相对较小。

（七）风险调整后资本回报率

风险调整后资本回报率（RAROC）同时考虑了预期损失和非预期损失，更真实地反映了收益水平，是银行进行价值管理的核心指标。

计算公式：风险调整后资本回报率＝（总收入－资金成本－经营成本－风险成本－税项）/经济资本 $\times 100\%$

典型真题

【多选题】下列指标通常用于反映银行盈利水平的有（　　）。

A. 每股收益　　B. 净息差　　C. 拨备覆盖率

D. 市盈率　　　E. ROE 解读11 与 RAROC

解读11 ROE 是净资产收益率。

【答案】AB【解析】盈利性指标是直接反映银行盈利水平的重要因素，包括拨备前利润、平均总资产回报率、平均净资产回报率、每股收益（EPS）、净息差、净利息收益率、风险调整后资本回报率（RAROC）。

章节练习

一、**单选题**（以下各小题所给出的四个选项中，只有一项符合题目要求，请选择相应选项，不选、错选均不得分）

1. "以客户为中心"是发达国家商业银行各业务线的共同理念，具体要求个人客户的基础金融服务由（　　）负责。

　　A. 商业银行业务　　B. 财富管理业务　　C. 零售业务　　D. 金融市场业务

2. 当前，我国商业银行最主要的资金来源是（　　）。

　　A. 公众存款　　B. 对外借款　　C. 向中央银行借款　　D. 金融债券

3. 股票的市场价格与其每股税后利润之比为（　　）。

　　A. 换手率　　B. 成交额　　C. 买手与卖手　　D. 市盈率

4. 下列关于拨贷比的表述，错误的是（　　）。

　　A. 拨贷比维持在一定水平的情况下，银行多发放贷款，就需要多计提拨备

　　B. 拨贷比 = 拨备覆盖率 × 不良贷款率

　　C. 在拨备覆盖率普遍达标的情况下，拨贷比与不良贷款率的相关性不大

　　D. 拨贷比是商业银行不良贷款损失准备与贷款余额的比值

5. 下列不属于流动性分析指标的是（　　）。

　　A. 流动性覆盖率　　　　　　　　B. 净稳定资金比例

　　C. 流动性比例　　　　　　　　　D. 风险调整后资本回报率

6. 已知某商业银行总资产为 2.5 亿元，总负债为 2 亿元。其中，流动性资产为 0.5 亿元，流动性负债为 1.5 亿元。则该银行流动性比例为（　　）。

　　A. 20%　　B. 33.3%　　C. 25%　　D. 80%

7. 已知某银行当期营业利润为 3000 万元，提取的拨备准备为 1200 万元，那么该银行的拨备前利润为（　　）万元。

　　A. 1200　　B. 1800　　C. 3000　　D. 4200

二、**多选题**（以下各小题所给出的五个选项中，有两项或两项以上符合题目的要求，请选择相应选项，多选、少选、错选均不得分）

1. 流程银行的特征包括（　　）。

　　A. 以客户为中心　　　　　　　　B. 以业务线垂直运作和管理为主

　　C. 前中后台相互分离、相互制约　　D. 实施以业务单元横向为主的矩阵考核方式

　　E. 中后台集中式运作和管理

2. 下列属于商业银行效率指标的有（　　）。

　　A. 成本收入比　　B. 市盈率　　C. 人均净利润

　　D. 市净率　　　　E. 不良贷款率

3. 下列关于商业银行流动性指标的说法中，正确的有（　　　）。

　　A. 流动性覆盖率＝合格优质流动性资产/未来 30 天现金净流出量

　　B. 流动性比例＝流动性资产余额/流动性负债余额

　　C. 流动性匹配率＝加权资金来源/加权资金运用

　　D. 流动性比例应当不低于 100%

　　E. 流动性覆盖率、净稳定资金比例、流动性匹配率、优质流动性资产充足率，这四个指标的最低监管标准都是不低于 100%

三、判断题（请对以下描述做出判断，正确的为 A，错误的为 B）

　　中国的银行业目前实施混业经营。（　　　）

　　A. 正确　　　　　　　　　　　　　　B. 错误

➡️ **答 案 详 解**

一、单选题

1. C【解析】个人客户的基础金融服务由零售业务负责，高端金融服务由财富管理业务负责。

2. A【解析】存款是银行较为基本的负债业务之一，是商业银行最主要的资金来源，是银行持续经营的基础。

3. D【解析】市盈率定义为股票市场价格与其每股收益的比值，公式：市盈率（P/E）＝股票价格（P）/每股收益（E）。

4. C【解析】在目前中资银行拨备覆盖率普遍达标的情况下，拨贷比与不良贷款率存在高度正相关。故选项 C 表述错误。

5. D【解析】选项 D 属于盈利性指标。

6. B【解析】流动性比例的计算公式：流动性比例＝流动性资产余额/流动性负债余额×100%。所以，该银行流动性比例＝0.5÷1.5×100%≈33.3%。

7. D【解析】拨备前利润＝当期营业利润＋当期提取拨备＝3000＋1200＝4200（万元）。

二、多选题

1. ABCE【解析】选项 D 应该是实施以业务单元纵向为主的矩阵考核方式。

2. AC【解析】银行效率是银行在业务活动中投入与产出或成本与收益之间的对比关系。其指标主要有成本收入比和人均净利润。选项 B、选项 D 属于市场指标，选项 E 属于安全性指标。

3. ABCE【解析】流动性比例越高，企业偿还短期债务的能力越强，商业银行的流动性比例应当不低于 25%。故选项 D 说法错误。

三、判断题

　　B【解析】中国的银行业目前依然实施分业经营，各银行不能经营其他非银行类金融业务，如证券、保险等。

第十一章　公司治理、内部控制与合规管理

应试分析

本章主要介绍银行公司治理、内部控制与合规管理三部分的内容。本章在考试中涉及分值约为 3 分。重点是合规管理的相关内容。本章考点内容比较细致，考生在复习时要注意厘清结构脉络。

思维导图

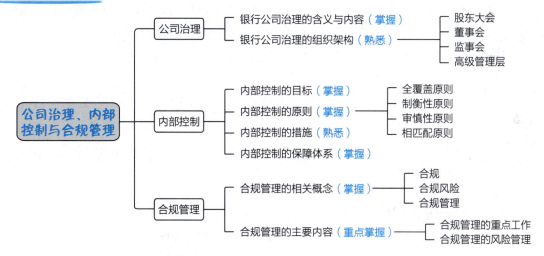

微信扫码关注
畅享在线做题

微信扫码关注
获取免费直播课

📖 知识精讲

第一节 公司治理

视频讲解 微信扫描

一、银行公司治理的含义与内容 （掌握）

真考解读 属于常考点，一般会出1道题。

（一）含义

商业银行公司治理是指股东大会、董事会、监事会、高级管理层、股东及其他利益相关者之间的相互关系，包括治理制衡机制和治理运行机制。

（1）治理制衡机制：组织架构、职责边界、履职要求等。

（2）治理运行机制：决策、执行、监督、激励约束等。

（二）内容

有效的公司治理是商业银行健康、可持续发展的基石。良好的银行公司治理^{解读}应该包括<u>健全的组织框架</u>、<u>清晰的职责边界</u>、科学的发展战略、良好的价值准则与社会责任、<u>有效的风险管理与内部控制</u>、合理的激励约束机制、完善的信息披露制度。

解读 常考点：良好的银行公司治理应当包含的内容。

📗 典型真题

【单选题】下列选项中，不属于商业银行良好公司治理内容的是（ ）。

A. 清晰的职责边界

B. 健全的组织架构

C. 有效的风险管理与内部控制

D. 快速的经营决策机制

【答案】D 【解析】选项 A、选项 B、选项 C 均属于良好公司治理的内容。

二、银行公司治理的组织架构 （熟悉）

真考解读 考查相对较少，考生熟悉各组织架构的相关内容即可。

公司治理组织架构的主体包括股东大会、董事会、监事会以及高级管理层。

（一）股东大会

（1）股东大会是银行的最高权力机构。

（2）股东大会会议包括年度会议和临时会议。

（3）股东大会年会应当由董事会在每一会计年度结束后 6 个月内召集和召开。

（4）股东大会议事规则由商业银行董事会负责拟订，并经股东大会审议通过后执行。

（二）董事会

（1）董事会对股东大会负责，对商业银行经营和管理承担最终责任。

（2）董事会的组成：执行董事和非执行董事（含独立董事）。

（3）董事会应当根据商业银行情况单独或合并设立其专门委员会。

（4）董事会例会每季度应至少召开一次，董事会临时会议的召开程序由商业银行章程规定。董事会会议应当有商业银行全体董事过半数出席方可举行。

（5）董事会做出的决议必须经商业银行全体董事过半数通过；对利润分配方案、重大投资、重大资产处置方案、聘任或解聘高级管理人员、资本补充方案、重大股权变动以及财务重组等重大事项，应当由董事会 2/3 以上董事通过方可有效。

（三）监事会

（1）监事会是商业银行的内部监督机构，对股东大会负责。

（2）监事会的组成：职工代表出任的监事、股东大会选举的外部监事和股东监事。

（3）监事长（监事会主席）应当由专职人员担任，且至少应当具有财务、审计、金融、法律等某一方面专业知识和工作经验。

（4）监事会例会每季度至少应当召开一次，监事会临时会议召开程序由商业银行章程规定。

（四）高级管理层

（1）高级管理层对董事会负责，同时接受监事会监督。

（2）高级管理层的组成：商业银行总行行长、副行长、财务负责人及监管部门认定的其他高级管理人员。

（3）高级管理层根据商业银行章程及董事会授权开展经营管理活动，确保银行经营与董事会所制定批准的发展战略、风险偏好及其他各项政策相一致。

第二节 内部控制

一、内部控制的目标 （掌握）

（1）保证国家有关法律法规及规章的贯彻执行。

（2）保证商业银行发展战略和经营目标的实现。

（3）保证商业银行风险管理的有效性。

（4）保证商业银行业务记录、会计信息、财务信息和其他管理信息的真实、准确、完整和及时。

真考解读 属于常考点，一般会考 1 道题。

典型真题

【多选题】商业银行内部控制的目标包括（　　　）。

A. 确保国家法律法规和商业银行内部规章制度的贯彻执行

B. 确保资产负债业务快速发展

C. 确保商业银行发展战略和经营目标的全面实施和充分实现

D. 确保业务记录、财务信息和其他管理信息的及时、真实和完整

E. 确保商业银行风险管理的有效性

【答案】ACDE【解析】由教材上述内容可知，选项A、选项C、选项D、选项E均属于内部控制的目标。

真考解读 属于常考点，一般会考1道题。一般有两种考查形式：①直接考查四个原则；②考查四个原则的具体内容。

二、内部控制的原则（掌握）

商业银行内部控制应当遵循的基本原则包括全覆盖原则、制衡性原则、审慎性原则、相匹配原则。

（一）全覆盖原则

内部控制应当贯穿决策、执行和监督全过程，覆盖各项业务流程和管理活动，覆盖所有的部门、岗位和人员。

（二）制衡性原则

内部控制应当在治理机构、机构设置及权责分配、业务流程等方面形成相互制约、相互监督的机制。

（三）审慎性原则

内部控制应当坚持风险为本、审慎经营的理念，设立机构或开办业务均应坚持内控优先。

（四）相匹配原则

内部控制应当与管理模式、业务规模、产品复杂程度、风险状况等相适应，并根据情况变化及时进行调整。

典型真题

【判断题】商业银行的经营管理尤其是设立新的机构或开办新的业务，均应当体现"内控优先"的要求。（　　　）

A. 正确　　　　　　　　　　B. 错误

【答案】A【解析】商业银行内部控制应当遵循审慎性原则。内部控制应当坚持风险为本、审慎经营的理念，设立机构或开办业务均应坚持内控优先。

三、内部控制的措施 （熟悉）

措施	内容
内控制度	（1）建立健全内部控制制度体系，对各项业务活动和管理活动制定全面、系统、规范的业务制度和管理制度，并定期进行评估。 （2）对设立新机构、开办新业务、提供新产品和服务，也应制定相应的管理制度和业务流程，对潜在的风险进行评估。
风险识别	采用科学的风险管理技术和方法，充分识别和评估经营中面临的风险，对各类主要风险进行持续监控。
信息系统	建立健全信息系统控制，通过内部控制流程与业务操作系统和管理信息系统的有效结合，加强对业务和管理活动的系统自动控制。
岗位设置	（1）对于业务流程和管理活动中所涉及的不相容岗位，实施相应的分离措施，形成相互制约的岗位安排。 （2）明确重要岗位，并制定相应的内部控制要求；对重要岗位人员实行轮岗或强制休假制度，原则上不相容岗位人员之间不得轮岗。
员工管理	制定规范员工行为的相关制度，明确对员工的禁止性规定，加强对员工行为的监督和排查，建立员工异常行为举报、查处机制。
授权管理	根据各分支机构和各部门的经营能力、管理水平、风险状况和业务发展需要，建立相应的授权体系，明确各级机构、部门、岗位、人员办理业务和事项的权限，并实施动态调整。
会计核算	严格执行会计准则与制度，及时准确地反映各项业务交易，确保财务会计信息真实、可靠、完整。
监控对账	建立有效的核对、监控制度，对各种账证、报表定期进行核对，对现金、有价证券等有形资产和重要凭证及时进行盘点。
外包管理	建立健全外包管理^{解读}制度，明确外包管理组织架构和管理职责，并至少每年开展一次全面的外包业务风险评估。
投诉处理	建立健全客户投诉处理机制，制定投诉处理工作流程，定期汇总分析投诉反映事项，查找问题，有效改进服务和管理。

四、内部控制的保障体系 （掌握）

健全的内部控制保障体系主要包括信息系统控制、报告机制、业务连续性管

真考解读 考查相对较少，一般可能会和内部控制的其他内容进行综合考查，考生需要熟悉。

解读 涉及战略管理、风险管理、内部审计及其他有关核心竞争力的职能不得外包。

真考解读 属于常考点，一般会考1道题。

理、人员管理、考评管理以及内控文化六个要素。

要素	内容
信息系统控制	建立贯穿各级机构、覆盖所有业务和全部流程的管理信息系统和业务操作系统，及时、准确记录经营管理信息，确保信息的完整、连续、准确和可追溯。
报告机制	建立有效的信息沟通机制，确保董事会、监事会、高级管理层及时了解本行的经营和风险状况，确保相关部门和员工及时了解与其职责相关的制度和信息。
业务连续性管理	建立与其战略目标相一致的业务连续性管理体系，明确组织结构和管理职能，制订业务连续性计划，组织开展演练和定期的业务连续性管理评估，有效应对运营中断事件，保证业务持续运营。
人员管理	制定有利于可持续发展的人力资源政策，将职业道德修养和专业胜任能力作为选拔和聘用员工的重要标准，保证从业人员具备必要的专业资格和从业经验，加强员工培训。
考评管理	建立科学的绩效考评体系、合理设定内部控制考评标准，对考评对象在特定期间的内部控制管理活动进行评价，并根据考评结果改进内部控制管理。商业银行应当对内控管理职能部门和内部审计部门建立区别于业务部门的绩效考评方式，以利于其有效履行内部控制管理和监督职能。
内控文化	培育良好的企业内控文化，引导员工树立合规意识、风险意识，提高员工的职业道德水准，规范员工行为。

典型真题

【单选题】下列不属于内部控制保障体系包括要素的是（　　　）。

A. 授权管理　　　　　　　　　　B. 信息系统控制

C. 报告机制　　　　　　　　　　D. 人员管理

【答案】A【解析】健全的内部控制保障体系主要包括以下要素：信息系统控制、报告机制、业务连续性管理、人员管理、考评管理及内控文化。

第三节　合规管理

一、合规管理的相关概念 （掌握）

（一）合规

合规是指使商业银行的经营活动与法律、规则和准则相一致。

【提示】此处的法律、规则和准则（即合规的"规"），指适用于银行业经营活动的法律、行政法规、部门规章及其他规范性文件、经营规则、自律性组织的行业准则、行为守则和职业操守。

（二）合规风险^{解读1}

合规风险是指商业银行因没有遵循法律、规则和准则可能遭受法律制裁、监管处罚、重大财务损失和声誉损失的风险。

（三）合规管理

合规管理即合规风险管理，是指银行有效识别和监控合规风险，主动预防违规行为发生的动态过程。

目标：建立健全合规风险管理框架，实现对合规风险的有效识别和管理，促进全面风险管理体系建设，确保依法合规经营。

典型真题

【单选题】商业银行因没有遵循法律、规则和准则可能遭受法律制裁、监管处罚、重大财务损失和声誉损失的风险是（　　）。

A. 信用风险　　　B. 市场风险　　　C. 合规风险　　　D. 国家风险

【答案】C【解析】合规风险是指商业银行因没有遵循法律、规则和准则可能遭受法律制裁、监管处罚、重大财务损失和声誉损失的风险。

【多选题】商业银行合规的"规"是指适用于银行业经营活动的（　　）。

A. 自律性组织的行业准则

B. 自律性组织的行为守则和职业操守

C. 监管部门规章

D. 法律、行政法规

E. 监管部门规范性文件

【答案】ABCDE【解析】选项A、选项B、选项C、选项D、选项E均正确。

二、合规管理的主要内容（重点掌握）

（一）合规管理的重点工作

1. 建立强有力的合规文化

（1）合规是商业银行所有员工的共同责任，并应从商业银行高层做起。

（2）董事会和高级管理层应确定合规的基调，确立全员主动合规、合规创造价值等合规理念，在全行推行诚信与正直的职业操守和价值观念，提高全体员工的合规意识。

2. 建立有效的合规风险管理体系^{解读2}

（1）董事会应监督合规政策的有效实施，以使合规缺陷得到及时有效的解决。

解读1 常考点：合规风险的含义。

真考解读 属于必考点，一般会考2~3题。主要考查合规管理的重点工作。

解读2 必考点：董事会、高级管理层以及合规管理部门的职责。

（2）高级管理层应贯彻执行合规政策，建立合规管理部门的组织结构，并配备充分和适当的资源，确保发现违规事件时及时采取适当的纠正措施。

（3）合规管理部门应在合规负责人的管理下，协助高级管理层有效管理合规风险，制订并执行以风险为本的合规管理计划，实施合规风险识别和管理流程，开展员工的合规培训与教育。

3. 建立有利于合规风险管理的基本制度

（1）建立对管理人员合规绩效考核制度，应体现倡导合规和惩处违规的价值观念。

（2）建立有效的合规问责制度，严格对违规行为的责任认定与追究，并采取有效的纠正措施，及时改进经营管理流程，适时修订相关政策、程序和操作指南。

（3）应建立诚信举报制度，鼓励员工举报违法、违反职业操守或可疑行为，并充分保护举报人。

典型真题

【单选题】在商业银行内负责监管合规政策的有效实施，以使合规缺陷得到及时有效的解决的是（　　）。

A. 合规总监　　　　　　　　B. 高级管理层

C. 合规管理部门　　　　　　D. 董事会

【答案】D【解析】董事会应监督合规政策的有效实施，以使合规缺陷得到及时有效的解决。

【单选题】合规是商业银行所有员工的共同责任，并应从商业银行（　　）做起。

A. 全体员工　　　　　　　　B. 高层领导

C. 基层员工　　　　　　　　D. 中层干部

【答案】B【解析】合规是商业银行所有员工的共同责任，并应从商业银行高层做起。

【单选题】下列不属于商业银行合规管理部门职责的是（　　）。

A. 审批贷款　　　　　　　　B. 制定合规手册

C. 关注法律法规的最新发展　D. 对员工进行合规培训

【答案】A【解析】合规管理部门应在合规负责人的管理下，协助高级管理层有效管理合规风险，制订并执行以风险为本的合规管理计划，实施合规风险识别和管理流程，开展员工的合规培训与教育。选项A，审批贷款不包括在内。

（二）合规管理的风险管理^{解读3}

商业银行应建立与其经营范围、组织结构和业务规模相适应的合规风险管理体系，包括以下基本要素：合规政策；合规管理部门的组织结构和资源；合规风险管理计划；合规风险识别和管理流程；合规培训与教育制度。

解读3 风险管理的内容在考试中出现的不多，主要掌握包含的这几种基本要素，对于其内容，熟悉即可。

基本要素	内容
合规政策	商业银行的合规政策应明确所有员工和业务条线需要遵守的基本原则，以及识别和管理合规风险的主要程序，并对合规管理职能的有关事项做出规定。
合规管理部门的组织结构和资源	银行内部应设立专门负责合规管理职能的部门、团队或岗位，并为其配备有效履行合规管理职能的资源。
合规风险管理计划	制订并执行风险为本的合规管理计划，包括特定政策和程序的实施与评价、合规风险评估、合规性测试、合规培训与教育等。
合规风险识别和管理流程	积极主动地识别和评估与商业银行经营活动相关的合规风险，包括为新产品和新业务的开发提供必要的合规性审核和测试，识别和评估新业务方式的拓展、新客户关系的建立以及客户关系的性质发生重大变化等所产生的合规风险。
合规培训与教育制度	（1）商业银行应定期为合规管理人员提供系统的专业技能培训，尤其是在正确把握法律、规则和准则的最新发展及其对商业银行经营的影响等方面的技能培训。 （2）商业银行应对员工进行合规培训，包括新员工的合规培训，以及所有员工的定期合规培训。

典型真题

【多选题】商业银行合规管理体系的基本要素包括（ ）。

A. 合规风险识别和管理流程 B. 合规培训与教育制度

C. 合规风险管理计划 D. 合规政策

E. 合规管理部门的组织结构和资源

【答案】ABCDE 【解析】选项A、选项B、选项C、选项D、选项E均属于商业银行合规管理体系的基本要素。

章节练习

一、单选题（以下各小题所给出的四个选项中，只有一项符合题目要求，请选择相应选项，不选、错选均不得分）

1. 下列不属于商业银行公司治理制衡机制的是（　　）。
   A. 履职要求
   B. 职责边界
   C. 激励约束
   D. 组织架构

2. 下列关于内部控制措施的表述，错误的是（　　）。
   A. 明确哪些是重要岗位，对重要岗位人员实行轮岗或强制休假制度，不相容岗位人员之间应该轮岗
   B. 合理确定各项业务活动和管理活动的风险控制点，采取适当的控制措施，执行标准统一的业务流程和管理流程，确保规范运作
   C. 建立相应的授权体系，明确各级机构、部门、岗位、人员办理业务和事项的权限，并实施动态调整
   D. 建立健全内部控制制度体系，对各项业务活动和管理活动制定全面、系统、规范的业务制度和管理制度，并定期进行评估

3. 下列选项中不属于商业银行合规风险管理基本制度的是（　　）。
   A. 合规问责制度
   B. 合规绩效考核制度
   C. 诚信举报制度
   D. 公平竞争制度

4. 下列关于商业银行合规风险管理的说法，错误的是（　　）。
   A. 商业银行合规风险管理的基本制度包括合规绩效考核制度、公平竞争制度和诚信举报制度
   B. 合规风险，是指商业银行因没有遵循法律、规则和准则可能遭受法律制裁、监管处罚、重大财务损失和声誉损失的风险
   C. 董事会对于银行的风险管理负有最终责任
   D. 商业银行的经营管理，尤其是设立新的机构或开办新的业务，均应体现"内控优先"的要求

二、多选题（以下各小题所给出的五个选项中，有两项或两项以上符合题目的要求，请选择相应选项，多选、少选、错选均不得分）

1. 下列关于商业银行内部控制的表述，正确的有（　　）。
   A. 内部控制的监督、评价部门应当有直接向董事会、监事会和高级管理层报告的渠道
   B. 内部控制应当以实现银行盈利最大化为出发点
   C. 任何人不得拥有不受内部控制的权力
   D. 内部控制应当突出重点，不必渗透商业银行的各项业务过程和各个操作环节
   E. 商业银行的经营管理，尤其是设立新的机构或开办新的业务，均应体现"内控优先"的要求

2. 商业银行合规风险管理的目标有（　　　）。

    A. 建立健全合规风险管理框架   B. 确保依法合规经营

    C. 确保股东利润回报   D. 实现对合规风险的有效识别和管理

    E. 促进全面风险管理体系建设

三、判断题（请对以下描述做出判断，正确的为 A，错误的为 B）

    建立健全外包管理制度，明确外包管理组织架构和管理职责，并至少每半年开展一次全面的外包业务风险评估。（　　　）

    A. 正确   B. 错误

⇨ 答案详解

一、单选题

1. C【解析】商业银行公司治理包括组织架构、职责边界、履职要求等治理制衡机制。

2. A【解析】选项A，应为"需要明确重要岗位，并制定相应的内部控制要求；对重要岗位人员实行轮岗或强制休假制度，原则上不相容岗位人员之间不得轮岗"。

3. D【解析】选项A、选项B、选项C均属于商业银行合规风险管理基本制度。

4. A【解析】有利于合规风险管理的基本制度主要包括以下内容：①建立对管理人员合规绩效的考核制度，体现倡导合规和惩处违规的价值观念；②建立有效的合规问责制度，严格对违规行为的责任认定与追究；③建立诚信举报制度，鼓励员工举报违法、违反职业操守或可疑的行为，并充分保护举报人。故选项A说法错误。

二、多选题

1. ACE【解析】选项B错误，内部控制应当坚持内控优先。选项D错误，内部控制应当贯穿决策、执行和监督全过程，覆盖各项业务流程和管理活动，覆盖所有的部门、岗位和人员。选项A、选项C、选项E说法均正确。

2. ABDE【解析】商业银行合规管理的目标是通过建立健全合规风险管理框架，实现对合规风险的有效识别和管理，促进全面风险管理体系建设，确保依法合规经营。

三、判断题

    B【解析】建立健全外包管理制度，明确外包管理组织架构和管理职责，并至少每年开展一次全面的外包业务风险评估。

第十二章　商业银行资产负债管理

🔍 应试分析

本章主要介绍了资产负债管理对象、资产负债管理主要内容及策略这两个方面的内容。本章在考试中涉及分值约为 1 分。重点是对资产负债管理的主要内容的考查。

🏠 思维导图

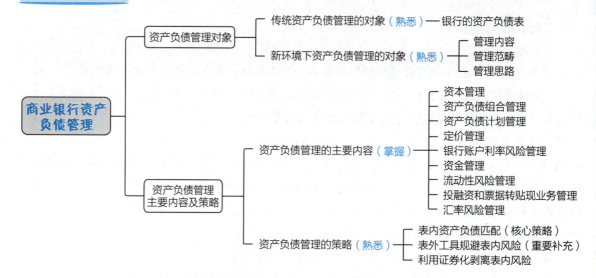

微信扫码关注
畅享在线做题

微信扫码关注
获取免费直播课

知识精讲

第一节 资产负债管理对象

一、传统资产负债管理的对象 （熟悉）

资产负债管理体现了商业银行经营管理以安全性、流动性为基本前提，通过盈利性实现银行价值的最大化的基本原则。

对象：银行的资产负债表。

真考解读 考查相对较少，考生熟悉即可。

二、新环境下资产负债管理的对象 （熟悉）

新的社会经济环境下，商业银行资产负债管理的对象和内涵呈现出"表内外、本外币、集团化"的趋势。具体转变表现在以下三个方面。

（1）在管理内容上：资产负债表内管理转变为资产负债表内外项目全方位综合管理。

（2）在管理范畴上：①单一本币口径的资产负债管理转变为本外币资产负债的全面管理；②单一法人视角的资产负债管理转变为从集团战略角度加强子公司和境外机构统一、全局性的资产负债管理。

（3）在管理思路上：对表内资产负债规模被动管理转变为对资产负债表内外项目规模、结构、风险的积极主动管理。当前商业银行资产负债管理更加强调全面、动态和前瞻的综合平衡管理。

真考解读 考查相对较少，考生熟悉即可。

第二节 资产负债管理主要内容及策略

一、资产负债管理的主要内容 （掌握）

（一）资本管理

商业银行资本管理的范畴一般包括监管资本管理、经济资本管理和账面资本管理。

商业银行资本管理的内容主要包括开展资本规划、筹集、配置、监控、评价和应用等管理活动，建立资本管理框架及机制，制订资本规划及年度计划，确定资本管理工具和流程，实施资本分配和考核等。

（二）资产负债组合管理 **解读1**

资产负债组合管理是对银行资产负债表进行积极的管理，是商业银行资本管理、市值管理与风险管理理论的有效统一。具体包括资产组合管理、负债组合管

真考解读 属于常考点，一般会考1道题。

解读1 本考点在考试中通常对知识点直接进行考查，因此要求考生加强对相关概念的理解和记忆。

理和资产负债匹配管理。

项目	内容
资产组合管理	以资本约束为前提，综合运用量价工具，调控资产总量和结构，构建以资本和收息率为中心的价值传导机制，确保经风险调整后的资产收益率最大化。
负债组合管理	以平衡资金来源和运用为前提，通过加强主动负债管理，确保负债总量适度，提高市场竞争力，有效支撑资产业务的发展。
资产负债匹配管理	以流动性指标、资本充足率和资产负债相关项目的关联关系等为约束条件，立足资产负债管理，持续优化资产负债组合配置的成本收益结构和期限结构。

（三）资产负债计划管理

资产负债计划是资产负债管理的重要手段，主要包括资产负债总量计划和资产负债结构计划。

（1）资产负债总量计划主要是根据全行资本总量和资本充足率水平来确定。

（2）资产负债结构计划主要包括资本计划、信贷计划、投资计划、同业及金融机构往来融资计划、存款计划及资产负债期限控制计划等。

典型真题

【判断题】资产负债计划是资产负债管理的重要手段。通常，商业银行主要根据全行盈利能力与利润增长水平来确定资产负债总量计划。（　　）

A. 正确　　　　　　　　　　　B. 错误

【答案】B【解析】通常情况下，商业银行主要根据全行资本总量和资本充足率水平来确定资产负债总量计划。

（四）定价管理

定价管理直接影响银行的经营利润，一般分为外部产品定价和内部资金转移定价管理。

商业银行通过加强资产、负债产品的外部定价管理，提升定价水平和经营效益，并通过内部资金转移定价（FTP）完善内部价格管理，优化银行内部经营机制和全系统资源配置，增强市场竞争力，从而促进业务发展和盈利增长。

（五）银行账户利率风险管理

银行账户利率风险是指因利率水平、期限结构等要素发生不利变动，导致银行账户整体收益和经济价值遭受损失的风险。

商业银行通常制定银行账户利率风险管理的政策和程序，定期评估银行账户利率风险水平及管理状况，确定管理政策、方法技术、监测控制、信息系统、信息披露等管理内容。

（六）资金管理

资金管理是对商业银行全部资金来源与运用的统一管理。其核心是建设内部资金转移定价机制和全额资金管理体制，建成以总行为中心，自下而上集中资金和自上而下配置资金的收支两条线、全额计价、集中调控、实时监测和控制全行资金流的现代商业银行司库体系。

（七）流动性风险管理

流动性风险管理的内容主要包括建立科学完善的管理机制，对流动性风险实施有效地识别、计量、预警、监控和报告，确保银行在正常经营环境或压力状态下，能及时满足资产、负债及表外业务引发的流动性需求和履行对外支付义务，有效平衡资金的效益性和安全性，加强附属机构流动性风险管理和监测，有效防范整体流动性风险。

（八）投融资和票据转贴现业务管理

投融资和票据转贴现业务管理**解读2**要坚持科学规划、统一管理、集约经营、综合发展的原则，构建符合现代商业银行要求的投融资和票据转贴现业务管理体制和经营机制，实现对银行投融资和票据转贴现业务的制度规范、流程合规、价格引导、授权管理、计划管理和实时监督控制。

（九）汇率风险管理

商业银行面临的汇率风险主要是指由于汇率波动造成以基准计价的资产遭受价值损失和财务损失的可能性。

商业银行需要密切关注汇率变化及其对外币资产负债的影响，及时对银行账户外币资产、负债和表外项目的汇率风险敞口进行监测、分析和防范。

> **解读2** 投融资和票据转贴现业务是商业银行的一项重要的资产业务，具有盈利功能，还具有资金调控蓄水池和信贷规模调节器的作用。

典型真题

【多选题】下列选项中，属于银行资产负债管理主要内容的有（　　）。

A. 资本管理
B. 业务经营计划管理
C. 资金管理
D. 定价管理
E. 资产负债计划管理

【答案】ACDE 【解析】银行资产负债管理的构成内容包括以下：①资本管理（选项A）；②资产负债组合管理；③资产负债计划管理（选项E）；④定价管理（选项D）；⑤银行账户利率风险管理；⑥资金管理（选项C）；⑦流动性风险管理；⑧投融资和票据转贴现业务管理；⑨汇率风险管理。

真考解读 考查相对较少，考生熟悉即可。

二、资产负债管理的策略 （熟悉）

（一）表内资产负债匹配（核心策略）

通过资产和负债的共同调整，协调表内资产和负债项目在期限、利率、风险和流动性等方面的搭配，尽可能使资产与负债达到规模对称、结构对称、期限对称，从而实现安全性、流动性和盈利性的统一。

（二）表外工具规避表内风险（重要补充）

商业银行利用衍生金融工具为主的表外工具来规避表内风险。

（1）商业银行利用利率、汇率衍生工具来对冲市场风险。

（2）商业银行利用信用违约互换（CDS）等信用衍生工具来对冲信用风险。

（三）利用证券化剥离表内风险

资产证券化是协调表内与表外、优化资源跨期配置的资产负债管理工具。

（1）从风险管理的角度看，在资产证券化过程中，商业银行将相关信贷资产从表内剥离的同时，也实现了对相应信用风险的剥离。

（2）从流量经营的角度看，资产证券化盘活了存量信贷资产，从表内和表外两个方向扩大信用投放的覆盖面，提高表内外资产的周转率和收益率。

章节练习

一、**单选题**（以下各小题所给出的四个选项中，只有一项符合题目要求，请选择相应选项，不选、错选均不得分）

1. 商业银行的（　　）是商业银行资本管理、市值管理与风险管理理论的有效统一。
   - A. 资本管理
   - B. 资产负债计划管理
   - C. 资产负债组合管理
   - D. 定价管理

2. 以下不属于资产负债结构计划的是（　　）。
   - A. 资本计划
   - B. 同业及金融机构往来融资计划
   - C. 信贷计划
   - D. 风险控制计划

二、**多选题**（以下各小题所给出的五个选项中，有两项或两项以上符合题目的要求，请选择相应选项，多选、少选、错选均不得分）

1. 随着商业银行综合化经营范围的扩宽和国际化业务的推进，商业银行资产负债管理的对象和内涵也在不断扩充，呈现出"表内外、本外币、集团化"的趋势，具体表现为（　　）。
   - A. 在管理内容上，从资产负债表内管理，转变为表内外项目全方位的综合管理
   - B. 在管理范畴上，由单一本币口径的资产负债管理转变为本外币资产负债的全面管理
   - C. 在管理范畴上，从单一法人视角的资产负债管理转变为从集团战略角度统一、全局性的资产负债管理

   D. 在管理思路上，由对表内资产负债规模被动管理转变为对表内外项目的积极主动管理

   E. 商业银行资产负债管理越来越强调全面、静态和前瞻的综合平衡管理

2. 投融资和票据转贴现业务管理要坚持（　　　）的原则。

   A. 科学规划   B. 统一管理

   C. 集约经营   D. 综合发展

   E. 分散经营

三、判断题（请对以下描述做出判断，正确的为 A，错误的为 B）

   从流动经营的角度看，在资产证券化过程中，商业银行将相关信贷资产从表内剥离的同时，也实现了对相应信用风险的剥离。（　　　）

   A. 正确   B. 错误

答案详解

一、单选题

1. C【解析】资产负债组合管理是商业银行资本管理、市值管理与风险管理理论的有效统一。

2. D【解析】资产负债结构计划主要包括资本计划、信贷计划、投资计划、同业及金融机构往来融资计划、存款计划、资产负债期限控制计划。

二、多选题

1. ABCD【解析】商业银行资产负债管理越来越强调全面、动态和前瞻的综合平衡管理。选项 E 说法错误。

2. ABCD【解析】投融资和票据转贴现业务管理要坚持科学规划、统一管理、集约经营、综合发展的原则。

三、判断题

   B【解析】从风险管理的角度看，在资产证券化过程中，商业银行将相关信贷资产从表内剥离的同时，也实现了对相应信用风险的剥离。

第十三章　资本管理

🔍 应试分析

　　本章主要介绍了资本的种类及作用、资本管理的国际监管标准（巴塞尔资本协议）及我国的监管要求。本章在考试中涉及分值约为 6 分。重点是资本的种类以及巴塞尔资本协议的相关内容。考生应运用对比法进行分析，并在理解的基础上掌握知识点。

🏠 思维导图

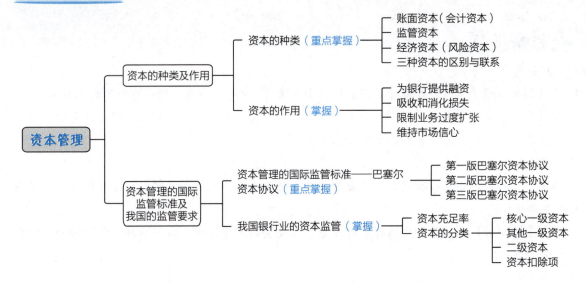

资本管理
- 资本的种类及作用
  - 资本的种类（重点掌握）
    - 账面资本（会计资本）
    - 监管资本
    - 经济资本（风险资本）
    - 三种资本的区别与联系
  - 资本的作用（掌握）
    - 为银行提供融资
    - 吸收和消化损失
    - 限制业务过度扩张
    - 维持市场信心
- 资本管理的国际监管标准及我国的监管要求
  - 资本管理的国际监管标准——巴塞尔资本协议（重点掌握）
    - 第一版巴塞尔资本协议
    - 第二版巴塞尔资本协议
    - 第三版巴塞尔资本协议
  - 我国银行业的资本监管（掌握）
    - 资本充足率
    - 资本的分类
      - 核心一级资本
      - 其他一级资本
      - 二级资本
      - 资本扣除项

微信扫码关注
畅享在线做题

微信扫码关注
获取免费直播课

知识精讲

第一节 资本的种类及作用

视频讲解 微信扫描

一、资本的种类（重点掌握）

（一）账面资本（会计资本）

账面资本是指出资人在商业银行资产中享有的经济利益。

（1）计算公式：账面资本金额＝资产－负债。

（2）内容：实收资本或普通股、资本公积、盈余公积、未分配利润等。

（3）作用：反映了银行实际拥有的资本水平，是银行资本金的静态反映。

典型真题

【多选题】我国商业银行的会计资本包括（　　）。

A．实收资本　　B．长期债券　　C．未分配利润

D．盈余公积　　E．一般准备

【答案】ACD　**【解析】**会计资本包括实收资本或普通股、资本公积、盈余公积、未分配利润等。

（二）监管资本

监管资本涉及两个层次的概念。

（1）银行实际持有的符合监管规定的合格资本^{解读1}。从监管角度看，部分账面资本不具有吸收损失的功能（如商誉），需要从资本中扣除；而某些不属于会计角度的内容（如可转换债券），但因具有一定的吸收损失功能，因此可计入监管资本当中。

（2）银行按照监管要求应当持有的最低资本量或最低资本要求。最低资本要求是监管规定的，用于覆盖银行面临主要风险损失所必须持有的资本数量。

（三）经济资本（风险资本）

1．含义

经济资本从本质上看一个风险概念，是指描述在一定的置信度水平下（如99%），为了应对未来一定期限内资产的非预期损失而应该持有或需要的资本金。

2．性质

经济资本是根据银行资产的风险程度计算出来的虚拟资本，即银行所"需要"的资本，或"应该持有"的资本，而不是银行实实在在拥有的资本^{解读2}。

真考解读 属于必考点，一般会考2～3题。考生要掌握资本的三大种类及其定义。

解读1 合格资本是指按照监管规定，银行根据自身情况计算得出的资本数量。

解读2 从银行审慎、稳健经营的角度而言，银行持有的资本数量应大于经济资本。

典型真题

【单选题】从银行管理者的角度看，经济资本主要用于衡量银行的（　　）。

A. 极端损失　　B. 非预期损失　　C. 平均损失　　D. 预期损失

【答案】B【解析】经济资本是描述在一定的置信度水平下为了应对未来定期限内资产的非预期损失而应该持有或需要的资本金。

（四）三种资本的区别与联系

项目	区别与联系
反映内容	账面资本反映的是所有者权益，监管资本、经济资本是从覆盖风险与吸收损失的角度提出的资本概念。
资本功能	账面资本与监管资本（银行持有的合格资本）具有交叉，可以用于吸收损失。
数量角度	账面资本经过一定的调整，可以得到符合监管要求的合格资本，合格资本的数额应大于最低监管资本要求；银行要稳健、审慎经营，持有的账面资本还应大于经济资本。
银行管理角度	相对于监管资本，经济资本更好地反映了银行的风险状况和资本需求，对银行风险变动具有更高的敏感性，目前已经成为先进银行广泛应用的管理工具。

典型真题

【单选题】下列关于商业银行资本的表述，正确的是（　　）。

A. 经济资本是一种完全取决于银行盈利大小的资本

B. 银行资本等于会计资本、监管资本和经济资本之和

C. 会计资本也称为账面资本

D. 商业银行的会计资本应当等于经济资本

【答案】C【解析】账面资本又称为会计资本，属于会计学概念，故选项C表述正确。

二、资本的作用（掌握）

（一）为银行提供融资

资本是银行维持日常运营的资金来源，同时也为银行发放贷款和其他投资提供资金。与商业银行负债相同，资本为银行提供融资。

（二）吸收和消化损失

银行资本是承担风险和吸收损失的第一资金来源，银行一旦遭受损失，首先

真考解读属于常考点，一般会考1道题。考试中有两种考查形式，一种是直接考查这几大项作用，另一种是考查作用底下的细节知识。考生都需要掌握。

消耗的是银行的资本金。因此，资本是<u>保护存款人和债权人利益，免遭风险损失的"缓冲器"</u>。

（三）限制业务过度扩张

银行要满足最低资本要求，资本充足率达到监管要求，就要实现风险与资本的平衡，要想扩大业务规模就必须有充足的资本，这使资本具有了约束银行盲目扩张、过度承担风险的功能。

（四）维持市场信心

资本充足的银行有助于树立和增强公众对银行的信心，<u>消除债权人对银行损失吸收能力的疑虑</u>，从而帮助银行获得公众的青睐，获取更多的发展机会。

典型真题

【多选题】商业银行资本的作用主要包括（　　　　）。

A. 保护债权人，使债权人免遭或减少损失
B. 降低债权人对银行损失吸收能力的疑虑
C. 承担吸收损失的第二资金来源
D. 维持市场信心
E. 限制银行业务过度扩张

【答案】ABDE【解析】资本金承担着吸收损失的第一资金来源。故选项 C 表述错误。

第二节　资本管理的国际监管标准及我国的监管要求

视频讲解 微信扫描

一、资本管理的国际监管标准——巴塞尔资本协议（重点掌握）

真考解读 属于必考点，一般会考 1～2 题。

（一）第一版巴塞尔资本协议

1. 协议的发布时间

1988 年，巴塞尔委员会正式出台了《统一国际银行资本计量和资本标准的国际协议》，即第一版巴塞尔资本协议。

2. 协议的具体规定

第一版巴塞尔资本协议确立了资本充足率监管的基本框架，明确了资本充足率监管的三个要素，即监管资本定义、风险加权资产计算和资本充足率监管要求。

（1）统一了监管资本定义。提出了两个层次的资本，即核心资本和附属资本。

①核心资本主要包括实收资本和公开储备。

②附属资本主要包括非公开储备、重估储备、普通准备金、混合资本工具和长期次级债务等。

（2）建立了资产风险的衡量体系。

①主要关注信用风险。根据银行资产风险水平的大小分别赋予不同的风险权重，共分为5个档次：0、10%、20%、50%和100%。

②资产的账面价值与相应的风险权重相乘，计算出风险加权资产。

（3）确定了资本充足率的监管标准。

①资本充足率＝资本/风险加权资产。

②商业银行资本充足率不得低于8%，核心资本充足率不得低于4%。

解读1 必考点：第二版巴塞尔资本协议的"三大支柱"。

（二）第二版巴塞尔资本协议^{解读1}

1．协议的发布时间

2004年，巴塞尔委员会发布了《巴塞尔新资本协议》，即第二版巴塞尔资本协议。

2．协议的具体规定

第二版巴塞尔资本协议中，资本充足率计算保持总体框架不变，且继续采取了资本/风险加权资产的形式，维持了资本充足率的最低要求。但与第一版不同的是，第二版巴塞尔资本协议构建了"三大支柱"的监管框架，扩大了资本覆盖风险的种类，改革了风险加权资产的计算方法。

三大支柱	内容
第一支柱：最低资本要求	（1）商业银行总资本充足率不得低于8%，核心资本充足率不得低于4%。 （2）资本要全面覆盖信用风险、市场风险和操作风险。
第二支柱：监督检查	（1）商业银行应建立内部资本充足评估程序，评估与其风险轮廓相适应的总体资本水平。 （2）监管当局应建立相应的监督检查程序，采取现场和非现场检查等方式进行检查和评价。具体内容包括银行内部资本充足率的评估情况和战略，以及它们监管资本达标的能力。
第三支柱：市场纪律^{解读2}	银行通过建立一套披露机制，以便市场参与者（股东、存款人、债权人等）了解和评价银行有关资本、风险、风险评估程序及资本充足率等重要信息，通过市场力量来约束银行行为，促进银行不断强化自身管理。

解读2 第三支柱又称市场约束、信息披露，是对第一支柱和第二支柱的补充。

典型真题

【单选题】下列不属于第二版巴塞尔资本协议监管"三大支柱"的是（　　）。

A．市场约束　　　　　　　　B．监督检查

C．最低资本要求　　　　　　D．MAP 监管考核

【答案】D【解析】第二版巴塞尔资本协议构建了"三大支柱"的监管框架，即最低资本要求、监督检查和市场纪律（又称市场约束、信息披露）。

（三）第三版巴塞尔资本协议

1．协议的发布时间

2010 年 12 月 16 日，巴塞尔委员会发布了第三版巴塞尔资本协议的最终文本。

2．协议的具体规定

（1）强化资本充足率监管标准。第三版巴塞尔资本协议全面强化了资本充足率监管的三个要素。

三个要素	内容
提升资本工具损失吸收能力	强调资本数量与资本质量同等重要，界定并区分一级资本和二级资本的功能。 一级资本：应能够在银行持续经营条件下吸收损失，其中普通股（含留存收益）应在一级资本中占主导地位。 二级资本：仅在银行破产清算条件下承担损失。
增强风险加权资产计量的审慎性	提高了资产证券化交易风险暴露的风险权重。
提高资本充足率监管标准 解读3	①明确了三个层次的最低资本要求：核心一级资本充足率为4.5%，一级资本充足率为6%，总资本充足率为8%，并规定商业银行资本充足率不得低于最低资本要求。 ②补充设置了2.5%的储备资本要求，0 ~ 2.5%的逆周期资本要求。 ③对于系统重要性银行，附加资本要求为1% ~ 3.5%。

（2）引入杠杆率监管标准。杠杆率不能低于3%，要求银行自 2015 年开始披露杠杆率信息，2018 年正式纳入第一支柱框架。

（3）建立流动性风险量化监管标准。第三版巴塞尔资本协议提出了两个流动

解读3 必考点：各资本的资本充足率。考生要准确记忆涉及的相关数字，切勿混淆。

解读4 正常情况下，商业银行的这两项指标均不得低于100%。

性量化监管指标^{解读4}。

①流动性覆盖率（LCR）：衡量在短期压力情景下（30日内）单个银行的流动性状况。

②净稳定融资比率（NSFR）：度量中长期内银行可供使用的稳定资金来源能否支持其资产业务的发展。

典型真题

【单选题】根据第三版巴塞尔资本协议的资本要求，商业银行一级资本充足率应不低于（　　）。

A. 6%　　　　　　　　　B. 4.5%

C. 2%　　　　　　　　　D. 3%

【答案】A【解析】第三版巴塞尔资本协议明确了商业银行一级资本充足率为6%。

【单选题】根据第三版巴塞尔资本协议的要求，储备资本要求为（　　）。

A. 1%　　　　　　　　　B. 2%

C. 2.5%　　　　　　　　D. 3.5%

【答案】C【解析】第三版巴塞尔资本协议补充设置了2.5%的储备资本要求，用于应对严重经济衰退带来的损失。

真考解读 属于常考点，一般会考1道题。

二、我国银行业的资本监管（掌握）

2012年6月，原中国银监会发布了《商业银行资本管理办法（试行）》，这标志着我国资本监管制度在更高层次上实现了与国际标准接轨。

（一）资本充足率

1. 含义

解读5 风险加权资产包括信用风险加权资产、市场风险加权资产和操作风险加权资产。

资本充足率是指商业银行持有的符合监管规定的资本与风险加权资产^{解读5}之间的比率。

2. 计算公式

资本充足率＝（总资本^{解读6}－对应资本扣减项）/风险加权资产×100%

一级资本充足率＝（一级资本－对应资本扣减项）/风险加权资产×100%

核心一级资本充足率＝（核心一级资本－对应资本扣减项）/风险加权资产×100%

解读6 总资本包括核心一级资本、其他一级资本和二级资本。

3. 监管要求

参考第三版巴塞尔资本协议的规定，将资本监管要求分为四个层次。

层次	资本要求	内容
第一层次	最低资本要求	核心一级资本充足率、一级资本充足率和资本充足率分别为5%、6%和8%。 【提示】我国对核心一级资本充足率的要求为5%，高于第三版巴塞尔资本协议中4.5%的规定。
第二层次	储备资本要求和逆周期资本要求	储备资本要求为2.5%，逆周期资本要求为0~2.5%，均由核心一级资本来满足。
第三层次	系统重要性银行附加资本要求	国内系统重要性银行附加资本要求为1%，由核心一级资本满足。如果国内银行被认定为全球系统重要性银行，其适用的附加资本要求不得低于巴塞尔委员会的统一规定。
第四层次	第二支柱资本要求	确保资本充分覆盖所有实质性风险。

（二）资本的分类

分类	特点	内容
核心一级资本	是银行资本中最核心的部分，承担风险和吸收损失的能力也最强。	实收资本或普通股、资本公积、盈余公积、一般风险准备、未分配利润、少数股东资本可计入部分。
其他一级资本	与核心一级资本相比，其他一级资本承担风险和吸收损失的能力较差。	其他一级资本[解读7]工具及其溢价、少数股东资本可计入部分。
二级资本	区别一级资本工具在持续经营前提下吸收损失的目标，二级资本目标则是在破产清算情况下吸收损失。	二级资本工具[解读8]及其溢价，超额贷款损失准备，少数股东资本可计入部分。
资本扣除项	计算资本充足率时，商业银行应当从核心一级资本中全额扣除一些不具备损失吸收能力的项目。	商誉、其他无形资产（土地使用权除外）、由经营亏损引起的净递延税资产、贷款损失准备缺口等。

解读7 在银行实践中，其他一级资本主要包括符合条件的优先股、永续债等。

解读8 在银行实践中，二级资本工具主要包括符合条件的次级债、可转债及符合条件的超额贷款损失备金等。

典型真题

【单选题】根据《商业银行资本管理办法（试行）》，下列选项中不属于银行二级资本的是（   ）。

A. 二级资本工具
B. 超额贷款损失准备
C. 少数股东资本可计入部分
D. 实收资本

【答案】D【解析】二级资本目标是在破产清算情况下吸收损失，承担风险与吸收损失的能力相对更差，主要包括二级资本工具及其溢价，超额贷款损失准备，少数股东资本可计入部分。

章节练习

一、**单选题**（以下各小题所给出的四个选项中，只有一项符合题目要求，请选择相应选项，不选、错选均不得分）

1. 为了满足监管要求、促进银行审慎经营、维持金融体系稳定而规定的商业银行必须持有的最低资本要求是（   ）。

A. 账面资本   B. 监管资本   C. 经济资本   D. 会计资本

2. 下列选项中不属于第二版巴塞尔资本协议第一支柱覆盖的风险是（   ）。

A. 操作风险   B. 声誉风险   C. 信用风险   D. 市场风险

3. 第二版巴塞尔资本协议的三大支柱不包括（   ）。

A. 内控管理   B. 市场约束   C. 最低资本要求   D. 监督检查

4. 按照第三版巴塞尔资本协议，若某银行风险加权资产为10000亿元，则其一级资本不得（   ）。

A. 低于800亿元   B. 低于600亿元   C. 高于400亿元   D. 低于400亿元

5. 根据《商业银行资本管理办法（试行）》的规定，正常时期我国系统重要性银行的资本充足率不得低于（   ）。

A. 11.5%   B. 11%   C. 8%   D. 10.5%

二、**多选题**（以下各小题所给出的五个选项中，有两项或两项以上符合题目的要求，请选择相应选项，多选、少选、错选均不得分）

1. 我国商业银行的会计资本包括（   ）。

A. 实收资本   B. 盈余公积   C. 未分配利润
D. 商誉   E. 可转换债券

2. 监管当局要求银行有最低资本限额的原因有（   ）。

A. 实现风险与资本的平衡
B. 帮助银行获得公众的青睐
C. 资本是保护存款人和债权人利益，免遭风险损失的"缓冲器"
D. 资本是用于购置固定资产、办公用品、银行设备等初始投入的资金来源
E. 资本限额可以使银行有足够的市场竞争能力

三、判断题（请对以下各项描述做出判断，正确的为 A，错误的为 B）

1. 银行资本是承担风险和吸收损失的第一资金来源，因此，银行一旦遭受损失，首先消耗的是银行的资本金。（　　）

    A．正确   B．错误

2. 我国对核心一级资本充足率的要求低于第三版巴塞尔资本协议资本。（　　）

    A．正确   B．错误

📌 答案详解

一、单选题

1. B【解析】监管资本的概念包括两个层次：①银行实际持有的符合监管规定的合格资本；②银行按照监管要求应当持有的最低资本量或最低资本要求。

2. B【解析】第二版巴塞尔资本协议的第一支柱是最低资本要求。资本要全面覆盖信用风险、市场风险和操作风险。

3. A【解析】第二版巴塞尔资本协议的"三大支柱"：①第一支柱：最低资本要求；②第二支柱：监督检查；③第三支柱：市场纪律。第三支柱又称市场约束、信息披露。

4. B【解析】第三版巴塞尔资本协议规定，银行的一级资本与风险加权总资产之比不得低于6%。若风险加权总资产为10000亿元，则一级资本不得低于 $10000 \times 6\% = 600$（亿元）。

5. A【解析】根据《商业银行资本管理办法（试行）》的规定，正常时期我国系统重要性银行和非系统重要性银行的资本充足率要求分别为11.5%和10.5%。

二、多选题

1. ABCD【解析】会计资本，也称为账面资本，包括实收资本或普通股、资本公积、盈余公积、未分配利润等。选项D，商誉属于不具有吸收损失功能的账面资本。选项E，可转换债券不属于会计角度的内容。

2. ABCD【解析】选项A、选项B、选项C、选项D是银行资本作用的具体表现，也是监管当局对银行有最低资本要求的初衷。

三、判断题

1. A【解析】题干所述正确。

2. B【解析】我国对核心一级资本充足率的要求为5%，高于第三版巴塞尔资本协议中4.5%的规定。

第十四章　风险管理

应试分析

本章介绍了风险的内涵及分类、风险管理的组织架构和主要流程。其中，按银行的业务特征及诱发风险原因分为八大类风险，本章第三节至第七节分别详细介绍了信用风险、市场风险、操作风险、流动性风险和声誉风险的管理。本章在考试中涉及分值约为 5 分。考试重点较多，如风险的分类以及各风险涉及的风险管理相关内容，考生应结合考情分析有侧重点地学习。

思维导图

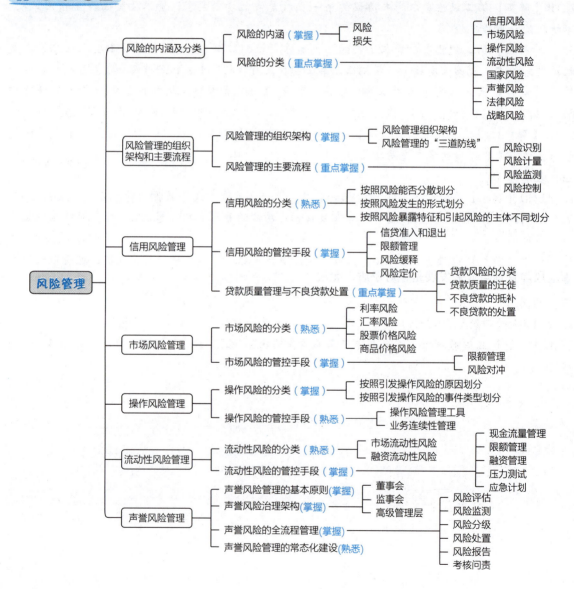

📖 **知识精讲**

第一节　风险的内涵及分类

视频讲解　微信扫描

一、风险的内涵（掌握）

（一）风险

银行风险是指银行在经营过程中，由于一系列不确定因素的影响，导致资产和预期收益蒙受损失的可能性。对于银行风险的含义，可以从以下两个角度进行理解。

（1）强调结果的不确定性。结果的不确定性是指在一定条件下和一定时期内发生各种结果的变动[解读1]。

与风险的关系：结果的变动程度越大，相应的风险就越大，反之则越小。

（2）强调不确定性带来的不利后果。不确定性带来的不利后果是指由于各种结果发生的不确定性，而导致行为主体遭受损失或损害的可能性。

与风险的关系：风险不等同于损失本身[解读2]。

典型真题

【单选题】以下关于银行风险的表述，正确的是（　　　）。

A. 银行已经发生的损失

B. 银行产生收益损失的不确定性

C. 风险管理与业务发展是一对矛盾，无法有机融合

D. 通过加强管理，银行可以完全规避风险

【答案】B【解析】对银行风险的定义，可以从两个角度理解：一是强调结果的不确定性；二是强调不确定性带来的不利后果。选项B属于强调结果的不确定性，表述正确。

（二）损失

金融风险造成的损失通常分为预期损失[解读3]、非预期损失和极端损失三种。

类型	内容
预期损失	预期损失是指银行承担的风险在未来一段时间内可能造成损失的均值。银行可以通过风险定价来覆盖预期损失。

真考解读 属于常考点，一般会考1道题。

解读1 这个不确定性带来的后果既可能是有利的，也可能是不利的。

解读2 包含两种理解：①风险是一个事前概念，损失是一个事后概念；②风险的概念涵盖了未来可能损失的大小以及损失发生概率的高低。

解读3 以信用风险为例，预期损失＝借款人的违约概率×违约损失率×违约风险暴露。

续　表

类型	内容
非预期损失	非预期损失是指在未来一段时间内，一定置信度（如 99.9%）下，银行承担的风险可能超出预期损失的损失水平。银行可以通过其持有的资本来覆盖非预期损失。
极端损失	极端损失是指异常情况（如战争、重大灾难或危机等）导致的、银行一般无法预见的损失。银行应对极端风险的措施有以下两方面。 （1）定期针对资产进行压力测试，评估极端损失的影响，建立相应的预警机制。 （2）通过购买保险，对极端事件可能造成的损失进行分担或转移。

二、风险的分类（重点掌握）

按照银行经营的特征及诱发风险的原因划分，巴塞尔委员会将商业银行面临的风险分为信用风险、市场风险、操作风险、流动性风险、国家风险、声誉风险、法律风险和战略风险八个主要类型。

（一）信用风险[解读4]

项目	内容
含义	信用风险是指借款人或交易对手不能按照事先达成的协议履行义务的可能性，是商业银行面临的最主要风险。
存在	（1）信用风险存在于银行的贷款业务以及其他表内和表外业务（如担保、承兑和证券投资等）中。 （2）2007 年爆发的美国次贷危机表明，信用风险既可以集中于商业银行的银行账户，也可以大量存在于交易账户中。 （3）场外衍生工具交易、证券融资交易与中央交易对手交易都蕴含着交易对手信用风险，成为信用风险的重要组成部分。
交易对手信用风险	交易对手信用风险是指交易对手在一笔交易的现金流最后结算之前违约的风险，与违约交易对手的交易或组合具有正的经济价值时，经济损失将会发生。 与传统信贷风险的区别：交易对手违约风险属于双向风险[解读5]；传统信贷风险属于单向风险。

真考解读 属于必考点，一般会考 2～3 道题。

解读4 必考点：对信用风险含义的理解。

解读5 双向风险是指交易对手的双方面临的交易市场价值都有可能是正值或负值，交易的市场价值是不确定的且随时变化的。

典型真题

【单选题】因交易对手未能履行合同所规定的义务而使银行面临的风险属于（ ）。

A．法律风险　　B．操作风险　　C．市场风险　　D．信用风险

【答案】D【解析】信用风险是指借款人或交易对手不能按照事先达成的协议履行义务的可能性。

（二）市场风险

市场风险是指因市场价格[解读6]的不利变动而使银行表内和表外业务发生损失的风险。目前我国商业银行市场风险主要表现为利率风险和汇率风险。

（三）操作风险[解读7]

项目	内容
含义	操作风险是指由不完善或有问题的内部程序、人员和信息科技系统，以及外部事件所造成损失的风险。
内容	包括法律风险，但不包括战略风险和声誉风险。
特点	（1）普遍性：广泛存在于银行业务和管理的各个方面。 （2）非营利性：不能为商业银行带来利润。

典型真题

【单选题】2009年6月，某企业在商业银行办理贷款2000万元并以商业用房抵押，但由于手续欠缺，尚未办理他项权证。该笔贷款发放后，该公司发生重大事故，法人代表因车祸身故，经营活动停止，因此，该笔贷款无抵押物，处于高风险状态。这是由于（ ）引起的操作风险。

A．外部事件　　B．内部程序　　C．人员　　　　D．系统

【答案】B【解析】操作风险是指由不完善或有问题的内部程序、人员和信息科技系统，以及外部事件所造成损失的风险。由上述案例分析可知，是因为内部程序有问题引起操作风险的。故选B。

（四）流动性风险

流动性风险[解读8]是指商业银行无法及时获得或以合理成本获得充足资金，用于偿付到期债务、履行其他支付义务或满足正常业务开展需要的风险。如果流动性风险不能被有效控制，将有可能损害商业银行的清偿能力。

（五）国家风险

国家风险是指在与非本国国民进行国际经贸与金融往来中，由于他国（或地

解读6 此处市场价格是指利率、汇率、股票价格和商品价格。

解读7 必考点：对操作风险含义的理解。

解读8 与信用风险、市场风险和操作风险的区别：流动性风险的形成原因复杂，涉及范围广泛，被视为综合性风险。

区）经济、政治、社会变化及事件而遭受损失的可能性。特点如下。

（1）发生在国际经济金融活动中（发生在同一个国家范围内的经济金融活动不存在国家风险）。

（2）在国际经济金融活动中，政府、银行、企业及个人，都可能遭受国家风险所带来的损失。

（六）声誉风险

声誉风险是指由商业银行经营、管理及其他行为或外部事件导致利益相关者对商业银行负面评价的风险。

（七）法律风险^{解读9}

解读9 常考点：对法律风险含义的理解。

（1）法律风险一种特殊类型的操作风险，是指商业银行在日常经营活动中，由于无法满足或违反法律要求，导致不能履行合同、发生争议/诉讼或其他法律纠纷而可能给商业银行造成经济损失的风险。

（2）范围。

①狭义上：主要关注银行所签署的各类合同、承诺等法律文件的有效性和可执行力。

②广义上：与法律风险密切相关的还有违规风险和监管风险。

典型真题

【多选题】下列各项中，属于商业银行法律风险的有（　　）。

A. 因特定国家政治原因限制不能收回在该国的贷款造成的损失

B. 因流程管理未完善导致的损失

C. 因国家宏观调控政策调整受到的经营损失

D. 因监管措施支付的罚款所导致的风险

E. 因解决民商事争议支付的赔偿金所导致的风险

【答案】DE【解析】法律风险是指商业银行在日常经营活动中，由于无法满足或违反法律要求，导致不能履行合同、发生争议/诉讼或其他法律纠纷而可能给商业银行造成经济损失的风险。

（八）战略风险^{解读10}

解读10 常考点：战略风险的含义与来源。

战略风险是指商业银行在追求短期商业目的和长期发展目标的系统化管理过程中，不适当的发展规划和战略决策可能威胁商业银行未来发展的潜在风险。风险来源如下。

（1）商业银行战略目标缺乏整体兼容性。

（2）为实现目标而制订的经营战略存在缺陷。

（3）为实现目标所需要的资源匮乏。

（4）整个战略实施过程中的质量难以保证。

第二节 风险管理的组织架构和主要流程

一、风险管理的组织架构（掌握）

（一）风险管理组织架构

商业银行的风险管理组织架构一般包括董事会及其专门委员会、监事会、高级管理层、风险管理部门及其他风险控制部门等。

1. 董事会

董事会是商业银行的最高风险管理和最高决策机构，承担商业银行风险管理的最终责任。

主要职责：审批风险管理偏好和战略、政策和程序，确定商业银行可以承受的总体风险水平。

2. 监事会

监事会负责监督董事会和高级管理层是否尽职履职，并对银行承担风险水平和风险管理体系的有效性进行独立的监督、评价。

3. 高级管理层

高级管理层是商业银行风险管理的执行机构，其支持与承诺是商业银行有效风险管理的基石。主要职责如下。

（1）执行风险管理政策并在董事会授权范围内就风险管理事项进行决策。

（2）建立银行风险管理体系，组织管理各项风险管理活动。

（二）风险管理的"三道防线"^{解读1}

风险管理的"三道防线"，指在商业银行内部形成的、在风险管理方面承担不同职责的三个团队（或部门）^{解读2}，分工协作，协调配合，并保持相互的独立性，从而为风险管理体系的有效性提供保障。

三道防线	团队（部门）	职责
第一道防线	业务团队	识别、评估、缓释和监控各自业务领域的风险，对管理和控制其经营活动承担的风险负有首要、直接的责任。
第二道防线	风险管理团队	建立银行的风险政策制度体系，对各个业务单元的风险管理提供专业咨询和指导，并通过风险偏好和限额等方式，监控、评估和管理全行风险，有效防止系统性风险的发生。
第三道防线	内部审计团队	对全行风险管理体系有效性进行监督和评估。

真考解读 属于常考点，一般会考1道题。考生要分清各部门的职责。

解读1 常考点："三道防线"的判定。

解读2 即业务团队、风险管理团队和内部审计团队。

典型真题

【单选题】下列选项中，不属于商业银行风险管理"三道防线"的是（　　）。

A. 高级管理层　　　　　　　　　B. 业务部门

C. 风险管理部门　　　　　　　　D. 内部审计部门

【答案】A【解析】风险管理的"三道防线"是指在商业银行内部形成的在风险管理方面承担不同职责的三个团队（或部门），即业务团队、风险管理团队和内部审计团队。

真考解读属于必考点，一般会考2～3题。

二、风险管理的主要流程（重点掌握）

风险管理的流程可以概括为风险识别、风险计量、风险监测和风险控制四个主要环节。

解读3 良好的风险识别应具有全面性和前瞻性。

（一）风险识别解读3

风险识别是为了帮助银行了解其面临的风险及严重程度，从而为风险计量和防控打好基础。具体包括感知风险和分析风险两个环节。

（1）感知风险：通过系统化的方法发现商业银行所面临的风险种类、性质。

（2）分析风险：深入理解各种风险内在的风险因素。

典型真题

【多选题】商业银行风险识别包括（　　）环节。

A. 感知风险　　　B. 计量风险　　　C. 分析风险

D. 检测风险　　　E. 控制风险

【答案】AC【解析】风险识别包括感知风险和分析风险两个环节。

解读4 考试中一般考查对这四个环节的理解，考生要学会通过案例判定属于哪一环节。

（二）风险计量解读4

风险计量是在风险识别的基础上，充分分析和评估风险发生的可能性、后果及严重程度，从而确定风险水平。

方法：可以基于专家经验，也可以采用统计模型的方法。目前，我国商业银行业开始逐渐采取资本计量的高级方法，提高风险计量的科学性和准确性。

典型真题

【单选题】在风险识别的基础上，对风险发生的可能性、后果及严重程度进行充分分析和评估，从而确定风险水平的过程是（　　）。

A. 风险报告　　　B. 风险控制　　　C. 风险监测　　　D. 风险计量

【答案】D【解析】风险计量是在风险识别的基础上，对风险发生的可能性、后果及严重程度进行充分分析和评估，从而确定风险水平的过程。

（三）风险监测

风险监测的含义主要包括两个方面。

（1）通过对一些关键的风险指标和环节进行监测，关注银行风险变化的程度，建立风险预警机制。

（2）向内外部不同层级的主体报告对风险的定性、定量评估结果，以及所采取的风险管控措施及其质量和效果。

（四）风险控制

风险控制是对经过识别和计量的风险采取分散、对冲、缓释和转移、规避、补偿等策略和措施，进行有效管理和控制的过程。

项目	内容
风险分散	通过多样化的投资来分散和降低风险的一种风险管理策略，也就是"不要将所有的鸡蛋放在一个篮子里"。
风险对冲	通过投资或购买与标的资产收益波动负相关的某种资产或衍生产品，来冲销标的资产潜在风险损失的一种风险管理策略。
风险缓释和风险转移	（1）风险缓释：降低未来风险发生时所带来的损失，担保就是最常用、最重要的风险缓释措施。 （2）风险转移：银行将自身的风险暴露转移给第三方，包括出售风险头寸、购买保险或进行避险交易（如互换、期权）等。
风险规避	商业银行拒绝或退出某一业务或市场，以规避承担该业务或市场带来的风险，即不做业务，不承担风险。
风险补偿	商业银行在所从事的业务活动造成实质性损失之前，对所承担的风险进行价格补偿的策略性选择。 策略：对于那些无法通过风险分散、风险对冲、风险转移或风险规避进行有效管理的风险，商业银行可以采取在交易价格上附加更高的风险溢价，即通过提高风险回报的方式获得承担风险的价格补偿。商业银行可以在资产定价中充分考虑各种风险因素，通过价格调整来获得合理的风险回报。

典型真题

【单选题】甲乙两家企业均为某商业银行的客户，甲的信用评级低于乙，在其他条件相同的情况下，商业银行为甲设定的贷款利率高于为乙设定的贷款利率。这种风险管理的策略属于（　　）。

A. 风险补偿　　B. 风险分散　　C. 风险转移　　D. 风险对冲

【答案】A【解析】风险补偿要求，通过提高风险回报的方式获得承担风险的价格补偿。商业银行可以在资产定价中充分考虑各种风险因素，通过价格调整来获得合理的风险回报。在本案例中，针对信用等级较低的客户，设置高的利率就是属于这一操作。

第三节　信用风险管理

一、信用风险的分类（熟悉）

真考解读 考查相对较少，考生熟悉即可。

（一）按照风险能否分散划分

（1）系统性信用风险是指对各种金融工具都会产生影响的信用风险，系统性信用风险不能够通过分散而相互抵销或削弱。

（2）非系统性信用风险是指和特定对象相关的信用风险，非系统性信用风险可以采取分散的策略进行控制。

（二）按照风险发生的形式划分

（1）结算前风险是指交易对手在合约规定的结算日之前违约带来的风险。

解读1 结算风险作为一种特殊的信用风险，在外汇交易中较为常见。

（2）结算风险^{解读1}是指交易双方在结算过程中一方支付了合同资金但另一方发生违约的风险。

（三）按照风险暴露特征和引起风险的主体不同划分

一般可分为零售信用风险暴露、非零售信用风险暴露（主权信用风险暴露、金融机构信用风险暴露、公司信用风险暴露）、股权信用风险暴露和其他信用风险暴露。

二、信用风险的管控手段（掌握）

真考解读 属于常考点，一般会考1道题。

常用的信用风险控制手段包括明确信贷准入和退出、限额管理、风险缓释、风险定价等。

（一）信贷准入和退出

1. 信贷准入

信贷准入是指银行通过制定信贷政策，明确银行意愿对客户开办某项信贷业务或产品的最低要求。

常见的考虑因素：客户的财务与经营状况、客户的信用等级、风险调整后收益（RAROC）等。

2. 信贷退出

信贷退出是指银行在对存量信贷资产进行风险收益评估的基础上，收回对超出其风险容忍度的贷款，从而降低风险总量、优化信贷结构。

典型真题

【判断题】银行应建立清晰的信贷准入和退出的政策，明确对客户开办某项信贷业务或产品的最低要求，收回对超出其风险容忍度的贷款。（　　）

A．正确　　　　　　　　　　B．错误

【答案】A【解析】题干表述正确。

（二）限额管理

限额是指银行根据自身风险偏好、风险承担能力和风险管理策略，对银行承担的风险设定的上限，目的是防止银行过度承担风险。

限额的设定：银行可以对单个客户设定风险限额（授信额度），也可以从国别或区域、行业、产品类型等组合维度设定限额。

（三）风险缓释 ^{解读2}

信用风险缓释是指银行运用合格的抵质押品、净额结算、保证和信用衍生工具等方式转移或降低信用风险。

方式	含义	缓释作用
抵质押品^{解读3}	指根据国家有关法律法规，由借款人或第三人为担保银行债权实现而抵押或质押给银行的财产或权利。	客户发生违约时，银行可以通过处置抵押物提高回收金额，降低违约损失率。
净额结算	指参与交易的机构以交易参与方为单位，对其买入和卖出交易的余额进行轧差，以轧差得到的净额组织交易参与方进行交割的制度。	降低违约风险暴露。
保证	指保证人和债权人约定，当债务人不履行债务时，保证人按照约定履行债务或者承担责任的行为。	客户违约时，由保证人代为偿还全部或者部分债务，提高回收率。
信用衍生工具^{解读4}	指用来分离和转移信用风险的各种工具和技术的统称。	—

（四）风险定价

信用风险是银行面临的一种成本，银行需要通过风险定价加以覆盖，并计提相应的风险准备金，从而在实际遭受损失时进行抵补。

举例：在贷款定价中，对信用等级高的客户，给予优惠利率；对信用等级低的客户，提高利率水平。

解读2 考生要注意区分不同方式对应的缓释作用。

解读3 常见的抵质押品：金融质押品、应收账款、土地使用权、商用房地产和居住用房地产等。

解读4 常见的衍生工具：信用违约互换、总收益互换、信用联系票据和信用利差期权等。

三、贷款质量管理与不良贷款处置（重点掌握）

真考解读 属于必考点，一般会考 1~2 题。

（一）贷款风险的分类

商业银行应至少将贷款划分为正常、关注、次级、可疑和损失五类。其中，正常类贷款与关注类贷款之和统称为正常贷款，次级类贷款、可疑类贷款和损失类贷款合称为不良贷款。

解读5 必考点：五级分类贷款的含义。

1. 贷款五级分类的核心含义 解读5

类别	核心含义
正常类贷款	借款人能履行合同，没有足够理由怀疑贷款本息不能按时足额偿还的贷款。
关注类贷款	尽管借款人目前有能力偿还贷款本息，但存在一些可能对偿还产生不利影响因素的贷款。
次级类贷款	借款人的还款能力出现明显问题，完全依靠其正常经营收入无法足额偿还贷款本息，即使执行担保，也可能会造成一定损失的贷款。
可疑类贷款	借款人无法足额偿还贷款本息，即使执行担保，也肯定要造成较大损失的贷款。
损失类贷款	在采取所有可能的措施或一切必要的法律程序之后，本息仍然无法收回，或只能收回极少部分的贷款。

2. 贷款分类应考虑的主要因素

解读6 包括借款人现金流量、财务状况、影响还款能力的非财务因素等。

商业银行对贷款进行分类，应考虑的主要因素包括借款人的还款能力 解读6、借款人的还款记录、借款人的还款意愿、贷款项目的盈利能力、贷款的担保、贷款偿还的法律责任及银行的信贷管理状况。

【提示】对贷款进行分类时，要以评估借款人的还款能力为核心，把借款人的正常营业收入作为贷款的主要还款来源，贷款的担保作为次要还款来源。

3. 贷款的归类情况

项目	内容
至少归为关注类	（1）本金和利息虽尚未逾期，但借款人有利用兼并、重组、分立等形式恶意逃废银行债务的嫌疑。 （2）借新还旧，或者需通过其他融资方式偿还。 （3）改变贷款用途。 （4）本金或者利息逾期。 （5）同一借款人对本行或其他银行的部分债务已经不良。 （6）违反国家有关法律和法规发放的贷款。

续　表

项目	内容
至少归为次级类	（1）逾期（含展期后）超过一定期限，其应收利息不再计入当期损益。 （2）借款人利用合并、分立等形式恶意逃废银行债务，本金或者利息已经逾期。 （3）需要重组的贷款^{解读7}。
至少归为可疑类	重组后的贷款如果仍然逾期，或借款人仍然无力归还贷款。
其他归类	重组贷款的分类档次在至少6个月的观察期内不得调高，观察期结束后，应严格按照分类标准进行分类。

解读7 重组贷款是指银行由于借款人财务状况恶化，或无力还款而对借款合同还款条款作出调整的贷款。

4. 不良贷款的规定

不良贷款风险降低、达到正常贷款的标准后可以上调分类形态，但还需满足一定条件才能上调为非不良贷款，包括所有逾期的本金、利息及其他欠款都已全部偿还，并至少在随后连续两个还款期或6个月（按两者孰长的原则确定）正常还本付息，且预计之后也能按照合同条款持续还款。

典型真题

【单选题】某商业银行在对某出口企业进行贷后检查时发现，受金融危机影响，国外进口商减少了对该企业的订单，导致该企业完全依靠其正常经营收入无法足额偿还贷款本息。即使执行担保，也可能会造成一定损失。该银行应将该企业贷款归为五级分类中的（　　）。

A. 可疑类　　　　　　　　B. 次级类

C. 关注类　　　　　　　　D. 正常类

【答案】B【解析】次级类贷款是指借款人的还款能力出现明显问题，完全依靠其正常经营收入无法足额偿还贷款本息，即使执行担保，也可能会造成一定损失的贷款。

（二）贷款质量的迁徙

（1）贷款质量会随着经济环境、客户偿债能力和偿还意愿的不同而动态变动。商业银行应至少每季度对全部贷款进行一次分类，如果影响借款人财务状况或贷款偿还因素发生重大变化，应及时调整对贷款的分类。

（2）贷款质量迁徙反映了银行资产在一定时间内（通常为1年）逆变的程度，一般是期初属于某一形态的贷款，到期末变迁为其他类型的比例。

解读8 常考点：不良贷款抵补涉及的相关规定，尤其是关于金额的规定。

（三）不良贷款的抵补^{解读8}

1. 一般规定

银行面临的风险损失可分为预期损失、非预期损失与极端损失三种类型。从理论上来说，银行需要计提拨备来抵补预期损失，需要通过持有的资本覆盖非预期损失。

2. 拨备

拨备又称准备金，是指商业银行对承担风险和损失的金融资产计提的准备金，包括资产减值准备和一般准备。

项目	内容
资产减值准备	（1）在资产负债表日，银行应当对各项资产进行检查，分析判断资产是否发生减值，并根据谨慎性原则，计提资产减值准备。 （2）对发放贷款和垫款，银行至少应当按季进行分析，采取单项或组合的方式进行减值测试，计提贷款损失准备。
一般准备	（1）商业银行应当于每年末对承担风险和损失的资产计提一般准备，一般准备^{解读9}由银行总行（总公司）统一计提和管理。 （2）对于潜在风险估计值高于资产减值准备的差额，计提一般准备。当潜在风险估计值低于资产减值准备时，可不计提一般准备。 （3）对于不采用内部模型法的，银行应当根据标准法计算潜在风险估计值，按潜在风险估计值^{解读10}与资产减值准备的差额，对风险资产计提一般准备。 【提示】信贷资产进行风险分类，标准风险系数暂定为正常类1.5%，关注类3%，次级类30%，可疑类60%，损失类100%；非信贷资产未实施风险分类的，可按非信贷资产余额的1%～1.5%计提一般准备。

解读9 一般准备余额原则上不得低于风险资产期末余额的1.5%。

解读10 潜在风险估计值＝正常类风险资产×1.5%＋关注类风险资产×3%＋次级类风险资产×30%＋可疑类风险资产×60%＋损失类风险资产×100%

3. 关于贷款拨备率与拨备覆盖率的规定

（1）《商业银行贷款损失准备管理办法》规定，贷款拨备率为贷款损失准备与各项贷款余额之比，其基本标准为2.5%；拨备覆盖率率为贷款损失准备与不良贷款余额之比，其基本标准为150%。

（2）2018年2月，原银监会下发了《关于调整商业银行贷款损失准备监管要求的通知》，将贷款拨备率监管标准调整为1.5%～2.5%，拨备覆盖率的监管标准调整为120%～150%，并要求各级监管部门在上述调整区间范围内，按照"同质同类""一行一策"原则，明确银行贷款损失准备监管要求。确定单家银行具体监管要求时，应考虑以下三方面因素：贷款分类准确性、处置不良贷款主动性、资本充足性。

4. 国际新会计准则的规定

（1）减值计量理念发生重大转变。国际新会计准则体现了对资产风险和损失

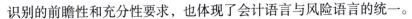

识别的前瞻性和充分性要求，也体现了会计语言与风险语言的统一。

（2）扩大了计提范围、统一了计提方法。新准则下，减值范围不仅涵盖了表内外信贷资产、债券投资、同业资产，还涵盖了承诺类表外信贷资产（包括已签合同未放款等），减值方法基本都使用"预期信用损失"模型。

（3）减值计量基础发生转变。新准则下，主要依据资产所处损失阶段确定减值计量方法。对于风险程度较小风险状况稳定的资产，损失阶段划为阶段一，计提损失准备时只需考虑未来一年内的预期信用损失；对于风险已出现显著增加的资产，损失阶段划为阶段二或阶段三，计提损失准备时要考虑资产整个存续期内的全部预期信用损失。因此，损失阶段、信用评级等是新准则模型的计量基础。

（4）计量模型更加复杂，敏感性和区分度更高。

典型真题

【单选题】采用国际新会计准则（IFRS 9）计量贷款拨备，（   ）是新准则模型的计量基础。

A. 信用评级、资产分类
B. 损失阶段、信用评级
C. 资产分类、迁徙矩阵
D. 损失阶段、资产分类

【答案】B【解析】损失阶段、信用评级等是新准则模型的计量基础。

（四）不良贷款的处置 解读11

不良贷款的处置是指商业银行运用各种经营方式按照规定程序和权限对不良贷款进行经营处置，最终实现贷款分类形态由不良恢复为正常形态或现金收回等价值提升的各项经营管理活动。主要有以下八种处置方式。

解读11 常考点：不良贷款处置的八种方式。

处置方式	内容
现金清收	现金清收包括直接追偿和诉讼追偿。其中，直接追偿是不良贷款最基本、最常用的处置方式。
贷款重组	不良贷款重组是指贷款形成不良后，对贷款构成要素（如借款主体、期限、利率、担保等）进行调整的行为，主要通过重新约期、调整利率、变更担保和债务转移等方式进行。
以资抵债	以资抵债是指债务人或担保人无力以货币资金偿还银行贷款时，债务人、担保人或第三人以实物资产或财产权利作价抵偿银行贷款的行为，主要通过协议抵债及裁定抵债两种方式进行。
呆账核销	（1）呆账是指银行承担风险和损失，符合有关认定条件，按规定程序核销的债权和股权。 （2）核销是指银行根据国家有关法律法规和政策规定，通过使用资产减值准备，对呆账资产损失进行内部账务处理、纳入表外核算的行为。

处理方式	内容
呆账核销	（3）下列债权、股权不得作为呆账核销。 ①借款人或者担保人有经济偿还能力，银行未按规定履行必要措施和实施必要程序追偿的债权。 ②违反法律、法规的规定，以各种形式逃废或悬空的银行债权。 ③因行政干预造成逃废或悬空的银行债权。 ④银行未向借款人、担保人追偿的债权。 ⑤其他不应核销的银行债权、股权。
批量转让	（1）批量转让是指商业银行对一定规模的不良资产进行组包，定向转让给资产管理公司的行为。 （2）范围。金融企业在经营中形成的以下不良信贷资产和非信贷资产，包括①按规定程序和标准认定为次级、可疑、损失类的贷款；②已核销的账销案存资产；③抵债资产。 （3）下列不良资产不得进行批量转让。 ①债务人或担保人为国家机关的资产。 ②经国务院批准列入全国企业政策性关闭破产计划的资产。 ③国防军工等涉及国家安全和敏感信息的资产。 ④个人贷款，包括向个人发放的购房贷款、购车贷款、教育助学贷款、信用卡透支、其他消费贷款等以个人为借款主体的各类贷款。 ⑤在借款合同或担保合同中有限制转让条款的资产。 ⑥国家法律法规限制转让的其他资产。
不良资产证券化	不良贷款资产支持证券是指在中国境内，银行业金融机构及其他经监管部门认定的金融机构作为发起机构，将不良贷款信托给受托机构，由受托机构以资产支持证券的形式向投资机构发行受益证券，以该不良贷款所产生的现金支付资产支持证券收益的证券化融资工具。
市场化债转股^{解读12}	（1）债转股是指将银行对企业的债权转换为对企业的股权。 （2）禁止将下列情形的企业作为市场化债转股对象。 ①扭亏无望、已失去生存发展前景的"僵尸企业"。 ②有恶意逃废债行为的企业。 ③债权债务关系复杂且不明晰的企业。 ④有可能助长过剩产能扩张和增加库存的企业。

解读12 除国家另有规定外，银行不得直接将债权转为股权。

续 表

处理方式	内容
破产清偿	破产清偿是指债务人因不能清偿到期债务，并且财产不足以清偿全部债务或者明显缺乏清偿能力时，被法院依法裁定破产清算、破产和解或者破产重整，银行据以实现债权受偿的处置方式。

典型真题

【多选题】下列债权、股权不得作为呆账核销的有（   ）。

A．银行未向借款人、担保人追偿的债权

B．违反法律、法规的规定，以各种形式逃废或悬空的银行债权

C．其他不应核销的银行债权、股权

D．借款人或者担保人有经济偿还能力，银行未按规定履行必要措施和实施必要程序追偿的债权

E．因行政干预造成逃废或悬空的银行债权

【答案】ABCDE【解析】选项 A、选项 B、选项 C、选项 D、选项 E 均不得作为呆账核销。

第四节　市场风险管理

一、市场风险的分类（熟悉）

市场风险可以分为利率风险、汇率风险（包括黄金）、股票价格风险和商品价格风险。

（一）利率风险

利率风险是指市场利率变动的不确定对银行造成损失的风险，是市场面临的主要风险。

按照来源划分：重新定价风险、收益率曲线风险、基准风险和期权性风险。

（二）汇率风险 解读1

汇率风险是指由于汇率的不利变动导致银行业务发生损失的风险。

按照产生原因划分：外汇交易风险（为客户提供外汇交易服务时未能立即进行对冲的外汇敞口头寸；银行对外币走势有某种预期而持有的外汇敞口头寸）和外汇结构性风险（银行结构性资产与负债之间币种不匹配）。

（三）股票价格风险

股票价格风险是指由于商业银行持有的股票价格发生不利变动而给商业银行

真考解读 考查相对较少，考生熟悉市场风险具体的分类即可。

解读1 黄金因曾经充当外汇资产，因此被纳入汇率风险考虑。

带来损失的风险，其价格的波动会间接影响商业银行的资产质量。

（四）商品价格风险

商品价格风险是指商业银行所持有的各类商品^{解读2}的价格发生不利变动而给商业银行带来损失的风险。

典型真题

【单选题】商业银行市场风险包括（　　）。

A. 利率风险、汇率风险、股票价格风险、商品价格风险

B. 操作风险、声誉风险、社会风险、经济风险

C. 信用风险、利率风险、汇率风险、操作风险

D. 信用风险、利率风险、汇率风险、声誉风险

【答案】A【解析】市场风险可以分为利率风险、汇率风险（包括黄金）、股票价格风险和商品价格风险。

二、市场风险的管控手段 （掌握）

（一）限额管理

常用的市场风险限额包括交易限额、风险限额和止损限额。

项目	内容
交易限额	交易限额是指对总交易头寸或净交易头寸设定的限额。在实践中，商业银行通常将这两种交易限额结合使用。 （1）总头寸限额对特定交易工具的多头头寸或空头头寸分别加以限制。 （2）净头寸对多头头寸和空头头寸相抵后的净额加以限制。
风险限额	风险限额是指对采用一定的计量方法获得的市场风险规模设置限额。对采用内部模型法计量得出的风险价值设定风险价值限额，对期权性头寸设定期权性头寸限额。
止损限额	止损限额是指所允许的最大损失额，具有追溯力，适用于一日、一周或一个月内等一段时间内的累计损失。

典型真题

【单选题】下列选项中，不属于商业银行市场风险限额管理的是（　　）。

A. 客户限额　　B. 止损限额　　C. 风险价值限额　D. 交易限额

【答案】A【解析】常用的市场风险限额包括交易限额、风险限额和止损限额。

（二）风险对冲

市场风险对冲是指通过投资或购买与管理基础资产收益波动负相关的某种资产或金融衍生产品来冲销风险的一种风险管理策略。

第五节 操作风险管理

一、操作风险的分类（掌握）

（一）按照引发操作风险的原因划分

按照引发操作风险的原因划分，操作风险可以分为由人员因素、系统因素、内部流程和外部事件所引发的四类风险^{解读}。

真考解读 属于常考点，一般会考1道题。

解读 常考点：四类风险的含义。

风险	内容
人员因素	人员因素是指因银行内部员工发生内部欺诈、失职违规，或因员工的知识/技能匮乏、关键人员流失、违反用工法、劳动力中断等造成损失或者不良影响的风险。
系统因素	系统因素是指由于 IT 系统开发不完善、系统（软硬件）失灵或瘫痪、系统功能漏洞等导致银行不能正常提供服务或业务中断，以及由于系统数据风险影响业务正常运行而导致损失的风险。
内部流程	内部流程是指由于商业银行业务流程缺失、流程设计不合理，或者没有被严格执行而造成损失的风险。主要包括财务/会计错误、文件/合同缺陷、产品设计缺陷、结算/支付错误、错误监控/报告、交易/定价错误。
外部事件	外部事件是指由于外部主观或客观的破坏性因素导致损失的风险。主要包括自然灾害、政治风险、外部欺诈、外部人员犯罪等。

典型真题

【单选题】某交行柜员在经办借记卡取现 10 万元时业务操作反方向，造成短款20 万元，经与客户沟通解释，追回 20 万元。造成该事件风险的成因是（ ）。
A. 外部事件　　B. 人员因素　　C. 系统因素　　D. 内部流程
【答案】B【解析】人员因素主要是因银行内部员工发生内部欺诈、失职违规，以及因员工的知识/技能匮乏、关键人员流失、违反用工法、劳动力中断等造成损失或者不良影响的风险。

（二）按照引发操作风险的事件类型划分

根据引发操作风险的事件类型，操作风险可以分为七种表现形式：内部欺诈事件，外部欺诈事件，就业制度和工作场所安全事件，客户、产品和业务活动事件，实物资产的损坏事件，信息科技系统事件，执行、交割和流程管理事件。

真考解读 考查相对较少，考生熟悉操作风险的三个管理工具即可。

二、操作风险的管控手段 （熟悉）

（一）操作风险管理工具

操作风险管理工具和手段主要有操作风险与控制自评估（RCSA）、关键风险指标（KRI）、损失数据库（LD）等。

工具	内容
操作风险与控制自评估	主要包括风险评估和控制评价两个方面的内容。 （1）风险评估：根据一定的标准对操作风险的影响程度、发生频率进行判断，并确定风险等级。 （2）控制评价：根据一定标准对现有控制活动的质量和执行程度进行评价，确定控制效果等级，并对控制活动进行优化改进。
关键风险指标	关键风险指标是指对业务活动和控制环境进行日常监控的指标体系，能够反映系统、流程、产品、人员等风险信息的变化情况，对于风险预警、日常监控具有重要作用。
损失数据库	损失数据库是指在标准化的操作风险事件分类基础上，对银行已经发生的风险事件进行确认和记录，并采用结构化的方式进行存储。

（二）业务连续性管理

连续性管理是指为有效应对突发事件导致的重要业务运营中断，建设应急响应、恢复机制和管理能力框架，保障重要业务持续运营的一整套管理过程，包括组织架构、策略、预案体系、资源保障、演练和应急处置等。

第六节　流动性风险管理

一、流动性风险的分类 （熟悉）

真考解读 考查相对较少，考生应熟悉两种风险的含义。

银行的流动性集中反映了其资产负债的均衡情况，其风险主要体现在市场流动性风险和融资流动性风险两个方面。

（一）市场流动性风险

市场流动性风险是指由于市场深度不足或市场动荡，商业银行无法以合理的市场价格出售资产以获得资金的风险，反映了商业银行在无损失或较小损失情况下迅速变现的能力。

资产与流动性的关系：商业银行资产变现、获取资金的能力越强，银行流动性状况越佳，其流动性风险也相应越低。

（二）融资流动性风险

融资流动性风险是指商业银行在不影响日常经营或财务状况的情况下，无法及时有效满足资金需求的风险，反映了商业银行在合理的时间、成本条件下迅速获取资金的能力。

资产与流动性的关系：商业银行资产变现、获取资金的能力较弱，银行流动性状况就欠佳，其流动性风险也相应较高。

二、流动性风险的管控手段（掌握）

在商业银行流动性风险管理中，流动性风险的管控手段包括现金流量管理、限额管理、融资管理、压力测试、应急计划。

（一）现金流量管理

商业银行应通过计量、监测、分析资产和负债的未来现金流以及或有资产和或有负债的潜在现金流，并充分考虑支付结算、代理和托管等业务对现金流的影响，发现融资缺口和防止过度依赖短期流动性供给。

（二）限额管理

商业银行应根据自身的业务规模、性质、复杂程度、流动性风险偏好和外部市场发展变化情况来设定流动性风险限额^{解读}，从而实施限额管理。

（三）融资管理

为了提高融资来源的多元化和稳定程度，商业银行应进行融资管理。

（四）压力测试

为了提高在流动性压力情况下履行其支付义务的能力，商业银行应通过流动性风险压力测试分析其承受短期和中长期压力情景的能力。一般情况下，常规压力测试应当至少每季度进行一次。

（五）应急计划

为了确保可以应对紧急情况下的流动性需求，商业银行应制订有效的流动性风险应急计划。

真考解读 属于常考点，一般会考1道题。考生要熟悉有几种管控手段。

解读 包括但不限于现金流缺口限额、负债集中度限额、集团内部交易和融资限额。

典型真题

【多选题】下列选项中，属于商业银行常用的流动性风险管控手段的有（　　）。

A. 融资管理　　　　　　B. 压力测试

C. 现金流量管理　　　　D. 资产分类

E. 限额管理

【答案】ABCE 【解析】在商业银行流动性风险管理中，流动性风险的管控手段包括现金流量管理、限额管理、融资管理、压力测试、应急计划。

第七节　声誉风险管理

一、声誉风险管理的基本原则 （掌握）

真考解读 属于常考点，一般会考1道题。

（一）声誉风险的含义

声誉风险是指由商业银行行为、从业人员行为或外部事件等，导致利益相关方、社会公众、媒体等对商业银行形成负面评价，从而损害其品牌价值，不利于其正常经营，甚至影响到市场稳定和社会稳定的风险。

解读 常考点：四项基本原则及其内容。

（二）声誉风险管理的基本原则 解读

基本原则	内容
前瞻性原则	应坚持预防为主的声誉风险管理理念，加强研究，防控源头，定期对声誉风险管理情况及潜在风险进行审视，提升声誉风险管理预见性。
匹配性原则	应进行多层次、差异化的声誉风险管理，与自身规模、经营状况、风险状况及系统重要性相匹配，并结合外部环境和内部管理变化适时调整。
全覆盖原则	应以公司治理为着力点，将声誉风险管理纳入全面风险管理体系，覆盖各业务条线、所有分支机构和子公司，覆盖各部门、岗位、人员和产品，覆盖决策、执行和监督全部管理环节，同时应防范第三方合作机构可能引发的对本机构不利的声誉风险，充分考量其他内外部风险的相关性和传染性。
有效性原则	应以防控风险、有效处置、修复形象为声誉风险管理最终标准，建立科学合理、及时高效的风险防范及应对处置机制，确保能够快速响应、协同应对、高效处置声誉事件，及时修复机构受损声誉和社会形象。

二、声誉风险治理架构 （掌握）

真考解读 属于常考点，一般会考1道题。考生要分清董事会、监事会和高级管理层各自的职责。

商业银行董事会、监事会和高级管理层分别承担声誉风险管理的最终责任、监督责任和管理责任，董事长或主要负责人为第一责任人。

（一）董事会

（1）董事会负责确定声誉风险管理策略和总体目标，掌握声誉风险状况，监督高级管理层开展声誉风险管理。

（2）董事会对于声誉事件造成机构和行业重大损失、市场大幅波动、引发系统性风险或影响社会经济秩序稳定的，负责听取专门报告，并在下一年听取声誉风险管理的专项报告。

（二）监事会

监事会负责监督董事会和高级管理层在声誉风险管理方面的履职尽责情况，并将相关情况纳入监事会工作报告。

（三）高级管理层

高级管理层负责建立健全声誉风险管理制度，完善工作机制，制订重大事项的声誉风险应对预案和处置方案，安排并推进声誉事件处置。每年至少进行一次声誉风险管理评估。

三、声誉风险的全流程管理（掌握）

（一）风险评估

建立声誉风险事前评估机制，在进行重大战略调整、参与重大项目、实施重大金融创新及展业、重大营销活动及媒体推广、披露重要信息、涉及重大法律诉讼或行政处罚、面临群体性事件、遇到行业规则或外部环境发生重大变化等容易产生声誉风险的情形时，应进行声誉风险评估，根据评估结果制订应对预案。

（二）风险监测

建立声誉风险监测机制，充分考虑与信用风险、保险风险、市场风险、流动性风险、操作风险、国别风险、利率风险、战略风险、信息科技风险以及其他风险的关联性，及时发现和识别声誉风险。

（三）风险分级

建立声誉事件分级机制，结合本机构实际，对声誉事件的性质、严重程度、传播速度、影响范围和发展趋势等进行研判评估，科学分类，分级应对。

（四）风险处置

加强声誉风险应对处置，按照声誉事件的不同级别，灵活采取相应措施，一般包括以下内容。

（1）核查引发声誉事件的基本事实、主客观原因，分析机构的责任范围。

（2）检视其他经营区域及业务、宣传策略等与声誉事件的关联性，防止声誉事件升级或出现次生风险。

（3）对可能的补救措施进行评估，根据实际情况采取合理的补救措施控制利益相关方损失程度和范围。

（4）积极主动统一准备新闻口径，通过新闻发布、媒体通气、声明、公告等适当形式，适时披露相关信息，澄清事实情况，回应社会关切。

（5）对引发声誉事件的产品设计缺陷、服务质量弊病、违法违规经营等问题进行整改，根据情节轻重进行追责，并视情公开，展现真诚担当的社会形象。

（6）及时开展声誉恢复工作，加大正面宣传，介绍针对声誉事件的改进措施以及其他改善经营服务水平的举措，综合施策消除或降低声誉事件的负面影响。

真考解读 属于常考点，一般会考1道题。

(7) 对恶意损害本机构声誉的行为，依法采取措施维护自身合法权益。

(8) 声誉事件处置中其他必要的措施。

（五）风险报告

建立声誉事件报告机制，明确报告要求、路径和时限。对于符合突发事件信息报告有关规定的，按要求向监管部门报告。

（六）考核问责

强化考核问责，将声誉事件的防范处置情况纳入考核范围，对引发声誉事件或预防及处置不当造成重大损失或严重不良影响的相关人员和声誉风险管理部门、其他职能部门、分支机构等应依法依规进行问责追责。

四、声誉风险管理的常态化建设（熟悉）

真考解读 考查相对较少，考生熟悉即可。

(1) 定期开展声誉风险隐患排查。

(2) 定期开展声誉风险情景模拟和应急演练。

(3) 建立与投诉、举报、调解、诉讼等联动的声誉风险防范机制。

(4) 主动接受社会舆论监督，建立统一管理的采访接待和信息发布机制，及时准确公开信息，避免误读误解引发声誉风险。

(5) 做好声誉资本积累，加强品牌建设，承担社会责任，诚实守信经营，提供优质高效服务。

✎ **章节练习**

一、**单选题**（以下各小题所给出的四个选项中，只有一项符合题目要求，请选择相应选项，不选、错选均不得分）

1. 1983 年年底，美国大陆伊利诺银行大规模依赖通过易变现负债的融资来支撑其业务的扩张，融资渠道主要是发行大额可转让存单、借入欧洲美元和隔夜同业拆借。核心存款占资金来源总额的 25%，"游资"却占到高达 64% 的比重。从 1984 年 3 月到 4 月，银行大约 120 亿美元的存款被客户提走，而且同年 5 月份到期的大额可转让存单和欧洲美元存单的持有者完全拒绝展期，仅为此，该银行在几天之内要对外履约支付的头寸高达 36 亿美元，挤兑的浪潮也越来越难以控制，这个大银行面临倒闭的危机。该银行所面临的风险是（   ）。

    A. 操作风险   B. 国家风险

    C. 法律风险   D. 流动性风险

2. 下列关于国家风险的表述，正确的是（   ）。

    A. 国家风险由债权人所在国家的行为引起

    B. 发生在同一国家范围内的经济金融活动不存在国家风险

    C. 个人不会遭受国家风险带来的损失

    D. 通常在债权人的控制范围之内

3. 下列不属于风险监测含义的是（   ）。

A. 监测关键风险指标

B. 报告所采取的风险管控措施及其质量和效果

C. 报告银行所有风险的定性、定量评估结果

D. 对风险采取分散、对冲、转移、规避和补偿等措施

4. 信用风险控制手段中，（   ）是指银行在对存量信贷资产进行风险收益评估的基础上，收回对超出其风险容忍度的贷款，以达到降低风险总量、优化信贷结构的目的。

A. 信贷退出　　　　B. 风险缓释　　　　C. 限额管理　　　　D. 风险定价

5. 在贷款的五级分类中，尽管借款人目前有能力偿还贷款本息，但存在一些可能对偿还产生不利影响因素的贷款是（   ）。

A. 关注类贷款　　　B. 次级类贷款　　　C. 损失类贷款　　　D. 可疑类贷款

6. （   ）具有追溯力，适用于一日、一周或一个月内等一段时间内的累计损失。

A. 总头寸限额　　　B. 止损限额　　　　C. 交易限额　　　　D. 风险限额

二、多选题（以下各小题所给出的五个选项中，有两项或两项以上符合题目的要求，请选择相应选项，多选、少选、错选均不得分）

1. 下列关于风险与损失的说法，不正确的有（   ）。

A. 风险是一个事前概念，损失是一个事后概念

B. 风险的概念不涵盖损失发生概率的高低

C. 通常将金融风险造成的损失分为预期损失、非预期损失和极端损失

D. 风险等同于损失

E. 风险的概念涵盖了未来可能损失的大小

2. 下列选项中，可以称为非零售信用风险暴露的有（   ）。

A. 金融机构信用风险暴露　　　　　　B. 零售信用风险暴露

C. 股权风险暴露　　　　　　　　　　D. 公司信用风险暴露

E. 主权信用风险暴露

3. 某公司通过伪造购销合同、增值税发票、背书等手段制造虚假的交易背景，并以假的质押物骗取某银行开出银行承兑汇票2000万元。从操作风险管理角度来看，下列说法正确的有（   ）。

A. 该事件属于外部欺诈

B. 这是一起由外部事件引起的操作风险

C. 银行通过加强操作风险管理可以完全杜绝类似事件的发生

D. 这是一起由内部人员因素引起的操作风险

E. 某公司钻银行忽视客户资料真实性审查的漏洞，编造虚假资料是此事件发生的重要原因

三、判断题（请对以下各项描述做出判断，正确的为A，错误的为B）

1. 操作风险具有普遍性，广泛存在于银行业务和管理的各个方面，操作风险具有营利性，能为

商业银行带来利润,所以银行要积极管理操作风险。(　　)

    A. 正确　　　　　　　　　　　　　B. 错误

2. 净额结算的缓释作用主要体现为消除违约风险暴露。(　　)

    A. 正确　　　　　　　　　　　　　B. 错误

3. 风险监测就是指监测关键风险指标。(　　)

    A. 正确　　　　　　　　　　　　　B. 错误

➡️ 答案详解

一、单选题

1. D【解析】流动性风险是指商业银行无法及时获得或以合理成本获得充足资金,用于偿付到期债务、履行其他支付义务或满足正常业务开展需要的风险。

2. B【解析】国家风险通常是由债务人所在国家(或地区)的行为引起的,超出了债权人的控制范围,故选项A、选项D表述错误。在国际经济金融活动中,政府、银行、企业及个人,都可能遭受国家风险所带来的损失,故选项C表述错误。

3. D【解析】选项D属于风险控制的含义。

4. A【解析】题干所述为信贷退出的含义。

5. A【解析】关注类贷款是指尽管借款人目前有能力偿还贷款本息,但存在一些可能对偿还产生不利影响因素的贷款。

6. B【解析】止损限额具有追溯力,适用于一日、一周或一个月内等一段时间内的累计损失。

二、多选题

1. BD【解析】选项B、选项D,风险不等同于损失本身,风险是一个事前概念,损失是一个事后概念,风险的概念既涵盖了未来可能损失的大小,又涵盖了损失发生概率的高低。

2. ADE【解析】主权信用风险暴露、金融机构信用风险暴露、公司信用风险暴露统称为非零售信用风险暴露。

3. ABE【解析】银行通过加强操作风险管理可以减少类似事件的发生,但不能杜绝,故选项C说法错误。这是由外部事件引起的风险,而不是由内部人员因素引起的操作风险,故选项D说法错误。

三、判断题

1. B【解析】操作风险具有非营利性,它并不能为商业银行带来利润。

2. B【解析】净额结算的缓释作用主要体现为降低违约风险暴露。

3. B【解析】关键风险指标是指对业务活动和控制环境进行日常监控的指标体系,能够反映系统、流程、产品、人员等风险信息的变化情况,对于风险预警、日常监控具有重要作用。所以,风险监测并不是监测关键风险指标。

第四部分　银行从业法律基础

第十五章　银行基本法律法规

🔍 应试分析

本章主要介绍了与银行业务相关的四部重要法律——《中华人民共和国中国人民银行法》（以下简称中国人民银行法）、《中华人民共和国银行业监督管理法》（以下简称银行业监督管理法）、《中华人民共和国商业银行法》（以下简称商业银行法）和《中华人民共和国反洗钱法》（以下简称反洗钱法）。本章在考试中涉及分值约为 8 分。考查重点是银行业监督管理法的适用范围、银行业监督管理机构的监督管理措施、商业银行业务规则、商业银行反洗钱义务等内容。

🏠 思维导图

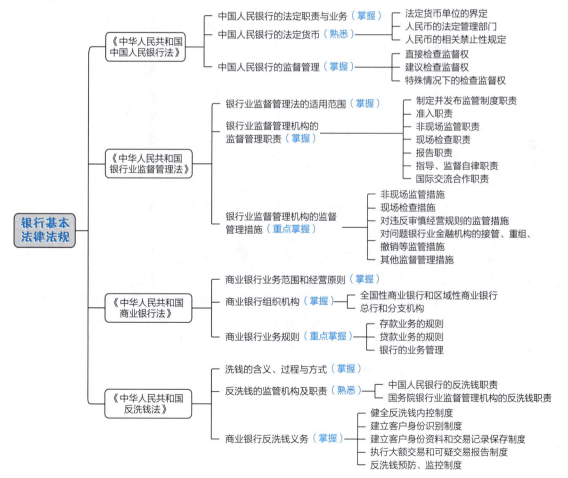

🎓 知 识 精 讲

第一节 《中华人民共和国中国人民银行法》

一、中国人民银行的法定职责与业务（掌握）

真考解读 属于常考点，一般会考1道题。主要考查中国人民银行的各项职责。

（一）法定职责

1. 中国人民银行的主要职责

（1）发布与履行其职责有关的命令和规章。

（2）依法制定和执行货币政策。

（3）发行人民币，管理人民币流通。

（4）监督管理银行间同业拆借市场和银行间债券市场。

（5）实施外汇管理，监督管理银行间外汇市场。

（6）监督管理黄金市场。

（7）持有、管理、经营国家外汇储备、黄金储备。

（8）经理国库。

（9）维护支付、清算系统的正常运行。

（10）指导、部署金融业反洗钱工作，负责反洗钱的资金监测。

（11）负责金融业的统计、调查、分析和预测。

（12）作为国家的中央银行，从事有关的国际金融活动。

（13）国务院规定的其他职责。

2. 中国人民银行执行货币政策时可以运用的工具 ^{解读1}

解读1 运用这些工具时，可以决定对商业银行贷款的数额、期限、利率和方式，但贷款的期限不得超过1年。

（1）要求银行业金融机构按照规定的比例交存存款准备金。

（2）确定中央银行基准利率。

（3）为在中国人民银行开立账户的银行业金融机构办理再贴现。

（4）向商业银行提供贷款。

（5）在公开市场上买卖国债、其他政府债券和金融债券及外汇。

（6）国务院确定的其他货币政策工具。

（二）业务 ^{解读2}

解读2 本考点考查不多，重点熟悉不得从事的相关业务。

1. 中国人民银行可以从事的业务

（1）代理国务院财政部门向各金融机构组织发行、兑付国债和其他政府债券。

（2）根据需要，为银行业金融机构开立账户。

（3）中国人民银行应当组织或者协助组织银行业金融机构相互之间的清算系

统，协调银行业金融机构相互之间的清算事项，提供清算服务。

（4）中国人民银行会同国务院银行业监督管理机构制定支付结算规则。

2. 中国人民银行不得从事的业务

（1）不得对银行业金融机构的账户透支。

（2）不得对政府财政透支，不得直接认购、包销国债和其他政府债券。

（3）不得向地方政府、各级政府部门提供贷款，不得向非银行金融机构以及其他单位和个人提供贷款，但国务院决定中国人民银行可以向特定的非银行金融机构提供贷款的除外。

（4）不得向任何单位和个人提供担保。

典型真题

【单选题】我国主管利率的有权机关是（   ）。

A. 财政部
B. 中国银行保险监管管理委员会
C. 国家发改委
D. 中国人民银行

【答案】D【解析】中国人民银行为执行货币政策，可以运用的货币政策工具之一是确定中央银行基准利率。

二、中国人民银行的法定货币 （熟悉）

（一）法定货币单位的界定

中华人民共和国的法定货币是人民币。以人民币支付中华人民共和国境内的一切公共的和私人的债务，任何单位和个人不得拒收。人民币的单位为元，人民币的辅币单位为角、分。

（二）人民币的法定管理部门

中国人民银行是人民币的法定管理部门，负责人民币的统一印制、发行、兑换、收回、销毁等工作。

（三）人民币的相关禁止性规定

（1）以人民币支付中华人民共和国境内一切公共的和私人的债务，任何单位和个人不得拒收。任何单位和个人不得印制、发售代币票券，以代替人民币在市场上流通。印制、发售代币票券，以代替人民币在市场上流通的，中国人民银行应当责令停止违法行为，并处 20 万元以下罚款。

（2）禁止伪造、变造人民币。禁止出售、购买伪造、变造的人民币；禁止运输、持有、使用伪造、变造的人民币；禁止故意毁损人民币；禁止在宣传品、出版物或者其他商品上非法使用人民币图样。

（3）出售伪造、变造的人民币，或者明知是伪造、变造的人民币而运输，构成犯罪的，依法追究刑事责任；尚不构成犯罪的，由公安机关处 15 日以下拘留、

真考解读 考查相对较少，考生熟悉即可。

1万元以下罚款。

（4）购买伪造、变造的人民币或者明知是伪造、变造的人民币而持有、使用，构成犯罪的，依法追究刑事责任；尚不构成犯罪的，由公安机关处15日以下拘留、1万元以下罚款。

（5）在宣传品、出版物或者其他商品上非法使用人民币图样的，中国人民银行应当责令改正，并销毁非法使用的人民币图样，没收违法所得，并处5万元以下罚款。

真考解读 属于常考点，一般会考1～2题。重点关注直接检查监督的九项权利。

三、中国人民银行的监督管理（掌握）

（一）直接检查监督权

中国人民银行有权对金融机构以及其他单位和个人的下列行为进行检查监督。

（1）执行有关存款准备金管理规定的行为。

（2）与中国人民银行特种贷款有关的行为。

（3）执行有关人民币管理规定的行为。

（4）执行有关银行间同业拆借市场、银行间债券市场管理规定的行为。

（5）执行有关外汇管理规定的行为。

（6）执行有关黄金管理规定的行为。

（7）代理中国人民银行经理国库的行为。

（8）执行有关清算管理规定的行为。

（9）执行有关反洗钱规定的行为。

典型真题

【单选题】下列行为中不属于中国人民银行直接检查监督范围的是（　　）。

A．银行业金融机构增设分支机构的行为

B．银行业金融机构执行有关外汇管理规定的行为

C．银行业金融机构执行有关存款准备金管理规定的行为

D．银行业金融机构执行有关反洗钱规定的行为

【答案】A【解析】由教材上述内容可知，选项B、选项C、选项D均属于中国人民银行直接检查监督范围。

（二）建议检查监督权

中国人民银行根据执行货币政策和维护金融稳定的需要，可以建议国务院银行业监督管理机构对银行业金融机构进行检查监督。国务院银行业监督管理机构应当自收到建议之日起30日内予以回复解读3。

解读3 这是一种旨在提高效率的制度性安排。

典型真题

【单选题】中国人民银行根据执行货币政策和维护金融稳定的需要，可以建议国务院银行业监督管理机构对银行业金融机构进行检查监督。国务院银行业监督管理机构应当自收到建议之日起（　　）日内予以回复。

A. 3　　　　　B. 7　　　　　C. 15　　　　　D. 30

【答案】D【解析】中国人民银行根据执行货币政策和维护金融稳定的需要，可以建议国务院银行业监督管理机构对银行业金融机构进行检查监督。国务院银行业监督管理机构应当自收到建议之日起30日内予以回复。

（三）特殊情况下的检查监督权

（1）当银行业金融机构出现支付困难，可能引发金融风险时，为了维护金融稳定，中国人民银行经国务院批准，有权对银行业金融机构进行检查监督。

（2）中国人民银行根据履行职责的需要，有权要求银行业金融机构报送必要的资产负债表、利润表以及其他财务会计、统计报表和资料。

【提示】由于中国人民银行和国务院银行业监督管理机构的监管侧重点各有不同，且在现实操作中有着非常清晰的划分，所以这两者同时拥有对银行业金融机构的检查监督权，并不会导致对银行业金融机构的双重检查和双重处罚。

第二节　《中华人民共和国银行业监督管理法》

一、银行业监督管理法的适用范围（掌握）

根据银行业监督管理法第2条的规定，银行业监督管理法的适用范围，即监管对象如下。

（1）银行业金融机构：在中华人民共和国境内设立的商业银行、城市信用合作社、农村信用合作社等吸收公众存款的金融机构以及政策性银行。

（2）非银行业金融机构[解读1]：在中华人民共和国境内设立的金融资产管理公司、信托投资公司、财务公司、金融租赁公司以及经国务院银行业监督管理机构批准设立的其他金融机构。

（3）经国务院银行业监督管理机构批准在境外设立的金融机构以及上述金融机构在境外的业务活动。

典型真题

【单选题】《中华人民共和国银行业监督管理法》的监管对象不包括中国境内设立的（　　）。

真考解读 属于常考点，一般会考1道题。

解读1 考生要重点记忆银行业金融机构和非银行业金融机构的种类。

A. 商业银行　　B. 政策性银行　　C. 中央银行　　D. 城市信用合作社

【答案】C【解析】中华人民共和国境内设立的商业银行、城市信用合作社、农村信用合作社等吸收公众存款的金融机构以及政策性银行均属于银行业监督管理法的监管对象。

真考解读 属于常考点，一般会考1道题。

二、银行业监督管理机构的监督管理职责（掌握）

（一）制定并发布监管制度职责

国务院银行业监督管理机构依照法律、行政法规制定并发布对银行业金融机构及其业务活动监督管理的规章、规则。

解读2 审慎经营规则是国务院银行业监督管理机构对银行业金融机构提出的核心经营目标。

银行业监督管理法规定，银行业金融机构应当严格遵守审慎经营规则^{解读2}。严重违反审慎经营规则的，由国务院银行业监督管理机构责令改正，并处 20 万元以上 50 万元以下罚款；情节特别严重或者逾期不改正的，可以责令停业整顿或者吊销其经营许可证；构成犯罪的，依法追究刑事责任。

（二）准入职责

1. 机构准入

（1）国务院银行业监督管理机构依照法律、行政法规规定的条件和程序，审查批准银行业金融机构的设立、变更、终止以及业务范围。

（2）国务院银行业监督管理机构应当在规定的期限，对下列申请事项作出批准或者不批准的书面决定；决定不批准的，应当说明理由。

解读3 注意准入职责里面涉及的时间、金额。

①银行业金融机构的设立，自收到申请文件之日起 6 个月内^{解读3}。

②银行业金融机构的变更、终止，自收到申请文件之日起 3 个月内。

（3）擅自设立银行业金融机构或者非法从事银行业金融机构的业务活动的，由国务院银行业监督管理机构予以取缔；构成犯罪的，依法追究刑事责任；尚不构成犯罪的，由国务院银行业监督管理机构没收违法所得，违法所得 50 万元以上的，并处违法所得 1 倍以上 5 倍以下罚款；没有违法所得或者违法所得不足 50 万元的，处 50 万元以上 200 万元以下罚款。

（4）银行业金融机构未经批准设立分支机构的，或未经批准变更、终止的，由国务院银行业监督管理机构责令改正，有违法所得的，没收违法所得，违法所得 50 万元以上的，并处违法所得 1 倍以上 5 倍以下罚款；没有违法所得或者违法所得不足 50 万元的，处 50 万元以上 200 万元以下罚款；情节特别严重或者逾期不改正的，可以责令停业整顿或者吊销其经营许可证；构成犯罪的，依法追究刑事责任。

2. 业务范围准入

（1）银行业金融机构业务范围，应当按照规定经国务院银行业监督管理机构

审查批准或者备案。需要审查批准或者备案的业务品种，由国务院银行业监督管理机构依照法律、行政法规作出规定并公布。

（2）对银行业金融机构业务范围和增加业务范围内的业务品种的申请，国务院银行业监督管理机构应当自收到申请文件之日起 3 个月内作出批准或者不批准的书面决定；决定不批准的，应当说明理由。

（3）银行业金融机构违反规定从事未经批准或者未备案的业务活动的，国务院银行业监督管理机构对其处罚追究方式与对银行业金融机构未经批准设立分支机构的，或未经批准变更、终止的处罚追究的方式相同。

3．人员准入^{解读4}

解读4 考生要牢记机构准入、业务范围准入、人员准入中的禁止性规定，具体的处罚方式和罚款数额也要特别关注。

（1）国务院银行业监督管理机构对银行业金融机构的董事和高级管理人员实行任职资格管理。具体办法由国务院银行业监督管理机构制定。

（2）对银行业金融机构审查董事和高级管理人员的任职资格的申请，国务院银行业监督管理机构应当在自收到申请文件之日起 30 日内作出批准或者不批准的书面决定；决定不批准的，应当说明理由。

（3）银行业金融机构未经任职资格审查任命董事、高级管理人员的，由国务院银行业监督管理机构责令改正，并处 20 万元以上 50 万元以下罚款；情节特别严重或者逾期不改正的，可以责令停业整顿或者吊销其经营许可证；构成犯罪的，依法追究刑事责任。

4．股东变更审查

（1）申请设立银行业金融机构，或者银行业金融机构变更持有资本总额或者股份总额达到规定比例以上的股东的，国务院银行业监督管理机构应当对股东的资金来源、财务状况、资本补充能力和诚信状况进行审查。

（2）根据商业银行法的规定，任何单位和个人购买商业银行股份总额达 5%以上的，应当事先经国务院银行业监督管理机构批准。

典型真题

【单选题】关于商业银行根据业务需要设立分支机构的表述，正确的是（　　）。

A．可以自行设立

B．必须经国务院银行业监督管理机构审查批准

C．必须经中国人民银行审查批准

D．必须经财政部审查批准

【答案】B【解析】商业银行法规定，商业银行设立分支机构必须经国务院银行业监督管理机构审查批准。

（三）非现场监管职责

（1）国务院银行业监督管理机构应当对银行业金融机构的业务活动及其风险

状况进行非现场监管，建立银行业金融机构监督管理信息系统，分析、评价银行业金融机构的风险状况，并表监督管理银行业金融机构财会信息。

（2）国务院银行业监督管理机构应当建立银行业金融机构监督管理评级体系和风险预警机制，根据银行业金融机构的评级情况和风险状况，确定对其现场检查的频率、范围和需要采取的其他措施。

（3）银行业金融机构拒绝或者阻碍非现场监管，提供虚假的或者隐瞒重要事实的报表、报告等文件、资料的，由国务院银行业监督管理机构责令改正，并处20万元以上50万元以下罚款；情节特别严重或者逾期不改正的，可以责令停业整顿或者吊销其经营许可证；构成犯罪的，依法追究刑事责任。

（四）现场检查职责

（1）国务院银行业监督管理机构应当对银行业金融机构的业务活动及其风险状况进行现场检查，依法制定现场检查程序，规范现场检查^{解读5}行为。

解读5 规范的现场检查包括检查准备、检查实施、检查报告、检查处理和检查档案整理5个阶段。

（2）国务院银行业监督管理机构对中国人民银行提出的检查银行业金融机构的建议，应当自收到建议之日起30日内予以回复。

（五）报告职责

（1）国务院银行业监督管理机构应当建立发现、报告岗位责任制度。发现可能引发系统性银行业风险、严重影响社会稳定的突发事件的，国务院银行业监督管理机构应当立即向国务院银行业监督管理机构负责人报告；国务院银行业监督管理机构负责人认为需要向国务院报告的，应当立即向国务院报告，并告知中国人民银行、国务院财政部门等有关部门。

（2）国务院银行业监督管理机构应当会同中国人民银行、国务院财政部门等有关部门建立银行业突发事件处置制度，制订银行业突发事件处置预案，明确处置机构和人员及其职责、处置措施和处置程序，及时、有效地处置银行业突发事件。

（六）指导、监督自律职责

（1）对银行业自律组织的活动，国务院银行业监督管理机构应当进行指导和监督。

（2）银行业自律组织的章程应当报国务院银行业监督管理机构备案。

（七）国际交流合作职责

国务院银行业监督管理机构有开展与银行业监督管理有关的国际交流、合作活动的职责。

三、银行业监督管理机构的监督管理措施 （重点掌握）

（一）非现场监管措施

真考解读 属于必考点，一般会考2~3道题。考生要掌握共有哪几类措施以及各类别下的具体措施。

（1）国务院银行业监督管理机构及其派出机构根据履行职责的需要，有权要求银行业金融机构按照规定报送资产负债表、利润表和其他财务会计、统计报表、经营管理资料以及注册会计师出具的审计报告。

（2）银行业金融机构不按照规定提供报表、报告等文件、资料的，由国务院银行业监督管理机构及其派出机构责令改正，逾期不改正的，处 10 万元以上 30 万元以下罚款。

（二）现场检查^{解读6}措施

（1）国务院银行业监督管理机构及其派出机构根据审慎监管的要求，可以采取下列措施进行现场检查。

①进入银行业金融机构进行检查。

②询问银行业金融机构的工作人员，要求其对有关检查事项作出说明。

③查阅、复制银行业金融机构与检查事项有关的文件、资料，对可能被转移、隐匿或者毁损的文件、资料予以封存。

④检查银行业金融机构运用电子计算机管理业务数据的系统。

（2）进行现场检查，应当经国务院银行业监督管理机构及其派出机构的负责人批准。现场检查时，检查人员不得少于 2 人，并应当出示合法证件和检查通知书；检查人员少于 2 人或者未出示合法证件和检查通知书的，银行业金融机构有权拒绝检查。

（3）银行业金融机构阻碍国务院银行业监督管理机构及其派出机构工作人员依法执行检查、调查职务的，由公安机关依法给予治安管理处罚；构成犯罪的，依法追究刑事责任。

（三）对违反审慎经营规则的监管措施

（1）银行业金融机构违反审慎经营规则的，国务院银行业监督管理机构或者其省一级派出机构应当责令限期改正；逾期未改正的，或者其行为严重危及该银行业金融机构的稳健运行、损害存款人和其他客户合法权益的，经国务院银行业监督管理机构或者其省一级派出机构负责人批准，可以区别情形，采取下列措施。

①责令暂停部分业务、停止批准开办新业务。

②限制分配红利和其他收入。

③限制资产转让。

④责令控股股东转让股权或者限制有关股东的权利。

⑤责令调整董事、高级管理人员或者限制其权利。

⑥停止批准增设分支机构。

（2）银行业金融机构整改后，应当向国务院银行业监督管理机构或者其省一级派出机构提交报告。国务院银行业监督管理机构或者其省一级派出机构经验收，符合有关审慎经营规则的，应当自验收完毕之日起 3 日内解除对其采取的上述规定的有关措施。

解读6 现场检查是指监管人员直接深入金融机构进行业务检查和风险判断。

（四）对问题银行业金融机构的接管、重组、撤销等监管措施

银行业监督管理法规定，银行业金融机构<u>被接管、重组或者被撤销</u>的，国务院银行业监督管理机构有权要求该银行业金融机构的董事、高级管理人员和其他工作人员，按照国务院银行业监督管理机构的要求履行职责。

解读7 必考点：
对于接管、重组的监管措施。

1．接管、重组^{解读7}

<u>银行业金融机构已经或者可能发生信用危机，严重影响存款人和其他客户合法权益的，国务院银行业监督管理机构可以依法对该银行业金融机构实行接管或促成重组。</u>

措施	内容
接管	<u>接管是国务院银行业监督管理机构依法保护银行业金融机构经营安全、合法的一项预防性拯救措施。</u> 目的：保护存款人的利益，恢复银行业金融机构的正常经营能力。
重组	重组^{解读8}是指按照具体重组方案（或重组计划），通过合并、兼并收购、购买与承接等方式，改变问题银行业金融机构的资本结构，合理解决债务，以便使问题银行业金融机构摆脱其所面临的财务困难，并继续经营而采取的拯救措施。 目的：维护市场信心与秩序，保护存款人等债权人的利益。

解读8 重组失败的，国务院银行业监督管理机构可以决定终止重组，转由人民法院依法宣告破产。

2．撤销

撤销银行业金融机构有违法经营、经营管理不善等情形，不予撤销将严重危害金融秩序、损害公众利益的，国务院银行业监督管理机构有权予以撤销。

典型真题

【单选题】商业银行已经或者可能发生信用危机，严重影响存款人利益时，可以对该银行实行接管的机构是（   ）。

A．中国人民银行　　　　　　　　B．财政部

C．政策性银行　　　　　　　　　D．国务院银行业监督管理机构

【答案】D【解析】银行业监督管理法规定，当银行业金融机构已经或者可能发生信用危机，严重影响存款人和其他客户合法权益时，国务院银行业监督管理机构可以实行接管。

【单选题】按照《中华人民共和国银行业监督管理法》的规定，对发生风险的银行业金融机构进行处置的主要方式不包括（   ）。

A．接管　　　　B．出售　　　　C．撤销　　　　D．重组

【答案】B【解析】根据银行业监督管理法相关规定，对问题银行业金融机构进行处置的方式主要有接管、促成重组和撤销，不包括出售。

（五）其他监督管理措施^{解读9}

解读9 常考点：关于调查、监督、查询的具体规定。

措施	内容
延伸调查	（1）国务院银行业监督管理机构及其派出机构依法对银行业金融机构进行检查时，经设区的市一级以上银行业监督管理机构负责人批准，可以对与涉嫌违法事项有关的单位和个人采取下列措施。 ①询问有关单位或者个人，要求其对有关情况作出说明。 ②查阅、复制有关财务会计、财产权登记等文件、资料。 ③对可能被转移、隐匿、毁损或者伪造的文件、资料，予以先行登记保存。 （2）国务院银行业监督管理机构及其派出机构采取前款规定措施，调查人员不得少于2人，并应当出示合法证件和调查通知书；调查人员少于2人或者未出示合法证件和调查通知书的，有关单位或者个人有权拒绝。 （3）对依法采取的措施，有关单位和个人应当配合，如实说明有关情况并提供有关文件、资料，不得拒绝、阻碍和隐瞒。
审慎性监督管理谈话	（1）国务院银行业监督管理机构及其派出机构根据履行职责的需要，可以与银行业金融机构董事、高级管理人员进行监督管理谈话，要求银行业金融机构董事、高级管理人员就银行业金融机构的业务活动和风险管理的重大事项进行说明。 （2）监管部门有权根据监管需要和银行业金融机构经营状况，随时向银行业金融机构提出谈话要求，但进行监管谈话并不意味着银行业金融机构一定存在经营问题。
强制披露	国务院银行业监督管理机构及其派出机构应当责令银行业金融机构按照规定，如实向社会公众披露财务会计报告、风险管理状况、董事和高级管理人员变更以及其他重大事项等信息。
查询涉嫌违法账户和申请司法机关冻结有关涉嫌违法资金	经国务院银行监督管理机构或者其省一级派出机构负责人批准，国务院银行业监督管理机构及其派出机构有权查询涉嫌金融违法的银行业金融机构及其工作人员以及关联行为人的账户；对涉嫌转移或者隐匿违法资金的，经国务院银行业监督管理机构及其派出机构负责人批准，可以申请司法机关予以冻结。

典型真题

【多选题】以下关于中国银保监会监督管理职责和措施的表述，错误的有（   ）。

A. 中国银保监会可以对发生信用危机的银行进行重组，若重组失败，中国银保监会可以决定终止重组，转由人民法院依法宣告其破产

B. 中国银保监会有权对经其批准在境外设立的金融机构及其境外的业务活动实施监督监管

C. 审慎性监管谈话只有在银行业金融机构存在经营问题时采用

D. 在华外资银行可以不必接受中国银行保险监督管理委员会的监管

E. 商业银行已经或者可能发生信用危机，严重影响存款人的利益时，中国银保监会可以对该银行实行接管，且接管期限最长不得超过 2 年

【答案】CD【解析】根据银行业监督管理法相关规定，监管部门有权根据监管需要和银行业金融机构经营状况，随时向银行业金融机构提出谈话要求，但进行监管谈话并不意味着银行业金融机构一定存在经营问题，故选项 C 错误。在华外资银行应接受中国银行保险监督管理委员会的监管，故选项 D 错误。

第三节　《中华人民共和国商业银行法》

一、商业银行业务范围和经营原则（掌握）

真考解读 属于常考点，一般会考 1 道题。重点关注业务范围。

商业银行是依照《中华人民共和国公司法》（以下简称公司法）设立的独立企业法人，具备独立性、盈利性、经营性等公司制企业法人特征。

（一）商业银行业务范围

商业银行可以经营下列部分或者全部业务。

（1）吸收公众存款。

（2）发放短期、中期和长期贷款。

（3）办理国内外结算。

（4）办理票据承兑与贴现。

（5）发行金融债券。

（6）代理发行、代理兑付、承销政府债券；商业银行经中国人民银行批准，可以经营结汇、售汇业务。

（7）买卖政府债券、金融债券。

（8）从事同业拆借。

（9）买卖、代理买卖外汇。

（10）从事银行卡业务。

（11）提供信用证服务及担保。

（12）代理收付款项及代理保险业务。

（13）提供保管箱服务。

（14）经国务院银行业监督管理机构批准的其他业务。

（二）商业银行经营原则^{解读1}

商业银行法第 4 条规定了商业银行的经营原则，即商业银行以安全性、流动性、效益性为经营原则，实行自主经营，自担风险，自负盈亏，自我约束。简称"三性四自"经营原则。

典型真题

【单选题】根据《中华人民共和国商业银行法》的规定，下列不属于商业银行经营业务的是（　　）。

A. 股票承销　　　　　　　B. 吸收公众存款

C. 发放短期、中期和长期贷款　　　D. 买卖、代理买卖外汇

【答案】A【解析】由教材上述内容可知，选项 B、选项 C、选项 D 均属于商业银行经营的业务。

二、商业银行组织机构（掌握）

（一）全国性商业银行和区域性商业银行

（1）全国性商业银行：国有控股大型商业银行、全国性股份制商业银行等。设立全国性商业银行的注册资本最低限额为 10 亿元人民币。

（2）区域性商业银行：城市商业银行，农村商业银行，村镇银行，农村信用社等。设立城市商业银行的注册资本最低限额为 1 亿元人民币，设立农村商业银行的注册资本最低限额为 5000 万元人民币。注册资本应当是实缴资本。

（二）总行和分支机构

（1）在中华人民共和国境内的分支机构，不按行政区划设立。全国性商业银行，可以在全国设分支机构，全国展业；城商行、农商行具有经营地域限制。

（2）经批准设立的商业银行，由国务院银行业监督管理机构颁发经营许可证，并凭该许可证向工商行政管理部门办理登记，领取营业执照。

（3）商业银行根据业务需要可以在中华人民共和国境内外设立分支机构。设立分支机构必须经国务院银行业监督管理机构审查批准。

（4）商业银行在中华人民共和国境内设立分支机构，应当按照规定拨付与其经营规模相适应的营运资金额。拨付各分支机构营运资金额的总和，不得超过总

解读1 优先顺序：安全性优先于流动性，流动性优先于效益性。

真考解读 属于常考点，一般会考 1 道题。

行资本金总额的60%。

（5）商业银行对其分支机构实行全行统一核算，统一调度资金，分级管理的财务制度。商业银行分支机构不具有法人资格，在总行授权范围内依法开展业务，其民事责任由总行承担。

典型真题

【单选题】商业银行分支机构（　　）。

A. 具有独立的民事权利能力和有限的民事行为能力

B. 具有有限的民事权利能力和独立的民事行为能力

C. 具有独立的民事权利能力和民事行为能力

D. 具有授权范围内的民事权利能力和民事行为能力

【答案】D【解析】商业银行分支机构不具有法人资格，在总行授权范围内依法开展业务，其民事责任由总行承担。

真考解读 属于必考点，一般会考2~3道题。

三、商业银行业务规则（重点掌握）

（一）存款业务的规则

项目	规则
经营存款业务特许制	（1）未经国务院银行业监督管理机构批准，任何单位和个人不得从事吸收公众存款等商业银行业务，任何单位不得在名称中使用"银行"字样。 （2）未经批准在名称中使用"银行"字样的，由国务院银行业监督管理机构责令改正，有违法所得的，没收违法所得，违法所得5万元以上的，并处违法所得1倍以上5倍以下罚款；没有违法所得或者违法所得不足5万元的，处5万元以上50万元以下罚款。
以合法正当方式吸收存款	（1）商业银行不得违反规定提高或者降低利率以及采用其他不正当手段，吸收存款^{解读2}。 （2）违反上述规定的，由国务院银行业监督管理机构责令改正，有违法所得的，没收违法所得，违法所得50万元以上的，并处违法所得1倍以上5倍以下罚款；没有违法所得或者违法所得不足50万元的，处50万元以上200万元以下罚款；情节特别严重或者逾期不改正的，可以责令停业整顿或者吊销其经营许可证；构成犯罪的，依法追究刑事责任。

解读2 存款办理原则：存款自愿、取款自由、存款有息、为存款人保密。

续 表

项目	规则
依法保护存款人合法权益	（1）对个人储蓄存款，商业银行有权拒绝任何单位或者个人查询、冻结、扣划，但法律另有规定的除外。对单位存款，商业银行有权拒绝任何单位或者个人查询，但法律、行政法规另有规定的除外；有权拒绝任何单位或者个人冻结、扣划，但法律另有规定的除外。 （2）商业银行应当保证存款本金和利息的支付，不得拖延、拒绝支付存款本金和利息。 （3）商业银行无故拖延、拒绝支付存款本金和利息的，非法查询、冻结、扣划个人储蓄存款或者单位存款的，以及违反商业银行法规定对存款人或者其他客户造成损害的其他行为，由国务院银行业监督管理机构责令改正，有违法所得的，没收违法所得，违法所得5万元以上的，并处违法所得1倍以上5倍以下罚款；没有违法所得或者违法所得不足5万元的，处5万元以上50万元以下罚款。

典型真题

【多选题】商业银行违法吸收存款的，依法可能承担的法律责任有（ ）。

A. 责令停业整顿或者吊销经营许可证

B. 破产

C. 罚款

D. 责令改正

E. 没收违法所得

【答案】ACDE 【解析】存在违法吸收存款行为的商业银行，由国务院银行业监督管理机构责令改正，有违法所得的，没收违法所得，违法所得50万元以上的，并处违法所得1倍以上5倍以下罚款；没有违法所得或者违法所得不足50万元的，处50万元以上200万元以下罚款；情节特别严重或者逾期不改正的，可以责令停业整顿或者吊销其经营许可证；构成犯罪的，依法追究刑事责任。

（二）贷款业务的规则 解读3

解读3 必考点：贷款业务的风控原则与保障原则。

项目	规则
指标规则	根据商业银行法规定，商业银行开展贷款业务应当按照中国人民银行规定的贷款利率的上下限，确定贷款利率。商业银行开展贷款业务应当遵守下列资产负债比例管理的规定。 （1）资本充足率不得低于8%。 （2）流动性资产余额与流动性负债余额的比例不得低于25%。

续　表

项目	规则
指标规则	（3）对同一借款人的贷款余额与商业银行资本余额的比例不得超过10%。 （4）国务院银行业监督管理机构对资产负债比例管理的其他规定。
风控规则	（1）商业银行贷款，应当对借款人的借款用途、偿还能力、还款方式等情况进行严格审查。商业银行贷款，应当实行审贷分离、分级审批的制度。 （2）商业银行贷款，借款人应当提供担保。商业银行应当对保证人的偿还能力，抵押物、质物的权属和价值以及实现抵押权、质权的可行性进行严格审查。经商业银行审查、评估，确认借款人资信良好，确能偿还贷款的，可以不提供担保。 （3）商业银行贷款，应当与借款人订立书面合同。合同应当约定贷款种类、借款用途、金额、利率、还款期限、还款方式、违约责任和双方认为需要约定的其他事项。 （4）商业银行不得向关系人^{解读4}发放信用贷款；向关系人发放担保贷款的条件不得优于其他借款人同类贷款的条件。 （5）商业银行办理票据承兑、汇兑、委托收款等结算业务，应当按照规定的期限兑现，收付入账，不得压单、压票或者违反规定退票。有关兑现、收付入账期限的规定应当公布。 （6）同业拆借应当遵守中国人民银行的规定。禁止利用拆入资金发放固定资产贷款或者用于投资。拆出资金限于交足存款准备金、留足备付金和归还中国人民银行到期贷款之后的闲置资金。拆入资金用于弥补票据结算、联行汇差头寸的不足和解决临时性周转资金的需要。 （7）商业银行在中华人民共和国境内不得从事信托投资和证券经营业务，不得向非自用不动产投资或者向非银行金融机构和企业投资，但国家另有规定的除外。
保障规则	（1）任何单位和个人不得强令商业银行发放贷款或者提供担保。商业银行有权拒绝任何单位和个人强令要求其发放贷款或者提供担保。 （2）借款人应当按期归还贷款的本金和利息。借款人到期不归还担保贷款的，商业银行依法享有要求保证人归还贷款本金和利息或者就该担保物优先受偿的权利。商业银行因行使抵押权、质权而取得的不动产或者股权，应当自取得之日起2年内予以处分。借款人到期不归还信用贷款的，应当按照合同约定承担责任。

解读4 关系人是指：①商业银行的董事、监事、管理人员、信贷业务人员及其近亲属；②前项所列人员投资或者担任高级管理职务的公司、企业和其他经济组织。

典型真题

【单选题】商业银行应当按照规定向中国人民银行交存（　　），并留足（　　）。

A. 存款准备金；备付金　　　　B. 现金；存款准备金

C. 存款准备金；现金　　　　　D. 备付金；现金

【答案】A【解析】商业银行应当按照中国人民银行的规定，向中国人民银行交存存款准备金，留足备付金。

【多选题】下列属于贷款合同要素的有（　　）。

A. 金额和利率　　　　　　　B. 违约责任

C. 贷款种类　　　　　　　　D. 还款期限和还款方式

E. 借款用途

【答案】ABCDE【解析】商业银行贷款应当与借款人订立书面合同。合同应当约定贷款种类、借款用途、金额、利率、还款期限、还款方式、违约责任和双方认为需要约定的其他事项。

（三）银行的业务管理 解读5

解读5 考查不多，注意财务会计中涉及的日期。

项目	规则
营业时间	商业银行的营业时间应当方便客户，并予以公告。商业银行应当在公告的营业时间内营业，不得擅自停止营业或者缩短营业时间。
服务收费	商业银行办理业务，提供服务，按照规定收取手续费。收费项目和标准由国务院银行业监督管理机构、中国人民银行根据职责分工，分别会同国务院价格主管部门制定。
财务会计	（1）商业银行应当按照国家有关规定保存财务会计报表、业务合同以及其他资料。 （2）商业银行应当按照国家有关规定，真实记录并全面反映其业务活动和财务状况，编制年度财务会计报告，及时向国务院银行业监督管理机构、中国人民银行和国务院财政部门报送。商业银行不得在法定的会计账册外另立会计账册。 （3）商业银行应当于每一会计年度终了3个月内，按照国务院银行业监督管理机构的规定，公布其上一年度的经营业绩和审计报告。 （4）商业银行应当按照国家有关规定，提取呆账准备金，冲销呆账。 （5）商业银行的会计年度自公历1月1日起至12月31日止。
监督管理	（1）商业银行应当按照有关规定，制定本行的业务规则，建立、健全本行的风险管理和内部控制制度。

续　表

项目	规则
监督管理	（2）商业银行应当建立、健全本行对存款、贷款、结算、呆账等各项情况的稽核、检查制度。商业银行对分支机构应当进行经常性的稽核和检查监督。 （3）商业银行应当按照规定向国务院银行业监督管理机构、中国人民银行报送资产负债表、利润表以及其他财务会计、统计报表和资料。

第四节　《中华人民共和国反洗钱法》

一、洗钱的含义、过程与方式〔掌握〕

（一）含义

洗钱是指为了掩饰犯罪收益的真实来源和存在，通过各种手段使犯罪收益表面合法化的行为。

（二）过程 解读1

（1）**处置阶段**：将犯罪收益投入清洗系统的过程。

（2）**培植阶段**：通过多种、多层的金融交易，把犯罪收益与其来源分开，并进行最大限度的分散，从而掩饰线索、隐藏身份。

（3）**融合阶段**：为犯罪得来的财富提供表面的合法掩盖，将非法收入变得合法化，被形象地描述为"甩干"。

典型真题

【单选题】洗钱的过程通常被分为三个阶段，即（　　）。

A. 获取阶段、培植阶段、处置阶段

B. 获取阶段、处置阶段、融合阶段

C. 处置阶段、洗钱阶段、融合阶段

D. 处置阶段、培植阶段、融合阶段

【答案】D【解析】洗钱的过程通常被分为三个阶段，即处置阶段、培植阶段、融合阶段。

（三）洗钱的方式 解读2

方式	内容
借用金融机构	匿名存储；利用银行贷款掩饰犯罪收益；控制银行和其他金融机构。

真考解读 属于常考点，一般会考1道题。

解读1 常考点：洗钱的三个阶段。

解读2 常考点：洗钱的方式及其涉及的细节内容。

续 表

方式	内容
保密天堂	被称为保密天堂的比较典型的国家和地区有瑞士、开曼、巴拿马、巴哈马以及加勒比海和南太平洋的一些岛国等。特征：①有严格的银行保密法；②有宽松的金融规则；③有自由的公司法（允许建立空壳公司、信箱公司等不具名公司）和严格的公司保密法。
使用空壳公司 **解读3**	空壳公司是被提名董事和持票人所享有的所有权结合的产物，是为匿名的公司所有权人提供的一种公司结构。
利用现金密集行业	洗钱者利用现金密集行业（如赌场、娱乐场所、酒吧、金银首饰店等）进行洗钱，通过虚假交易将犯罪所得转化为合法经营收入。
伪造商业票据	洗钱者将犯罪收益存入 A 国银行，并用其购买信用证，该信用证用于某项虚构的从 B 国到 A 国的商品进口交易，然后用伪造的提货单在 B 国的银行兑现。
走私	洗钱者将诸如现金、贵金属和艺术品等通过种种方式偷运到其他国家，由其他洗钱者对偷运的现金、贵金属和艺术品等进行处理。
购置不动产和动产	利用犯罪所得直接购置不动产（如别墅）和动产（如飞机），通过转卖套取货币现金存入银行，转化成合法的货币资金。
通过证券和保险业洗钱	（1）利用证券市场股价变化较大且交易难以被调查的特点，通过证券业洗钱。 （2）在保险市场购买高额保险，然后再以折扣方式低价赎回，中间的差价即为通过保险公司"净化"的钱。

解读3 空壳公司也称为被提名人公司。

典型真题

【多选题】被称为保密天堂的国家和地区一般具有的特征有（   ）。

A. 有宽松的金融规则　　　　B. 不允许建立空壳公司

C. 有严格的公司法　　　　　D. 有严格的公司保密法

E. 有严格的银行保密法

【答案】ADE 【解析】被称为保密天堂的国家和地区一般具有以下特征：①有严格的银行保密法；②有宽松的金融规则；③有自由的公司法和严格的公司保密法。

二、反洗钱的监管机构及职责（熟悉）

（一）中国人民银行的反洗钱职责

（1）指导、部署金融业反洗钱工作，负责反洗钱的资金监测。

真考解读 考查相对较少，可能会考1道题，考生熟悉即可，注意区分这两个监管机构各自的职责。

（2）制定或会同国务院有关金融监督管理机构制定金融机构反洗钱规章。

（3）监督、检查金融机构履行反洗钱义务的情况。

（4）在职责范围内调查可疑交易活动。

（5）接受单位和个人对洗钱活动的举报。

（6）向侦查机关报告涉嫌洗钱犯罪的交易活动。

（7）向国务院有关部门、机构定期通报反洗钱工作情况。

（8）根据国务院授权，代表中国政府与外国政府和有关国际组织开展反洗钱合作。

（9）法律和国务院规定的有关反洗钱的其他职责。

【提示】中国人民银行是国务院反洗钱行政主管部门。

（二）国务院银行业监督管理机构的反洗钱职责

（1）参与制定银行业金融机构反洗钱规章。

（2）对银行业金融机构提出按照规定建立健全反洗钱内部控制制度的要求。

（3）发现涉嫌洗钱犯罪的交易活动及时向公安机关报告。

（4）审查新设银行业金融机构或者银行业金融机构增设分支机构的反洗钱内部控制制度方案，对于不符合反洗钱法规定的设立申请，不予批准。

（5）法律和国务院规定的有关反洗钱的其他职责。

典 型 真 题

【判断题】中国银保监会根据国务院授权，代表中国政府开展反洗钱国际合作。（　　）

A. 正确　　　　　　　　　　　　B. 错误

【答案】B【解析】中国人民银行根据国务院授权，代表中国政府与外国政府和有关国际组织开展反洗钱合作。

真考解读 属于常考点，一般会考1道题。

三、商业银行反洗钱义务（掌握）

（一）健全反洗钱内控制度

金融机构应当依照反洗钱法的规定建立健全反洗钱内部控制制度，金融机构的负责人应当对反洗钱内部控制制度的有效实施负责。

（二）建立客户身份识别制度

（1）金融机构通过第三方识别客户身份的，应当确保第三方已经采取符合本法要求的客户身份识别措施；第三方未采取符合反洗钱法要求的客户身份识别措施的，由该金融机构承担未履行客户身份识别义务的责任。

（2）金融机构不得为身份不明的客户提供服务或者与其进行交易，不得为客户开立匿名账户或者假名账户。

（3）金融机构对先前获得的客户身份资料的真实性、有效性或者完整性有疑问的，应当重新识别客户身份。

（三）建立客户身份资料和交易记录保存制度

在业务关系存续期间，客户身份资料发生变更的，应当及时更新客户身份资料。客户身份资料在业务关系结束后、客户交易信息在交易结束后，应当至少保存5年。

（四）执行大额交易和可疑交易报告制度

金融机构应当按照规定执行大额交易和可疑交易报告制度。金融机构办理的单笔交易或者在规定期限内的累计交易超过规定金额或者发现可疑交易的，应当及时向反洗钱信息中心报告。

（五）反洗钱预防、监控制度

金融机构应当按照反洗钱预防、监控制度的要求，开展反洗钱培训和宣传工作。

【单选题】 按照《中华人民共和国反洗钱法》规定，客户身份资料在业务关系结束后、客户交易信息在交易结束后，金融机构应当（　　）。

A. 至少保存5年　　　　　　B. 退还给客户

C. 立即销毁　　　　　　　　D. 至少保存10年

【答案】 A **【解析】** 按照《中华人民共和国反洗钱法》规定，建立客户身份资料和交易记录保存制度。在业务关系存续期间，客户身份资料发生变更的，应当及时更新客户身份资料。客户身份资料在业务关系结束后、客户交易信息在交易结束后，应当至少保存5年。

【多选题】 下列关于反洗钱的叙述，正确的有（　　）。

A. 对依法履行反洗钱职责或者义务获得的客户身份资料和交易信息，应当予以保密

B. 只有金融机构及其工作人员，有权向反洗钱行政主管部门或者公安机关举报，其他单位和个人无权举报

C. 金融机构应当依法履行建立健全客户身份识别制度的反洗钱义务

D. 各地银行协会负责各地的反洗钱监督管理工作

E. 单位和个人对洗钱活动有举报义务

【答案】 ACDE **【解析】** 其他单位和个人也有权向反洗钱行政主管部门或者公安机关举报。故选项B叙述错误。

📝**章节练习**

一、单选题（以下各小题所给出的四个选项中，只有一项符合题目要求，请选择相应选项，不选、错选均不得分）

1. 下列不属于中国人民银行主要职责的是（　　）。
   A. 批准银行业金融机构的信用卡业务　　B. 制定和执行货币政策
   C. 发行人民币，管理人民币流通　　D. 维护支付、清算系统的正常运行

2. 重组是国务院银行业监督管理机构对问题银行业金融机构进行处置的一种方式。对于重组失败的，国务院银行业监督管理机构可以决定终止重组，转由（　　）依法宣告破产。
   A. 人民法院　　B. 人民检察院
   C. 国务院　　D. 中国人民银行

3. 监管谈话一般是国务院银行业监督管理机构及其派出机构与银行业金融机构的（　　）进行的，要求其就业务活动和风险管理的重大事项进行说明。
   A. 股东大会　　B. 董事、高级管理人员
   C. 风险管理委员会　　D. 监事会

4. 银行业金融机构严重违反审慎经营规则的，根据《中华人民共和国银行业监督管理法》规定，由国务院银行业监督管理机构责令改正，并处（　　）万元以上（　　）万元以下罚款。
   A. 10；20　　B. 10；50　　C. 20；50　　D. 20；100

5. 根据《中华人民共和国商业银行法》的规定，商业银行的注册资本最低限额为（　　）。
   A. 认缴资本 5000 万元人民币　　B. 认缴资本 1000 万元人民币
   C. 实缴资本 1000 万元人民币　　D. 实缴资本 5000 万元人民币

6. 洗钱者以赌场、娱乐场所、酒吧、金银首饰店做掩护，通过虚假的交易将犯罪收益宣布为经营的合法收入的方式属于洗钱常见方式中的（　　）。
   A. 保密天堂　　B. 利用现金密集行业进行洗钱
   C. 走私　　D. 利用犯罪所得直接购置不动产

二、多选题（以下各小题所给出的五个选项中，有两项或两项以上符合题目的要求，请选择相应选项，多选、少选、错选均不得分）

1. 中国人民银行执行货币政策，可以运用的工具包括（　　）。
   A. 在公开市场上买卖国债、其他政府债券和金融债券及外汇
   B. 确定基准利率
   C. 向企业提供贷款
   D. 为在中国人民银行开立账户的银行业金融机构办理再贴现
   E. 要求银行业金融机构按照规定的比例交存存款准备金

2. 进行现场检查时，（　　），银行业金融机构有权拒绝检查。

　　A. 检查人员有 2 人　　　　　　　　　B. 检查人员只有 1 人

　　C. 检查人员未出示合法证件　　　　　D. 检查人员有 3 人

　　E. 检查人员未出示检查通知书

3. 根据《中华人民共和国商业银行法》的规定，商业银行可以经营（　　）部分或者全部业务。

　　A. 吸收公众存款　　　　　　　　　　B. 发放短期、中期和长期贷款

　　C. 办理票据承兑与贴现　　　　　　　D. 办理国内外结算

　　E. 代理发行、代理兑付、承销政府债券

4. 关于商业银行贷款业务，下列说法正确的有（　　）。

　　A. 上级领导机关强令其提供担保的，商业银行无权拒绝

　　B. 借款人应当按期归还贷款的本金和利息

　　C. 对同一借款人的贷款余额与商业银行资本余额的比例不得超过 10%

　　D. 商业银行可以向关系人发放信用贷款

　　E. 商业银行不得向任何人发放信用贷款

5. 洗钱的方式包括（　　）。

　　A. 匿名存储　　　　　　　　　　　　B. 购买高额保险，然后低价赎回

　　C. 利用犯罪收益购买不动产　　　　　D. 使用空壳公司

　　E. 走私

三、判断题（请对以下各项描述做出判断，正确的为 A，错误的为 B）

1. 根据商业银行的保密规定，商业银行在任何情况下都要对储户保密。（　　）

　　A. 正确　　　　　　　　　　　　　　B. 错误

2. 任何人不得以拒收、印售代币券等方式否认人民币在中国境内的法币地位，否则会依法受到行政处罚。（　　）

　　A. 正确　　　　　　　　　　　　　　B. 错误

3. 中国人民银行根据履行职责需要，有权要求银行业金融机构报送必要的资产负债表、利润表及其他财务会计、统计报表和资料。（　　）

　　A. 正确　　　　　　　　　　　　　　B. 错误

4. 未经国务院银行业监督管理机构批准，任何单位或者个人不得设立银行业金融机构或者从事银行业金融机构的业务活动，但是银行业金融机构设立分支机构不需要国务院银行业监督管理机构的批准。（　　）

　　A. 正确　　　　　　　　　　　　　　B. 错误

5. 银行业金融机构有违法经营、经营管理不善等情形，国务院银行业监督管理机构有权责令改正，但无权予以撤销。（　　）

　　A. 正确　　　　　　　　　　　　　　B. 错误

⇨ **答案详解**

一、单选题

1. A 【解析】选项B、选项C、选项D均属于中国人民银行的主要职责。

2. A 【解析】重组失败的，国务院银行业监督管理机构可以决定终止重组，转由人民法院依法宣告破产。

3. B 【解析】国务院银行业监督管理机构及其派出机构根据履行职责的需要，可以与银行业金融机构董事、高级管理人员进行监督管理谈话。

4. C 【解析】银行业金融机构严重违反审慎经营规则的，根据《中华人民共和国银行业监督管理法》的规定，由国务院银行业监督管理机构责令改正，并处20万元以上50万元以下罚款。

5. D 【解析】设立全国性商业银行的注册资本最低限额为10亿元人民币；设立城市商业银行的注册资本最低限额为1亿元人民币；设立农村商业银行的注册资本最低限额为5000万元人民币。注册资本应当是实缴资本。

6. B 【解析】题干所述属于利用现金密集行业进行洗钱。

二、多选题

1. ABDE 【解析】选项C应为向商业银行提供贷款。

2. BCE 【解析】进行现场检查时，检查人员不得少于2人，并应当出示合法证件和检查通知书；检查人员少于2人或者未出示合法证件和检查通知书的，银行业金融机构有权拒绝检查。

3. ABCDE 【解析】选项A、选项B、选项C、选项D、选项E均属于商业银行可以经营的业务。

4. BC 【解析】选项A，商业银行有权拒绝任何单位和个人强令其发放贷款或提供担保（除国务院批准的特定贷款外）；选项D，商业银行不得向关系人发放信用贷款，发放担保贷款的，条件不得优于其他借款人同类贷款条件；选项E，经商业银行审查、评估，确认借款人资信良好，确能偿还贷款的，可以不提供担保，发放信用贷款。

5. ABCDE 【解析】选项A、选项B、选项C、选项D、选项E均属于洗钱的方式。

三、判断题

1. B 【解析】对个人储蓄存款，商业银行有权拒绝任何单位或者个人查询、冻结、扣划，但法律另有规定的除外。因此，银行的保密义务不是绝对的，法律另有规定的例外。

2. A 【解析】题干所述正确。

3. A 【解析】题干所述正确。

4. B 【解析】银行业金融机构未经批准设立分支机构的，或未经批准变更、终止的，由国务院银行业监督管理机构责令改正，有违法所得的，没收违法所得，并处以罚款。

5. B 【解析】银行业金融机构有违法经营、经营管理不善等情形，不予撤销将严重危害金融秩序、损害公众利益的，国务院银行业监督管理机构有权予以撤销。

第十六章　民事法律制度

应试分析

　　本章介绍了与商业银行经营管理密切相关的民事法律制度，包括民事法律基础知识、物权和担保法律制度、合同法律制度、婚姻和继承法律制度。本章在考试中涉及分值约为 11 分，考查重点是代理、担保法律制度及合同的效力。

思维导图

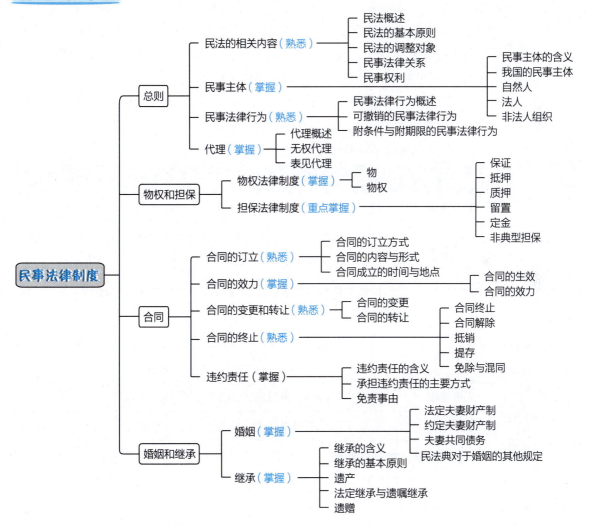

知识精讲

第一节　总则

视频讲解 微信扫描

一、民法的相关内容 （熟悉）

真考解读考查相对较少，考生熟悉即可。

（一）民法概述

2020 年 5 月 28 日，第十三届全国人民代表大会第三次会议表决通过了《中华人民共和国民法典》，该法自 2021 年 1 月 1 日起施行。

（1）为了保护民事主体的合法权益，调整民事关系，维护社会和经济秩序，适应中国特色社会主义发展要求，弘扬社会主义核心价值观，根据宪法，制定《中华人民共和国民法典》（以下简称民法典）。

（2）民法调整平等主体的自然人、法人和非法人组织之间的人身关系和财产关系（调整对象）。

（二）民法的基本原则 解读1

解读1 常考点：民法的六项基本原则。

基本原则	内容
平等原则	民事主体在民事活动中的法律地位一律平等。
自愿原则	民事主体从事民事活动，应当遵循自愿原则，按照自己的意思设立、变更、终止民事法律关系。
公平原则	民事主体从事民事活动，应当遵循公平原则，合理确定各方的权利和义务。
诚信原则	民事主体从事民事活动，应当遵循诚信原则，秉持诚实，恪守承诺。
良俗原则	民事主体从事民事活动，不得违反法律，不得违背公序良俗。
绿色原则	民事主体从事民事活动，应当有利于节约资源、保护生态环境。

（三）民法的调整对象

（1）平等主体之间的人身关系，即与人身不可分离而无直接财产内容的社会关系，包括人格关系和身份关系。

（2）平等主体之间的财产关系，即以财产所有和财产流转为主要内容的社会关系。

（四）民事法律关系

民事法律关系是现代社会中最重要的一类社会关系，其要素包括民事法律主体、客体、内容、变动、原因。

（五）民事权利

（1）民事权利是法律赋予民事主体享有的利益范围和实施一定行为或不为一定行为以实现某种利益的意志。

（2）民事权利可分为财产权和人身权，绝对权和相对权，请求权、支配权、形成权和抗辩权，主权利和从权利等。按照权利标的划分，民事权利又可分为财产权（如物权、债权、知识产权）和非财产权（人格权与身份权）两大类。

二、民事主体（掌握）

（一）民事主体的含义

民事主体是指具有参与民事法律关系的资格，并以自己的名义享有民事权利和承担民事义务的人。

（二）我国的民事主体

我国的民事主体一般包括自然人、法人和非法人组织。在特殊情况下，国家也可以作为民事主体。

（1）自然人^{解读2}是基于人类自然规律而出生和存在的个人。

（2）法人是具有民事权利能力和民事行为能力，依法独立享有民事权利和承担民事义务的组织。

（3）非法人组织是不具有法人资格，但是能够依法以自己的名义从事民事活动的组织。非法人组织包括个人独资企业、合伙企业、不具有法人资格的专业服务机构等。

（三）自然人

1. 自然人的民事权利能力与民事行为能力

项目	内容
民事权利能力	（1）民法典第 13 条规定，自然人从出生时起到死亡时止，具有民事权利能力，依法享有民事权利，承担民事义务。 （2）民法典第 14 条规定，自然人的民事权利能力一律平等。 （3）民法典第 16 条规定，涉及遗产继承、接受赠与等胎儿利益保护的，胎儿视为具有民事权利能力。但是，胎儿娩出时为死体的，其民事权利能力自始不存在。
民事行为能力	民法典根据行为人的年龄、智力与精神状况，将自然人的行为能力分为三类。

真考解读 属于常考点，一般会考1道题。

解读2 注意区分自然人与公民的差别。公民是自然人，但自然人并非一定是公民。

续　表

项目	内容
民事行为 能力^{解读3}	（1）完全民事行为能力，指行为人能够完全独立地实施民事行为、取得民事权利和承担民事义务的资格。 在我国，完全民事行为能力人包括<u>18周岁以上</u>具有完全民事行为能力的公民和<u>16周岁以上不满18周岁</u>以自己的劳动收入为主要生活来源的公民。 （2）限制民事行为能力，指行为人只能独立实施与其年龄、智力或精神状况相适应的民事行为的资格。 在我国，限制行为能力人包括<u>8周岁以上的未成年人和不能完全辨认自己行为的成年人</u>。 （3）无民事行为能力，指行为人不具备独立实施任何民事行为的资格。 在我国，无民事行为能力人包括不满8周岁的未成年人、不能辨认自己行为的成年人以及不能辨认自己行为的8周岁以上的未成年人。

解读3 常考点：三种民事行为能力的判定标准。

典型真题

【多选题】自然人的民事行为能力的判断依据有（　　　）。

A. 智力状况　　　B. 年龄　　　　　C. 婚姻状况

D. 家庭状况　　　E. 精神状况

【答案】ABE【解析】民法典根据行为人的年龄、智力与精神状况，将自然人的行为能力分为三类：完全民事行为能力、限制民事行为能力及无民事行为能力。

2. 自然人的监护

（1）监护的含义。

监护是为了保护无民事行为能力人和限制民事行为能力人的人身和财产权利以及其他合法权益，由特定自然人或组织对其予以监督、管理和保护的制度。

（2）监护的分类。

按照监护人^{解读4}设定的方式不同，监护可以分为法定监护、协议监护和指定监护。

解读4 承担监护义务的人称为监护人，受监护人监督和保护的人称为被监护人。

分类	内容
法定监护	法定监护是指监护人由法律直接规定的监护。 ①民法典第27条规定，父母是未成年子女的监护人。未成年人的父母已经死亡或者没有监护能力的，由下列有监护能力的人按顺序担任监护人：祖父母、外祖父母→兄、姐→其他愿意担任监护人的个人或者组织，但是须经未成年人住所地的居民委员会、村民委员会或者民政部门同意。

续　表

分类	内容
法定监护	②民法典第 28 条规定，无民事行为能力或者限制民事行为能力的成年人，由下列有监护能力的人按顺序担任监护人：配偶→父母、子女→其他近亲属→其他愿意担任监护人的个人或者组织，但是须经被监护人住所地的居民委员会、村民委员会或者民政部门同意。
协议监护	协议监护是指依法具有监护资格的人之间可以协商确定监护人。 民法典第 30 条规定，依法具有监护资格的人之间可以协议确定监护人。协议确定监护人应当尊重被监护人的真实意愿。
指定监护	指定监护是指在没有法定监护人，或者法定监护人之间对于担任监护人有争议的情况下，由有关单位或者人民法院指定而设置的监护。 ①民法典第 31 条第 1 款规定，对监护人的确定有争议的，由被监护人住所地的居民委员会、村民委员会或者民政部门指定监护人，有关当事人对指定不服的，可以向人民法院申请指定监护人；有关当事人也可以直接向人民法院申请指定监护人。 ②民法典第 31 条第 2 款规定，居民委员会、村民委员会、民政部门或者人民法院应当尊重被监护人的真实意愿，按照最有利于被监护人的原则在依法具有监护资格的人中指定监护人。 ③民法典第 31 条第 3 款规定，依据本条第 1 款规定指定监护人前，被监护人的人身权利、财产权利以及其他合法权益处于无人保护状态的，由被监护人住所地的居民委员会、村民委员会、法律规定的有关组织或者民政部门担任临时监护人。 ④民法典第 31 条第 4 款规定，监护人被指定后，不得擅自变更；擅自变更的，不免除被指定的监护人的责任。 ⑤民法典第 32 条规定，没有依法具有监护资格的人的，监护人由民政部门担任，也可以由具备履行监护职责条件的被监护人住所地的居民委员会、村民委员会担任。

（3）监护人的职责。

①监护人的职责是代理被监护人实施民事法律行为，保护被监护人的人身权利、财产权利以及其他合法权益等。

②监护人应当按照最有利于被监护人的原则履行监护职责。监护人除为维护被监护人利益外，不得处分被监护人的财产。

3．自然人宣告失踪

宣告失踪是指自然人下落不明达到 2 年，经利害关系人^{解读5}申请，由人民法院宣告其为失踪人的法律制度。

解读5 利害关系人是指与下落不明的人存在人身关系或财产关系的人，包括其亲属、债权人、债务人等。

（1）宣告的目的：结束失踪人财产关系不确定的状态，保护失踪人和利害关系人的利益。

（2）宣告失踪的法律后果。

①失踪人的财产由其配偶、成年子女、父母或者其他愿意担任财产代管人的人代管。代管有争议，没有前述规定的人，或者前述规定的人无代管能力的，由人民法院指定的人代管。

②失踪人所欠税款、债务和应付的其他费用，由财产代管人从失踪人的财产中支付。

4．自然人宣告死亡

宣告死亡是指自然人下落不明达到法定期限，经利害关系人申请，由人民法院宣告其死亡的法律制度。

（1）根据民法典第 46 条的规定，宣告死亡的，要求自然人下落不明满 4 年或因意外事件下落不明满 2 年。同时，如果因意外事故下落不明，经有关机关证明该自然人不可能生存的，申请宣告死亡不受 2 年时间的限制。

（2）死亡日期：被宣告死亡的人，人民法院宣告死亡的判决作出之日视为其死亡的日期；因意外事件下落不明宣告死亡的，意外事件发生之日视为其死亡的日期。

（3）宣告死亡的法律后果：被宣告死亡的人的婚姻关系，自死亡宣告之日起消除。死亡宣告被撤销的，婚姻关系自撤销死亡宣告之日起自行恢复。但是，其配偶再婚或者向婚姻登记机关书面声明不愿意恢复的除外^{解读6}。

解读6 自然人被宣告死亡但是并未死亡的，不影响该自然人在被宣告死亡期间实施的民事法律行为的效力。

5．个体工商户和农村承包经营户

（1）自然人从事工商业经营，经依法登记，为个体工商户。个体工商户可以起字号。个体工商户的债务，个人经营的，以个人财产承担；家庭经营的，以家庭财产承担；无法区分的，以家庭财产承担。

（2）农村集体经济组织的成员，依法取得农村土地承包经营权，从事家庭承包经营的，为农村承包经营户。农村承包经营户的债务，以从事农村土地承包经营的农户财产承担；事实上由农户部分成员经营的，以该部分成员的财产承担。

（四）法人^{解读7}

解读7 法定代表人是法人的法定代表人，是以法人名义从事的民事活动，其法律后果由法人承受。

1．法人的种类

种类	内容
营利法人	营利法人是以取得利润并分配给股东等出资人为目的成立的法人，包括有限责任公司、股份有限公司和其他企业法人等。

续　表

种类	内容
非营利法人	非营利法人是为公益目的或者其他非营利目的成立，不向出资人、设立人或者会员分配所取得利润的法人，包括事业单位、社会团体、基金会、社会服务机构等。
特别法人	特别法人包括特定的机关法人、农村集体经济组织法人、城镇农村的合作经济组织法人、基层群众性自治组织法人。

2. 法人的成立

民法典第 58 条规定，法人应当依法成立。法人应当有自己的名称、组织机构、住所、财产或者经费。法人成立的具体条件和程序，依照法律、行政法规的规定。设立法人，法律、行政法规规定须经有关机关批准的，依照其规定。

3. 法人的能力

能力	与自然人能力的区别
民事权利能力	（1）起止时间不同。自然人的民事权利能力始于出生，终于死亡；法人的民事权利能力始于成立，终于法人终止。 （2）差异程度不同。不同自然人的权利能力一律平等；不同法人的民事权利能力则因法律、法人章程的规定的不同而各不相同。 （3）范围不同。自然人有继承权，法人不可能享有；某些法人的民事权利能力，如商业银行的贷款业务经营权，自然人不能享有。
民事行为能力	（1）起止时间不同。自然人随着达到法律规定的一定年龄取得限制或完全行为能力，不仅因死亡而使其行为能力消灭，还可因其患病而丧失部分或完全行为能力；法人的民事行为能力与其民事权利能力一起产生、同时消灭，两者起止时间完全一致。 （2）范围不同。自然人中的无民事行为能力人或限制民事行为能力人，两者的范围是不一致的；法人的民事行为能力属于完全民事行为能力，其范围始终与民事权利能力的范围相一致。 （3）实现方式不同。自然人的民事行为能力一般通过自然人自身的行为实现；法人的民事行为能力是通过法人的法定代表人的活动来实现的。

4. 法人机关及分支机构

（1）法人机关：通常可以分为意思机关（如股东会、股东大会）、执行机关（如董事会）、代表机关（法定代表人）和监察机关（如监事会）。

（2）法人分支机构：以法人财产设立的相对独立活动的法人组成部分，可以在法人的授权范围内，以自己的名义从事民事活动。

5. 法人的变更与终止

（1）法人的变更：法人在存续期间内，其性质、组织机构、经营范围、财产状况以及名称、住所等重要事项上发生的变动。

（2）法人的终止^{解读8}：从法律上消灭法人作为民事主体的资格，其原因主要有依法被撤销；依法被解散；破产；其他原因。

解读8 法人终止前，必须进行清算，由依法成立的清算组织依据其职权清理并消灭法人的全部财产关系。清算是法人终止的必经程序。

（五）非法人组织

项目	内容
种类	个人独资企业、合伙企业、不具有法人资格的专业服务机构等。
设立	设立非法人组织，法律、行政法规规定须经有关机关批准的，依照其规定。
清偿	非法人组织的财产不足以清偿债务的，其出资人或者设立人承担无限责任。法律另有规定的，依照其规定。

真考解读 考查相对较少，可能会考1道题，考生熟悉即可。

三、民事法律行为（熟悉）

（一）民事法律行为概述

项目	内容
含义	民事法律行为是民事主体通过意思表示设立、变更、终止民事法律关系的行为。
要件	具备下列条件的民事法律行为有效：①行为人具有相应的民事行为能力。②意思表示真实。③不违反法律、行政法规的强制性规定，不违背公序良俗。 【提示】无民事行为能力人实施的民事法律行为无效。限制民事行为能力人实施的纯获利益的民事法律行为或者与其年龄、智力、精神健康状况相适应的民事法律行为有效；实施的其他民事法律行为经法定代理人同意或者追认后有效。
形式	民事法律行为可以采用书面形式^{解读9}、口头形式或者其他形式；法律、行政法规规定或者当事人约定采用特定形式的，应当采用特定形式。其中，其他形式主要是推定形式和沉默形式。 （1）推定形式是指行为人虽然没有口头或书面的意思表示，但他人可以通过其积极行为推定其意思表示。 （2）沉默形式是指行为人不用行为表示，而是以消极的不作为进行意思表示的形式。

解读9 符合条件的数据电文属于书面形式的一种。

续　表

项目	内容
法律后果	民法典第 157 条规定，民事法律行为无效、被撤销或者确定不发生效力后，行为人因该行为取得的财产，应当予以返还；不能返还或者没有必要返还的，应当折价补偿。有过错的一方应当赔偿对方由此所受到的损失；各方都有过错的，应当各自承担相应的责任。法律另有规定的，依照其规定。可见，民事法律行为被确认无效或被撤销后，将产生返还财产、赔偿损失等法律后果。

典型真题

【单选题】民事法律行为应具备的条件不包括（　　　）。

A. 不违反法律或者社会公共利益

B. 意思表示真实

C. 行为人具有相应的民事行为能力

D. 订立书面合同

【答案】D【解析】有效民事法律行为应具备以下条件：①行为人具有相应的民事行为能力；②意思表示真实；③不违反法律、行政法规的强制性规定，不违背公序良俗。由此可知，不包括选项 D。

（二）可撤销的民事法律行为

项目	内容
含义	可撤销的民事法律行为（相对无效的民事行为），是指依照法律的规定，可以由当事人请求人民法院或者仲裁机关予以撤销的民事法律行为。
可撤销的情形	下列民事法律行为，一方有权请求人民法院或者仲裁机关予以撤销。 　　（1）基于重大误解实施的民事法律行为，行为人有权请求人民法院或者仲裁机构予以撤销。 　　（2）一方以欺诈手段，使对方在违背真实意思的情况下实施的民事法律行为，受欺诈方有权请求人民法院或者仲裁机构予以撤销。 　　（3）第三人实施欺诈行为，使一方在违背真实意思的情况下实施的民事法律行为，对方知道或者应当知道该欺诈行为的，受欺诈方有权请求人民法院或者仲裁机构予以撤销。

续　表

项目	内容
可撤销的情形	（4）一方或者第三人以胁迫手段，使对方在违背真实意思的情况下实施的民事法律行为，受胁迫方有权请求人民法院或者仲裁机构予以撤销。 （5）一方利用对方处于危困状态、缺乏判断能力等情形，致使民事法律行为成立时显失公平的，受损害方有权请求人民法院或者仲裁机构予以撤销。
撤销权消灭的情形	有下列情形之一的，撤销权消灭^{解读10}。 （1）当事人自知道或者应当知道撤销事由之日起1年内、重大误解的当事人自知道或者应当知道撤销事由之日起90日内没有行使撤销权。 （2）当事人受胁迫，自胁迫行为终止之日起1年内没有行使撤销权。 （3）当事人知道撤销事由后明确表示或者以自己的行为表明放弃撤销权。

（三）附条件与附期限的民事法律行为

（1）附条件的民事法律行为：附有决定该行为效力发生或者消灭条件的民事法律行为。

（2）附期限的民事法律行为：当事人设定一定的期限，并将期限的到来作为效力发生或消灭依据的民事法律行为。

四、代理（掌握）

（一）代理概述

1．代理的含义

代理是指代理人以被代理人（本人）的名义，在代理权限内与第三人（相对人）所为的法律行为。其法律后果直接由被代理人承受。代理活动涉及三方主体：代理人、被代理人^{解读11}、第三人。

2．代理的法律特征

（1）代理行为是指能够引起民事法律后果的民事法律行为。即通过代理人所为的代理行为，能够在被代理人与第三人之间产生、变更或消灭某种民事法律关系。

（2）代理人一般应以被代理人的名义从事代理活动。

（3）代理人在代理权限范围内独立意思表示。

（4）代理行为的法律后果直接归属于被代理人。

解读10 当事人自民事法律行为发生之日起5年内没有行使撤销权的，撤销权消灭。

真考解读 属于常考点，一般会考1道题。

解读11 代理人是代为他人实施民事法律行为的人；被代理人是由他人以自己的名义代为实施民事法律行为，并承受法律后果的人。

3. 代理的种类

种类	内容
委托代理	（1）委托代理是根据委托人的委托授权而产生的代理关系，一般建立在特定的基础法律关系之上，可以是劳动合同关系、合伙关系、工作职务关系，多数是委托合同关系。 （2）有下列情形之一的，委托代理终止：①代理期间届满或者代理事务完成；②被代理人取消委托或者代理人辞去委托；③代理人丧失民事行为能力；④代理人或者被代理人死亡；⑤作为代理人或者被代理人的法人、非法人组织终止。 （3）被代理人死亡后，有下列情形之一的，委托代理人实施的代理行为有效：①代理人不知道且不应当知道被代理人死亡；②被代理人的继承人予以承认；③授权中明确代理权在代理事务完成时终止；④被代理人死亡前已经实施，为了被代理人的继承人的利益继续代理^{解读12}。
法定代理	（1）法定代理是根据法律的规定而直接产生的代理关系。法定代理主要是为保护无民事行为能力人和限制民事行为能力人的合法权益而设定的。 （2）有下列情形之一的，法定代理终止：①被代理人取得或者恢复完全民事行为能力；②代理人丧失民事行为能力；③代理人或者被代理人死亡；④法律规定的其他情形。

解读12 作为被代理人的法人、非法人组织终止的，参照适用此规定。

典型真题

【多选题】代理的法律特征有（　　　）。

A. 代理人与被代理人的关系纯粹是一种伙伴合作关系

B. 代理人一般应以被代理人的名义从事代理活动

C. 代理行为的法律后果直接归属于被代理人

D. 代理行为是指能够引起民事法律后果的民事法律行为

E. 代理人在代理权限范围内独立意思表示

【答案】BCDE【解析】代理行为是指能够引起民事法律后果的民事法律行为，即通过代理人所为的代理行为，能够在被代理人与第三人之间产生、变更或消灭某种民事法律关系，故选项A错误。

解读13 常考点：无权代理的含义、要件以及法律后果。可与表见代理对比记忆。

（二）无权代理 解读13

项目	内容
含义	无权代理是指行为人没有代理权，但以他人的名义与第三人进行代理行为。
构成要件	（1）行为人的行为不违法。 （2）第三人须为善意且无过失。 （3）行为人以本人的名义与他人所为的民事行为。 （4）行为人与第三人具有相应的民事行为能力。 （5）行为人既没有代理权，也没有令人相信其有代理权的事实或理由。
法律后果	（1）行为人没有代理权、超越代理权或者代理权终止后，仍然实施代理行为，未经被代理人追认的，对被代理人不发生效力 解读14。 （2）相对人可以催告被代理人自收到通知之日起30日内予以追认。被代理人未做表示的，视为拒绝追认。行为人实施的行为被追认前，善意相对人有撤销的权利。撤销应当以通知的方式作出。 （3）行为人实施的行为未被追认的，善意相对人有权请求行为人履行债务或者就其受到的损害请求行为人赔偿。但是，赔偿的范围不得超过被代理人追认时相对人所能获得的利益。

解读14 无权代理经被代理人追认，即直接对被代理人发生法律效力，产生与有权代理相同的法律后果。

典型真题

【单选题】行为人不具有代理权，但以他人的名义与第三人进行的代理行为，称为（   ）。

A. 无权代理　　　　　　　B. 有权代理

C. 授权代理　　　　　　　D. 法定代理

【答案】A【解析】无权代理是指行为人不具有代理权，但以他人的名义与第三人进行代理行为。

【单选题】乙未经甲授权，却以甲代理人的名义与善意第三人丙签订了买卖合同，甲知道乙的该行为后予以追认，那么，乙以甲代理人签名（   ）。

A. 效力待定　　　　　　　B. 无效

C. 有效　　　　　　　　　D. 经过乙催告甲后生效

【答案】C【解析】行为人没有代理权、超越代理权或者代理权终止后，仍然实施代理行为，未经被代理人追认的，对被代理人不发生效力。

（三）表见代理^{解读15}

（其右侧边栏）解读15 常考点：表见代理的构成要件。

项目	内容
含义	表见代理是指无权代理人的代理行为客观上存在使相对人相信其有代理权的情况，且相对人主观上为善意，因而可以向被代理人主张代理的效力。
构成要件	（1）代理人无代理权。 （2）相对人主观上为善意。 （3）客观上有使相对人相信无权代理人具有代理权的情形。 （4）相对人基于这个客观情形而与无权代理人成立民事行为。
法律后果	（1）表见代理对于被代理人来说，产生与有权代理一样的效果。即在相对人与被代理人之间发生法律关系。 （2）被代理人因向第三人履行义务或者承担民事责任而遭受损失的，只能向表见代理人追偿。 （3）行为人没有代理权、超越代理权或者代理权终止后，仍然实施代理行为，相对人有理由相信行为人有代理权的，代理行为有效。

第二节　物权和担保

一、物权法律制度　（掌握）

真考解读 属于常考点，一般会考1道题。

（一）物

民法上的物是指自然人身体之外，能够满足人们的某种需要，并且能够被人力所控制、支配的物质实体。按照不同的标准可将物分为流通物、限制流通物与禁止流通物；种类物与特定物；动产与不动产；可分物与不可分物；主物与从物；原物与孳息^{解读1}。

解读1 孳息是原物产生的收益。

（二）物权^{解读2}

物权是指权利人依法对特定的物享有直接支配和排他的权利，包括所有权、用益物权和担保物权。

解读2 常考点：物权的法律特征与基本原则。

1. 物权的种类

物权包括所有权、用益物权和担保物权。其中，所有权^{解读3}是物权中最完整、最充分的权利，担保物权（抵押权、质权和留置权）和用益物权（土地承包经营权）都是从所有权派生出来的。

解读3 处分权是所有权区别于其他权利的重要特征。

2. 物权的法律特征

与债权相比，物权具有以下法律特征。

（1）**物权是绝对权（对世权）**。即物权的权利主体是特定的，其他任何人都不得非法干涉和侵害权利人所享有的物权。而债权是相对权。

（2）**物权是支配权**。即物权的权利人可以自由地根据自己的意志行使自己的权利，无须他人给予协助，更不须征得他人的同意。而债权必须有相对的义务人给予协助方可顺利实现。

（3）物权的标的是物。即物权的标的都必须是特定物。

（4）物权具有排他性。即物权具有不容他人侵犯的性质，且同一物上不得同时成立两个内容不相容的物权。

（5）物权具有追及力。即物权的标的物无论辗转流向何处，权利人均得追及于物之所在行使其权利，依法请求不法占有人返还原物。而债权^{解读4}原则上不具有追及的效力。

解读4 物权与债权都是民法中最基本的财产权利。

3．物权的基本原则

基本原则	内容
平等保护原则	国家、集体、私人的物权和其他权利人的物权受法律保护，任何单位和个人不得侵犯。
物权法定原则	物权的种类和内容，由法律规定。即当事人不得自由创设法律未规定的新物权、当事人不得在物权中自由创设新内容。
一物一权原则	（1）一个物之上只能设立一个所有权而不能同时设立两个以上的所有权。 （2）在一个物上不能同时设立两个或者两个以上在性质上相互排斥或内容上不相容的物权。
公示、公信原则	（1）公示原则。物权以法定方式公之于众，称公示原则。 （2）公信原则。即当物权依法进行公示时，即使该公示方法表现出来的物权存在瑕疵，对于信赖该物权存在并已从事物权交易的人，法律承认其法律效果，以保护交易安全。

典型真题

【多选题】从特征上看，物权属于（   ）。

A．对世权　　　B．支配权　　　C．相对权

D．请求权　　　E．绝对权

【答案】ABE【解析】与债权相比，物权具有以下法律特征：①物权是绝对权（对世权）；②物权是支配权；③物权的标的是物；④物权具有排他性；⑤物权具有追及力。

【判断题】物权的种类和内容，由法律、行政法规规定。（   ）

A. 正确   B. 错误

【答案】B【解析】民法典第 116 条规定，物权的种类和内容，由法律规定。

二、担保法律制度（重点掌握）

真考解读 属于必考点，一般会考 2~3 道题。

（一）保证

保证是指保证人和债权人约定，当债务人不履行到期债务或者发生当事人约定的情形时，保证人履行债务或者承担责任的行为。

1. 保证的方式 解读5

解读 5 必考点：保证的两种方式。

方式	内容
一般保证 解读6	（1）民法典第 687 条规定，当事人在保证合同中约定，债务人不能履行债务时，由保证人承担保证责任的，为一般保证。 （2）一般保证的保证人在主合同纠纷未经审判或者仲裁，并就债务人财产依法强制执行仍不能履行债务前，有权拒绝向债权人承担保证责任，但是有下列情形之一的除外：①债务人下落不明，且无财产可供执行；②人民法院已经受理债务人破产案件；③债权人有证据证明债务人的财产不足以履行全部债务或者丧失履行债务能力；④保证人书面表示放弃本款规定的权利。
连带责任保证	民法典第 688 条规定，当事人在保证合同中约定保证人和债务人对债务承担连带责任的，为连带责任保证。连带责任保证的债务人不履行到期债务或者发生当事人约定的情形时，债权人可以请求债务人履行债务，也可以请求保证人在其保证范围内承担保证责任。

解读 6 当事人在保证合同中对保证方式没有约定或者约定不明确的，按照一般保证承担保证责任。

2. 保证期间

（1）债权人与保证人可以约定保证期间，但是约定的保证期间早于主债务履行期限或者与主债务履行期限同时届满的，视为没有约定；没有约定或者约定不明确的，保证期间为主债务履行期限届满之日起 6 个月。

（2）债权人与债务人对主债务履行期限没有约定或者约定不明确的，保证期间自债权人请求债务人履行债务的宽限期届满之日起计算。

（3）一般保证的债权人未在保证期间对债务人提起诉讼或者申请仲裁的，保证人不再承担保证责任。连带责任保证的债权人未在保证期间请求保证人承担保证责任的，保证人不再承担保证责任。

3. 主债权转让或变更对保证责任的影响

（1）债权人和债务人未经保证人书面同意，协商变更主债权债务合同内容，减轻债务的，保证人仍对变更后的债务承担保证责任；加重债务的，保证人对加重的部分不承担保证责任。

（2）债权人转让全部或者部分债权，未通知保证人的，该转让对保证人不发生效力。保证人与债权人约定禁止债权转让，债权人未经保证人书面同意转让债权的，保证人对受让人不再承担保证责任。

（3）债权人未经保证人书面同意，允许债务人转移全部或者部分债务，保证人对未经其同意转移的债务不再承担保证责任，但是债权人和保证人另有约定的除外。

4. 保证人主体资格

（1）机关法人不得为保证人，但是经国务院批准为使用外国政府或者国际经济组织贷款进行转贷的除外。

（2）以公益为目的的非营利法人、非法人组织不得为保证人。

典型真题

【单选题】甲向乙借款 5 万元，由丙书面承诺在甲不能履行债务时，由丙承担一般保证责任，借款到期后，甲虽有钱仍想赖账不还，乙找甲催款未果，遂要求丙履行保证责任还款，下列关于保证责任的表述，正确的是（　　）。

A. 丙目前可以拒绝承担保证责任

B. 丙应当履行保证责任，先代甲还款 5 万元后，再向甲追债

C. 丙应当履行保证责任，代甲还款 5 万元

D. 丙应当履行保证责任，与乙共同向甲追款，追款未果给乙还款 5 万元

【答案】A【解析】一般保证的保证人在主合同纠纷未经审判或者仲裁，并就债务人财产依法强制执行仍不能履行债务前，有权拒绝向债权人承担保证责任。故选项 A 表述正确。

（二）抵押

抵押是指为担保债务的履行，债务人或者第三人不转移财产的占有，将该财产抵押给债权人，债务人不履行到期债务或者发生当事人约定的实现抵押权的情形，债权人有权就该财产优先受偿。

1. 抵押财产 解读7

解读7必考点：可以抵押与不得抵押的财产。考生要注意区分，切勿混淆。

项目	内容
可以抵押的财产	债务人或者第三人有权处分的下列财产可以抵押：①建筑物和其他土地附着物；②建设用地使用权；③海域使用权；④生产设备、原材料、半成品、产品；⑤正在建造的建筑物、船舶、航空器；⑥交通运输工具；⑦法律、行政法规未禁止抵押的其他财产。抵押人可以将前述所列财产一并抵押。
不得抵押的财产	下列财产不得抵押：①土地所有权；②宅基地、自留地、自留山等集体所有土地的使用权，但是法律规定可以抵押的除外；③学校、幼儿园、医疗机构等为公益目的成立的非营利法人的教育设施、医疗卫生设施和其他公益设施；④所有权、使用权不明或者有争议的财产；⑤依法被查封、扣押、监管的财产；⑥法律、行政法规规定不得抵押的其他财产。

项目	内容
其他相关规定	（1）企业、个体工商户、农业生产经营者可以将现有的以及将有的生产设备、原材料、半成品、产品抵押，债务人不履行到期债务或者发生当事人约定的实现抵押权的情形，债权人有权就抵押财产确定时的动产优先受偿。 （2）以建筑物抵押的，该建筑物占用范围内的建设用地使用权一并抵押。以建设用地使用权抵押的，该土地上的建筑物一并抵押。抵押人未依据前述规定一并抵押的，未抵押的财产视为一并抵押。 （3）乡镇、村企业的建设用地使用权不得单独抵押。以乡镇、村企业的厂房等建筑物抵押的，其占用范围内的建设用地使用权一并抵押。

2．抵押合同

设立抵押权，当事人应当采用书面形式订立抵押合同。抵押合同一般包括下列条款：①被担保债权的种类和数额；②债务人履行债务的期限；③抵押财产的名称、数量等情况；④担保的范围。

3．抵押权的设立与实现

项目	内容
设立	（1）以建筑物和其他土地附着物、建设用地使用权、海域使用权或者正在建造的建筑物抵押的，应当办理抵押登记。抵押权自登记时设立。以动产抵押的，抵押权自抵押合同生效时设立；未经登记，不得对抗善意第三人。 （2）抵押权设立前，抵押财产已经出租并转移占有的，原租赁关系不受该抵押权的影响。 （3）抵押期间，抵押人可以转让抵押财产。当事人另有约定的，按照其约定。抵押财产转让的，抵押权不受影响。抵押人转让抵押财产的，应当及时通知抵押权人。 （4）抵押权不得与债权分离而单独转让或者作为其他债权的担保。债权转让的，担保该债权的抵押权一并转让，但是法律另有规定或者当事人另有约定的除外。

项目	内容
实现	（1）债务人不履行到期债务或者发生当事人约定的实现抵押权的情形，抵押权人可以与抵押人协议以抵押财产折价或者以拍卖、变卖该抵押财产所得的价款优先受偿。协议损害其他债权人利益的，其他债权人可以请求人民法院撤销该协议。抵押权人与抵押人未就抵押权实现方式达成协议的，抵押权人可以请求人民法院拍卖、变卖抵押财产。抵押财产折价或者变卖的，应当参照市场价格。 （2）抵押财产折价或者拍卖、变卖后，其价款超过债权数额的部分归抵押人所有，不足部分由债务人清偿。 （3）同一财产向两个以上债权人抵押的，拍卖、变卖抵押财产所得的价款依照下列规定清偿：①抵押权已经登记的，按照登记的时间先后确定清偿顺序；②抵押权已经登记的先于未登记的受偿；③抵押权未登记的，按照债权比例清偿。其他可以登记的担保物权，清偿顺序参照适用前述规定。 （4）建设用地使用权抵押后，该土地上新增的建筑物不属于抵押财产。该建设用地使用权实现抵押权时，应当将该土地上新增的建筑物与建设用地使用权一并处分。但是，新增建筑物所得的价款，抵押权人无权优先受偿。

4. 最高额抵押

（1）为担保债务的履行，债务人或者第三人对一定期间内将要连续发生的债权提供担保财产的，债务人不履行到期债务或者发生当事人约定的实现抵押权的情形，抵押权人有权在最高债权额限度内就该担保财产优先受偿。最高额抵押权设立前已经存在的债权，经当事人同意，可以转入最高额抵押担保的债权范围^{解读8}。

（2）有下列情形之一的，抵押权人的债权确定：①约定的债权确定期间届满；②没有约定债权确定期间或者约定不明确，抵押权人或者抵押人自最高额抵押权设立之日起满2年后请求确定债权；③新的债权不可能发生；④抵押权人知道或者应当知道抵押财产被查封、扣押；⑤债务人、抵押人被宣告破产或者解散；⑥法律规定债权确定的其他情形。

解读8 注意抵押权人行使抵押权的时间限制。民法典第419条规定，抵押权人应当在主债权诉讼时效期间行使抵押权；未行使的，人民法院不予保护。

典 型 真 题

【单选题】某公立中学为修缮教育设施向银行借款，银行要求该学校提供担保，学校自有财产向银行设立抵押，下列财产中，可以抵押的是（　　）。

A. 该学校的办公楼　　　　B. 该学校的非教育用小汽车

C. 与临校存在权属争议的财产　　D. 该学校的操场

【答案】B【解析】选项 B 属于可以抵押财产中的交通运输工具，符合题意。

（三）质押

质押是指债务人或第三人将其动产或权利凭证移交债权人占有或者将法律法规允许质押的权利依法进行登记，将该动产或权利作为债权的担保，当债务人不履行债务时，债权人有权依法就该动产或权利处分所得的价款优先受偿。

1. 质押的种类

种类	内容
动产质押	动产质押是指为担保债务的履行，债务人或者第三人将其动产出质给债权人占有的，债务人不履行到期债务或者发生当事人约定的实现质权的情形，债权人有权就该动产优先受偿[解读9]。
权利质押	权利质押是以法律和行政法规所允许出质的财产权利为债权设定担保，其设立法定手续有交付权利凭证和履行登记手续两类。 民法典第 440 条规定，债务人或者第三人有权处分的下列权利可以出质：①汇票、本票、支票；②债券、存款单；③仓单、提单；④可以转让的基金份额、股权；⑤可以转让的注册商标专用权、专利权、著作权等知识产权中的财产权；⑥现有的以及将有的应收账款；⑦法律、行政法规规定可以出质的其他财产权利[解读10]。 （1）以汇票、本票、支票、债券、存款单、仓单、提单出质的，质权自权利凭证交付质权人时设立；没有权利凭证的，质权自办理出质登记时设立。法律另有规定的，依照其规定。 （2）汇票、本票、支票、债券、存款单、仓单、提单的兑现日期或者提货日期先于主债权到期的，质权人可以兑现或者提货，并与出质人协议将兑现的价款或者提取的货物提前清偿债务或者提存。 （3）以基金份额、股权出质的，质权自办理出质登记时设立。基金份额、股权出质后，不得转让，但是出质人与质权人协商同意的除外。出质人转让基金份额、股权所得的价款，应当向质权人提前清偿债务或者提存。 （4）以注册商标专用权、专利权、著作权等知识产权中的财产权出质的，质权自办理出质登记时设立。知识产权中的财产权出质后，出质人不得转让或者许可他人使用，但是出质人与质权人协商同意的除外。出质人转让或者许可他人使用出质的知识产权中的财产权所得的价款，应当向质权人提前清偿债务或者提存。

解读9 债务人或者第三人为出质人，债权人为质权人，交付的动产为质押财产。

解读10 考生要注意这些出质的权利设立质权的时间，在考试中经常会考到。

种类	内容
权利质押	（5）以应收账款^{解读11}出质的，质权自办理出质登记时设立。应收账款出质后，不得转让，但是出质人与质权人协商同意的除外。出质人转让应收账款所得的价款，应当向质权人提前清偿债务或者提存。 【提示】《应收账款质押登记办法》所称的应收账款包括下列权利：①销售、出租产生的债权，包括销售货物，供应水、电、气、暖，知识产权的许可使用，出租动产或不动产等；②提供医疗、教育、旅游等服务或劳务产生的债权；③能源、交通运输、水利、环境保护、市政工程等基础设施和公用事业项目收益权；④提供贷款或其他信用活动产生的债权；⑤其他以合同为基础的具有金钱给付内容的债权。

解读11应收账款是指权利人因提供一定的货物、服务或设施而获得的要求义务人付款的权利以及依法享有的其他付款请求权，包括现有的和未来的金钱债权，但不包括因票据或其他有价证券而产生的付款请求权，以及法律、行政法规禁止转让的付款请求权。

2.　质押合同

（1）质押合同设立质权，当事人应当采用书面形式订立质押合同。

（2）质押合同一般包括下列条款：①被担保债权的种类和数额；②债务人履行债务的期限；③质押财产的名称、数量等情况；④担保的范围；⑤质押财产交付的时间、方式。

（3）我国法律规定，在质押合同的内容中不得约定：质权人在债务履行期届满前，不得与出质人约定债务人不履行到期债务时质押财产归债权人所有，只能依法就质押财产优先受偿。

3.　质权的设立

（1）民法典规定，出质人与质权人可以协议设立最高额质权。

（2）质权自出质人交付质押财产时设立。

4.　质权人的权利义务

项目	内容
权利	（1）质权人有权收取质押财产的孳息，但合同另有约定的除外。此处规定的孳息应当先充抵收取孳息的费用。 （2）质权人可以放弃质权。债务人以自己的财产出质，质权人放弃该质权的，其他担保人在质权人丧失优先受偿权益的范围内免除担保责任，但其他担保人承诺仍然提供担保的除外。 （3）债务人不履行到期债务或者发生当事人约定的实现质权的情形，质权人可以与出质人协议以质押财产折价，也可以就拍卖、变卖质押财产所得的价款优先受偿。质押财产折价或者变卖的，应当参照市场价格。

续 表

项目	内容
义务	（1）质权人在质权存续期间，未经出质人同意，擅自使用、处分质押财产，给出质人造成损害的，应当承担赔偿责任。 （2）质权人负有妥善保管质押财产的义务。因保管不善致使质押财产毁损、灭失的，应当承担赔偿责任。质权人的行为可能使质押财产毁损、灭失的，出质人可以要求质权人将质押财产提存，或者要求提前清偿债务并返还质押财产。 （3）因不能归责于质权人的事由可能使质押财产毁损或者价值明显减少，足以危害质权人权利的，质权人有权要求出质人提供相应的担保；出质人不提供的，质权人可以拍卖、变卖质押财产，并与出质人通过协议将拍卖、变卖所得的价款提前清偿债务或者提存。 （4）质权人在质权存续期间，未经出质人同意转质，造成质押财产毁损、灭失的，应当向出质人承担赔偿责任。 （5）债务人履行债务或者出质人提前清偿所担保的债权的，质权人应当返还质押财产。

典型真题

【单选题】 民法典确立的两类质押是（　　　）。

A. 财产质押和票据质押　　　　B. 动产质押和不动产质押

C. 动产质押和权利质押　　　　D. 权利质押和义务质押

【答案】 C **【解析】** 民法典确立了两类质押，一是动产质押；二是权利质押。

【单选题】 以依法可以转让的股票出质的，出质人与质权人应当订立书面合同，并向证券登记机构办理出质登记。质权自（　　　）起设立。

A. 合同中约定之日　　　　B. 登记之日后一日

C. 登记之日　　　　D. 合同签订之日

【答案】 C **【解析】** 以汇票、支票、本票、债券、存款单、仓单、提单出质的，当事人应当订立书面合同。质权自权利凭证交付质权人时设立；没有权利凭证的，质权自有关部门办理出质登记时设立。

（四）留置

留置权是指债务人不履行到期债务，债权人可以留置已经合法占有的债务人的动产，并有权就该动产优先受偿。在此法律关系中，债权人为留置权人，占有的动产为留置财产。

1. 留置权人的权利义务

项目	内容
权利	（1）有权收取留置财产的孳息，孳息应当先充抵收取孳息的费用。 （2）债务人逾期未履行的，留置权人可以与债务人协议以留置财产折价，也可以就拍卖、变卖留置财产所得的价款优先受偿，留置财产折价或者变卖的，应当参照市场价格。
义务	（1）留置权人负有妥善保管留置财产的义务。 （2）因保管不善致使留置财产毁损、灭失的，应当承担赔偿责任。

2. 留置权的实现

留置权人与债务人应当约定留置财产后的债务履行期间；没有约定或者约定不明确的，留置权人应当给债务人 60 日以上履行债务的期限，但鲜活易腐等不易保管的动产除外。

3. 留置权与抵押权、质权的关系

民法典第 456 条规定，同一动产上已设立抵押权或者质权，该动产又被留置的，留置权人优先受偿。

典型真题

【单选题】留置权是指债权人按照合同的约定占有债务人的（　　），债务人未履行到期债务的，债权人有权依据法律规定留置财产，并有权就该财产优先受偿。

A. 不动产　　　　　　　　　B. 权利凭证

C. 不动产和动产　　　　　　D. 动产

【答案】D【解析】留置权是指债权人按照合同的约定占有债务人的动产，债务人未履行到期债务的，债权人有权依照法律规定留置财产，并有权就该动产优先受偿。

（五）定金 解读12

定金是指为确保合同履行，当事人一方在合同履行之前向对方交付的一定数额的金钱。其中，给付定金的一方为定金给付方，接受定金的一方为定金接受方。

1. 定金的生效

当事人可以约定一方向对方给付定金作为债权的担保。定金合同自实际交付定金时成立。定金的数额由当事人约定；但是，不得超过主合同标的额的 20%，超过部分不产生定金的效力。实际交付的定金数额多于或者少于约定数额的，视

解读 12 定金的内容不多，考试中考查也不多，考生熟悉即可。

为变更约定的定金数额。

2. 定金的效力

债务人履行债务的，定金应当抵作价款或者收回。给付定金的一方不履行债务或者履行债务不符合约定，致使不能实现合同目的的，无权请求返还定金；收受定金的一方不履行债务或者履行债务不符合约定，致使不能实现合同目的的，应当双倍返还定金。

3. 定金与订金的区别

区别	内容
性质不同	（1）定金是一种担保方式。 （2）订金具有预付款性质，不具有担保功能。
效力不同	（1）收受定金的一方不履行约定的债务的，应当双倍返还定金。 （2）收受订金的当事人一方不履行合同债务时，退还订金即可，无须双倍返还。
不同数额限制不同	（1）民法典规定，定金数额不得超过主合同标的额的20%。 （2）订金的数额依当事人之间自由约定，法律未作限制。

（六）非典型担保

（1）根据担保制度司法解释，债权人与担保人订立担保合同，约定以法律、行政法规尚未规定可以担保的财产权利设立担保，当事人主张合同无效的，人民法院不予支持。当事人未在法定的登记机构依法进行登记，主张该担保具有物权效力的，人民法院不予支持。

（2）同一应收账款同时存在保理、应收账款质押和债权转让，当事人主张参照《民法典》第768条的规定确定优先顺序的，人民法院应予支持。

（3）债务人或者第三人为担保债务的履行，设立专门的保证金账户并由债权人实际控制，或者将其资金存入债权人设立的保证金账户，债权人主张就账户内的款项优先受偿的，人民法院应予支持。

第三节 合同

视频讲解 微信扫描

一、合同的订立（熟悉）

（一）合同的订立方式

民法典第471条规定，当事人订立合同，可以采取要约、承诺方式或者其他方式。

真考解读 考查相对较少，考生重点熟悉要约与承诺两种方式。

1．要约

项目	内容
含义	要约是希望和他人订立合同的意思表示，该意思表示应当符合下列规定：①内容具体确定；②表明经受要约人承诺，要约人即受该意思表示约束。
生效	要约的生效要约到达受要约人时生效。
撤回	要约可以撤回。撤回要约的通知应当在要约到达受要约人之前或者与要约同时到达受要约人。
撤销	（1）要约可以撤销，但是有下列情形之一的除外：①要约人以确定承诺期限或者其他形式明示要约不可撤销；②受要约人有理由认为要约是不可撤销的，并已经为履行合同做了合理准备工作。 （2）撤销要约的意思表示以对话方式作出的，该意思表示的内容应当在受要约人作出承诺之前为受要约人所知道；撤销要约的意思表示以非对话方式作出的，应当在受要约人作出承诺之前到达受要约人。
失效	有下列情形之一的，要约失效：①要约被拒绝；②要约被依法撤销；③承诺期限届满，受要约人未作出承诺；④受要约人对要约的内容作出实质性变更。

2．承诺

项目	内容
含义	承诺是受要约人同意要约的意思表示。
方式	承诺应当以通知的方式作出，但根据交易习惯或者要约表明可以通过行为作出承诺的除外。
到达	承诺应当在要约确定的期限内到达要约人。
变更	承诺的内容应当与要约的内容一致。受要约人对要约的内容作出实质性变更的，为新要约。
生效	承诺生效时合同成立，但是法律另有规定或者当事人另有约定的除外。
撤回	承诺可以撤回。撤回承诺的通知应当在承诺通知到达要约人之前或者与承诺通知同时到达要约人。

典型真题

【单选题】下列关于合同成立条件的错误表述是（　　　）。

A. 双方当事人订立合同必须是依法进行的

B. 当事人必须就合同的主要条款协商一致

C. 合同的成立不必须具备要约和承诺阶段

D. 承诺生效时合同成立

【答案】C【解析】当事人订立合同，可以采取要约、承诺方式或者其他方式。

（二）合同的内容与形式

1. 合同的内容

由当事人约定，一般包括下列条款：①当事人的姓名或者名称和住所；②标的；③数量；④质量；⑤价款或者报酬；⑥履行期限、地点和方式；⑦违约责任；⑧解决争议的方法。当事人可以参照各类合同的示范文本订立合同。

2. 合同的形式

（1）当事人订立合同，可以采用书面形式、口头形式或者其他形式。

（2）书面形式是合同书、信件、电报、电传、传真等可以有形地表现所载内容的形式。

（3）以电子数据交换、电子邮件等方式能够有形地表现所载内容，并可以随时调取查用的数据电文，视为书面形式。

（三）合同成立的时间与地点

1. 合同成立的时间

（1）当事人采用合同书形式订立合同的，自当事人均签名、盖章或者按指印时合同成立。在签名、盖章或者按指印之前，当事人一方已经履行主要义务，对方接受时，该合同成立。法律、行政法规规定或者当事人约定合同应当采用书面形式订立，当事人未采用书面形式但是一方已经履行主要义务，对方接受时，该合同成立。

（2）当事人采用信件、数据电文等形式订立合同要求签订确认书的，签订确认书时合同成立。当事人一方通过互联网等信息网络发布的商品或者服务信息符合要约条件的，对方选择该商品或者服务并提交订单成功时合同成立，但是当事人另有约定的除外。

2. 合同成立的地点

（1）承诺生效的地点为合同成立的地点。采用数据电文形式订立合同的，收件人的主营业地为合同成立的地点；没有主营业地的，其住所地为合同成立的地点。当事人另有约定的，按照其约定。

（2）当事人采用合同书形式订立合同的，最后签名、盖章或者按指印的地点为合同成立的地点，但是当事人另有约定的除外。

二、合同的效力（掌握）

（一）合同的生效

1. 合同生效[解读1]的含义

合同生效是指依法订立的合同在当事人之间发生法律约束力。依法成立的合同，自成立时生效，但是法律另有规定或者当事人另有约定的除外。

2. 合同生效的要件

（1）当事人必须具有相应的民事行为能力。

（2）当事人意思表示真实。

（3）合同标的合法，即当事人签订的合同不违反法律和社会公共利益。

（4）合同标的须确定和可能。

典型真题

【单选题】合同生效的要件有（   ）。

A. 当事人意思表示真实　　　　　B. 合同标的须确定和可能

C. 合同须以书面形式订立　　　　D. 当事人必须具有完全民事行为能力

E. 合同标的合法

【答案】ABE【解析】合同生效的要件：①当事人必须具有相应的民事行为能力；②当事人意思表示真实；③合同标的合法，即当事人签订的合同不违反法律和社会公共利益；④合同标的须确定和可能。

（二）合同的效力[解读2]

项目	内容
无效合同	（1）导致合同无效的原因：①虚假合同；②恶意串通，损害他人合法权益；③违背公序良俗；④违反法律、行政法规的强制性规定。 （2）无效的合同自始没有法律约束力。合同部分无效，不影响其他部分效力。 （3）法人的法定代表人或者非法人组织的负责人超越权限订立的合同，除相对人知道或者应当知道其超越权限外，该代表行为有效，订立的合同对法人或者非法人组织发生效力。 （4）当事人超越经营范围订立的合同的效力，应当依照民法典的有关规定确定，不得仅以超越经营范围确认合同无效。
可变更、可撤销的合同	（1）类型：①因重大误解订立的合同；②显失公平的合同；③因欺诈而订立的合同；④因胁迫而订立的合同；⑤乘人之危的合同。 （2）对于可变更、可撤销的合同，当事人请求变更的，法院或仲裁机构不得撤销。当事人请求撤销的，人民法院可以变更。

续表

项目	内容
效力未定的合同	效力未定的合同也称效力待定合同，是指合同订立后尚未生效，须经权利人追认才能生效的合同。

典型真题

【单选题】下列关于合同无效的表述，正确的是（　　　）。

A. 合同部分无效，不影响其他部分效力

B. 有过错一方不需承担缔约过失责任

C. 合同无效自判定无效起无效

D. 合同部分无效，整体无效

【答案】A【解析】有过错的一方应当赔偿对方因此所受到的损失，双方都有过错的，应当各自承担相应的责任，故选项 B 错误。无效的合同自始没有法律约束力，故选项 C 错误。合同部分无效，不影响其他部分效力，故选项 D 错误。

三、合同的变更和转让（熟悉）

真考解读考查相对较少，考生熟悉相关规定即可。

（一）合同的变更

经当事人协商一致，可以变更合同。当事人对合同变更的内容约定不明确的，推定为未变更。

（二）合同的转让

合同的转让（合同主体的变更）是指当事人将合同的权利和义务全部或者部分转让给第三人。主要分为以下三种类型。

类型	内容
债权转让	（1）债权转让是指债权人将合同的权利全部或者部分转让给第三人[解读3]的法律制度。 （2）债权人转让权利的，应当通知债务人。未经通知，该转让对债务人不发生效力。债权人转让权利的通知不得撤销，但经受让人同意的除外。 （3）禁止债权转让的情形：①根据债权性质不得转让；②按照当事人约定不得转让；③依照法律规定不得转让。 （4）对债务人而言，债权人权利的转让，不得损害债务人的利益，不应影响债务人的权利。

解读3债权人是转让人，第三人是受让人。

续　表

类型	内容
债务承担	（1）债务承担是指债权人或者债务人与第三人之间达成转让债务的协议，由第三人取代原债务人承担全部债务。 （2）债务人与第三人协议转让债务的，应当经债权人同意。
合同权利义务的概括移转	（1）合同权利义务的概括移转是指合同一方当事人将自己在合同中的权利义务一并转让的法律制度。 （2）合同权利和义务的概括移转可基于法律的规定而发生，也可基于当事人之间的合同行为而发生。

四、合同的终止（熟悉）

（一）合同终止

1. 含义

合同的终止是指因发生法律规定或当事人约定的情况，使当事人之间的权利义务关系消灭，而使合同终止法律效力。

2. 终止的情形

有下列情形之一的，债权债务终止。

（1）债务已经履行。

（2）债务相互抵销。

（3）债务人依法将标的物提存。

（4）债权人免除债务。

（5）债权债务同归于一人。

（6）法律规定或者当事人约定终止的其他情形。

（二）合同解除

1. 含义

合同解除是指合同有效成立以后，没有履行或者没有完全履行之前，基于法律规定，或双方当事人通过协议或者一方行使解除权的方式，使合同关系终止的法律制度。

2. 分类

合同解除分为协议解除、约定解除权和法定解除三种。

分类	内容
协议解除	协议解除是指当事人协商一致而解除合同。

真考解读 考查相对较少，考生重点熟悉终止的情形以及三种解除、两种抵销。

续 表

分类	内容
约定解除权	约定解除权是指双方在原合同中约定解除权条款，或另行签订一个合同赋予一方或双方当事人在一定条件下享有解除权。一旦该条件成立，解除权人就可以通过行使解除权而终止合同。 民法典第 562 条第 2 款规定，当事人可以约定一方解除合同的事由。解除合同的事由发生时，解除权人可以解除合同。
法定解除	法定解除是指根据法律规定而解除合同。 民法典第 563 条规定，有下列情形之一的，当事人可以解除合同：①因不可抗力致使不能实现合同目的；②在履行期限届满之前，当事人一方明确表示或者以自己的行为表明不履行主要债务；③当事人一方迟延履行主要债务，经催告后在合理期限内仍未履行；④当事人一方迟延履行债务或者有其他违约行为致使不能实现合同目的；⑤法律规定的其他情形。

3. 关于合同解除的具体规定

（1）当事人一方依法主张解除合同的，应当通知对方。合同自通知到达对方时解除；通知载明债务人在一定期限内不履行债务则合同自动解除，债务人在该期限内未履行债务的，合同自通知载明的期限届满时解除。

（2）对方对解除合同有异议的，任何一方当事人均可以请求人民法院或者仲裁机构确认解除行为的效力。

（3）合同解除后，尚未履行的，终止履行；已经履行的，根据履行情况和合同性质，当事人可以请求恢复原状或者采取其他补救措施，并有权请求赔偿损失。

（4）主合同解除后，担保人对债务人应当承担的民事责任仍应当承担担保责任，但是担保合同另有约定的除外。

（三）抵销

1. 含义

抵销是指双方当事人互负债务时，一方通知对方以其债权充当债务的清偿或者双方协商以债权充当债务的清偿，使双方的债务在对等额度内消灭的行为。

2. 作用

抵销可以简化交易程序，降低交易成本，提高交易安全性。

3．分类

分类	内容
法定抵销	民法典第568条规定，当事人互负债务，该债务的标的物种类、品质相同的，任何一方可以将自己的债务与对方的到期债务抵销；但是，根据债务性质、按照当事人约定或者依照法律规定不得抵销的除外。当事人主张抵销的，应当通知对方。通知自到达对方时生效。抵销不得附条件或者附期限。
约定抵销	民法典第569条规定，当事人互负债务，标的物种类、品质不相同的，经协商一致，也可以抵销。

（四）提存

民法典第570条规定，有下列情形之一，难以履行债务的，债务人可以将标的物提存。

（1）债权人无正当理由拒绝受领。

（2）债权人下落不明。

（3）债权人死亡未确定继承人、遗产管理人，或者丧失民事行为能力未确定监护人。

（4）法律规定的其他情形。

（五）免除与混同

（1）债权人免除债务人部分或者全部债务的，债权债务部分或者全部终止，但是债务人在合理期限内拒绝的除外。

（2）债权和债务同归于一人的，债权债务终止，但是损害第三人利益的除外。

五、违约责任（掌握）

（一）违约责任的含义

违约责任是指当事人一方因不履行合同义务或者履行合同义务不符合约定，而向另一当事人所应承担的民事责任。

（二）承担违约责任的主要方式解读4

民法典第577条规定，当事人一方不履行合同义务或者履行合同义务不符合约定的，应当承担继续履行、采取补救措施或者赔偿损失等违约责任。

主要方式	内容
补救措施	具体内容根据合同的具体情况确定。
定金责任	民法典第586条规定，当事人可以约定一方向对方给付定金作为债权的担保。第587条规定，债务人履行债务的，定金应当抵作价款或者收回。给付定金的一方不履行债务或者履行债务不符合约定，致使不能实现合同目的的，无权请求返还定金；收受定金的一方不履行债务或者履行债务不符合约定，致使不能实现合同目的的，应当双倍返还定金。

真考解读 属于常考点，一般会考1道题。

解读4 常考点：承担违约责任的五种方式及其具体规定。

续　表

主要方式	内容
继续履行	当事人一方不履行非金钱债务或者履行非金钱债务不符合约定的，对方可以请求履行，但是有下列情形之一的除外。 　　（1）法律上或者事实上不能履行。 　　（2）债务的标的不适于强制履行或者履行费用过高。 　　（3）债权人在合理期限内未请求履行。
支付违约金	民法典第585条规定，当事人可以约定一方违约时应当根据违约情况向对方支付一定数额的违约金，也可以约定因违约产生的损失赔偿额的计算方法。
赔偿损失	（1）当事人一方不履行合同义务或者履行合同义务不符合约定，造成对方损失的，损失赔偿额应当相当于因违约所造成的损失，包括合同履行后可以获得的利益；但是，不得超过违约一方订立合同时预见到或者应当预见到的因违约可能造成的损失。 　　（2）当事人一方违约后，对方应当采取适当措施防止损失的扩大；没有采取适当措施致使损失扩大的，不得就扩大的损失要求赔偿。

典型真题

【多选题】违约责任承担的形式有（　　　）。

A. 补救措施　　　B. 定金责任　　　C. 继续履行

D. 支付违约金　　　E. 赔偿损失

【答案】ABCDE【解析】选项A、选项B、选项C、选项D、选项E均属于违约责任承担的形式。

（三）免责事由

免责事由（免责条件）是指当事人对其违约行为免于承担违约责任的事由。免责事由主要包括以下两种。

项目	内容
不可抗力^{解读5}	（1）因不可抗力不能履行合同的，根据不可抗力的影响，违约方可以部分或全部免除责任。 　　（2）常见的不可抗力：①自然灾害（如地震、台风、洪水、海啸等）；②政府行为（如征收、征用等）；③社会异常现象（如罢工、骚乱等）。 　　（3）免责例外：①金钱债的迟延责任不得因不可抗力而免除；②迟延履行期间发生的不可抗力不具有免责效力。

解读5 不可抗力的四个要件：不能预见；不能避免；不能克服；客观情况。

续　表

项目	内容
免责条款	（1）免责条款是指当事人在合同中约定免除将来可能发生的违约责任的条款。 （2）民法典第506条规定，合同中的下列免责条款无效：①造成对方人身损害的；②因故意或者重大过失造成对方财产损失的。

第四节　婚姻和继承

真考解读 属于常考点，一般会考1道题。

一、婚姻（掌握）

（一）法定夫妻财产制

1. 含义

法定夫妻财产制是指夫妻双方在婚前、婚后都没有约定或约定无效时，直接适用有关法律规定的夫妻财产制度。

解读1 常考点：夫妻共同财产和个人财产的内容。

2. 具体规定 解读1

项目	内容
夫妻共同财产	民法典第1062条规定，夫妻在婚姻关系存续期间所得的下列财产，为夫妻的共同财产，归夫妻共同所有：①工资、奖金、劳务报酬；②生产、经营、投资的收益；③知识产权的收益；④继承或者受赠的财产，但是民法典第1063条第3项规定的除外；⑤其他应当归共同所有的财产。夫妻对共同财产，有平等的处理权。
夫妻一方个人财产	民法典第1063条规定，下列财产为夫妻一方的个人财产：①一方的婚前财产；②一方因受到人身损害获得的赔偿或者补偿；③遗嘱或者赠与合同中确定只归一方的财产；④一方专用的生活用品；⑤其他应当归一方的财产。

典型真题

【多选题】根据民法典的规定，夫妻在婚姻关系存续期间所得财产归夫妻共同所有的是（　　）。

A. 工资、奖金　　　　　　　　B. 生产的收益

C. 知识产权的收益　　　　　　D. 一方因身体受到伤害获得的医疗费

E. 经营的收益

【答案】ABCE **【解析】**民法典第 1062 条规定,夫妻在婚姻关系存续期间所得的下列财产,为夫妻的共同财产,归夫妻共同所有:①工资、奖金、劳务报酬;②生产、经营、投资的收益;③知识产权的收益;④继承或者受赠的财产,但是民法典第 1063 条第 3 项规定的除外;⑤其他应当归共同所有的财产。

(二)约定夫妻财产制

约定夫妻财产制也称有契约财产制度,是指夫妻双方通过协商对婚前、婚后取得的财产的归属、处分以及在婚姻关系解除后的财产分割达成协议,且优先于法定夫妻财产制适用的夫妻财产制度。

民法典第 1065 条规定,男女双方可以约定婚姻关系存续期间所得的财产以及婚前财产归各自所有、共同所有或者部分各自所有、部分共同所有。约定应当采用书面形式。没有约定或者约定不明确的,适用民法典第 1062 条、第 1063 条的规定。

(三)夫妻共同债务 解读2

(1)夫妻共同债务是指夫妻双方共同签名或者夫妻一方事后追认等共同意思表示所负的债务,以及夫妻一方在婚姻关系存续期间以个人名义为家庭日常生活需要所负的债务。

(2)夫妻共同债务应当以夫妻共有财产清偿。夫妻对婚姻关系存续期间所得的财产约定归各自所有,夫或者妻一方对外所负的债务,相对人知道该约定的,以夫或者妻一方的个人财产清偿。

(四)民法典对于婚姻的其他规定

民法典第 1041 条规定,婚姻家庭受国家保护。实行婚姻自由、一夫一妻、男女平等的婚姻制度。保护妇女、未成年人、老年人、残疾人的合法权益。

民法典第 1042 条规定,禁止包办、买卖婚姻和其他干涉婚姻自由的行为。禁止借婚姻索取财物。禁止重婚。禁止有配偶者与他人同居。禁止家庭暴力。禁止家庭成员间的虐待和遗弃。

二、继承 (掌握)

(一)继承的含义

继承是指自然人死亡后,其遗留的个人合法所有财产依法转移给他人所有的法律制度。在继承中,死者是被继承人,被继承人死亡时遗留的财产是遗产,依法承受被继承人遗产的人是继承人。

(二)继承的基本原则

(1)保护自然人合法财产继承权。

(2)继承权男女平等。

(3)养老育幼、互谅互让。

①在法定继承中,对生活有特殊困难的缺乏劳动能力的继承人,分配遗产时,应当予以照顾。

解读2 夫妻一方在婚姻关系存续期间以个人名义超出家庭日常生活需要所负的债务,不属于夫妻共同债务;但债权人能够证明该债务用于夫妻共同生活、共同生产经营或者基于夫妻双方共同意思表示的除外。

真考解读 属于常考点,一般会考 1 道题。

②在遗嘱继承中，应给缺乏劳动能力又没有生活来源的继承人保留必要的遗产份额。

③在遗产分割时，应当保留胎儿的应继份额。

④继承人如果故意杀害被继承人、遗弃被继承人或者虐待被继承人情节严重的，丧失继承权。

（4）权利义务相一致。

①丧偶儿媳对公、婆，丧偶女婿对岳父、岳母，尽了主要赡养义务的，作为第一顺序继承人。

②同一顺序继承人继承遗产的份额，一般应当均等。但对被继承人尽了主要扶养义务或者与被继承人共同生活的继承人，分配遗产时，可以多分。

③继承人在接受遗产的同时，必须在所继承的遗产实际价值限度内，对被继承人依法应当缴纳的税款和债务负有清偿的责任。

④在有遗赠抚养协议时，只有抚养人按照抚养协议尽了抚养义务，才有权取得遗赠。

⑤遗嘱继承或者遗赠附有义务的，继承人或者受遗赠人应当履行义务。没有正当理由不履行义务的，人民法院可以取消他接受遗产的权利。

（三）遗产

遗产是指公民死亡时遗留的个人合法财产。

（1）依照法律规定或者根据其性质不得继承的遗产，不得继承。

（2）遗产的范围只限于被继承人生前个人合法所有的财产。当被继承人为共有财产的权利人之一时，其死亡后，应把死者享有的份额从共有财产中分出后，才能作为遗产继承。

（四）法定继承与遗嘱继承^{解读3}

解读3常考点：法定继承的顺序以及与遗嘱继承的区别。

项目	内容
法定继承	（1）民法典第1127条规定，遗产按照下列顺序继承。 ①第一顺序：配偶、子女、父母。 ②第二顺序：兄弟姐妹、祖父母、外祖父母。 继承开始后，由第一顺序继承人继承，第二顺序继承人不继承；没有第一顺序继承人继承的，由第二顺序继承人继承。 【提示】本编所称子女，包括婚生子女、非婚生子女、养子女和有扶养关系的继子女。本编所称父母，包括生父母、养父母和有扶养关系的继父母。本编所称兄弟姐妹，包括同父母的兄弟姐妹、同父异母或者同母异父的兄弟姐妹、养兄弟姐妹、有扶养关系的继兄弟姐妹。 （2）民法典第1129条规定，丧偶儿媳对公、婆，丧偶女婿对岳父、岳母，尽了主要赡养义务的，作为第一顺序继承人。

续　表

项目	内容
遗嘱继承	（1）遗嘱继承是指被继承人死亡后，按其生前所立遗嘱内容，将其遗产转移给指定的法定继承人的一种继承方式。在遗嘱继承中，生前立有遗嘱的被继承人称为遗嘱人或立遗嘱人，依照遗嘱的指定享有遗嘱继承的人为遗嘱继承人。 （2）遗嘱继承的效力优于法定继承。 （3）遗嘱的形式：自书遗嘱、代书遗嘱、打印遗嘱、录音录像遗嘱、口头遗嘱、公证遗嘱等。 （4）民法典第1142条规定，遗嘱人可以撤回、变更自己所立的遗嘱。立遗嘱后，遗嘱人实施与遗嘱内容相反的民事法律行为的，视为对遗嘱相关内容的撤回。立有数份遗嘱，内容相抵触的，以最后的遗嘱为准。

典型真题

【多选题】法定继承的第一顺序继承人有（　　）。

A. 兄弟姐妹

B. 丧偶儿媳对公婆，丧偶女婿对岳父母尽了主要赡养义务的

C. 子女

D. 配偶

E. 父母

【答案】BCDE　【解析】第一顺序继承人：配偶、子女、父母。丧偶儿媳对公、婆，丧偶女婿对岳父、岳母，尽了主要赡养义务的，作为第一顺序继承人。

（五）遗赠

（1）民法典第1158条规定，自然人可以与继承人以外的组织或者个人签订遗赠扶养协议。按照协议，该组织或者个人承担该自然人生养死葬的义务，享有受遗赠的权利。

（2）民法典第1162条规定，执行遗赠不得妨碍清偿遗赠人依法应当缴纳的税款和债务。

章节练习

一、**单选题**（以下各小题所给出的四个选项中，只有一项符合题目要求，请选择相应选项，不选、错选均不得分）

1. 下列属于营利法人的是（　　）。

　　A. 事业单位法人　　B. 社会服务机构　　C. 股份有限公司　　D. 社会团体法人

2. 根据民法典的规定，按照监护人设定的方式不同，监护不包括（　　）。

　　A. 法定监护　　　　B. 协议监护　　　　C. 自愿监护　　　　D. 指定监护

3. 张某接受王某的委托，以王某代理人的身份依法与李某签订了合同。对于该合同的签订，（   ）。

    A. 张某与王某均不承担民事责任　　　　B. 王某承担民事责任

    C. 张某与王某共同承担民事责任　　　　D. 张某承担民事责任

4. 根据民法典的规定，当事人保证方式没有约定或者约定不明确的，下列说法正确的是（   ）。

    A. 按照一般保证承担保证责任

    B. 保证人任意选择一般保证或连带责任保证方式

    C. 保证合同无效

    D. 按照连带责任保证承担保证责任

5. 甲向乙银行贷款 50 万元，合同约定 2017 年 6 月 1 日还款，丙为保证人，保证合同中写明："若甲不能履行债务时，丙承担保证责任。" 2017 年 6 月 1 日，甲未清偿。乙银行于是找到丙，要求丙还款 50 万元。下列表述正确的是（   ）。

    A. 丙有权要求乙银行先对甲追索　　　　B. 丙要承担立即还款责任

    C. 丙不需要承担保证责任　　　　　　　D. 该保证是连带保证

6. 下列关于权利质押的表述，正确的是（   ）。

    A. 知识产权中的财产权出质后，出质人不得转让，但可以许可他人使用

    B. 以基金份额、股权出质的，质权权利凭证交付质权人时设立

    C. 应收账款出质后，不得转让

    D. 票据的出质属于权利质押

7. 下列关于定金和订金的表述中，错误的是（   ）。

    A. 定金是一种担保方式，而订金不具有担保功能

    B. 定金具有预付款性质

    C. 收受定金的一方不履行约定的债务的，应当双倍返还定金

    D. 订金的数额可由当事人之间自由约定

8. 损害他人合法权益的合同，自（   ）。

    A. 被确认时起无效　　　　　　　　　　B. 订立时起无效

    C. 发生纠纷时起无效　　　　　　　　　D. 开始履行时起无效

9. 下列关于抵销的说法中，不正确的是（   ）。

    A. 抵销分为法定抵销与约定抵销

    B. 抵销具有简化交易程序，降低交易成本，提高交易安全性的作用

    C. 抵销可以附条件或者附期限

    D. 当事人互负债务，标的物种类、品质不相同的，经双方协商一致，也可以抵销

二、多选题（以下各小题所给出的五个选项中，有两项或两项以上符合题目的要求，请选择相应选项，多选、少选、错选均不得分）

1. 无权代理的构成要件有（   ）。

    A. 行为人既没有代理权，也没有令人相信其有代理权的事实或理由

    B. 行为人的行为不违法

    C. 行为人以自己的名义与他人所为的民事行为

D. 第三人须为善意且无过失

E. 行为人与第三人具有相应的民事行为能力

2. 抵押合同应当包含的条款有（　　　）。

A. 债务人履行债务的期限　　　　　　　B. 抵押财产的名称

C. 被担保债权的种类和数额　　　　　　D. 担保范围

E. 不能实现债权时的受偿方式

3. 根据民法典的规定，质权人的主要权利有（　　　）。

A. 质权人有权收取质押财产的孳息

B. 质权人可以放弃质权

C. 债务人不履行到期债务，质权人可以与出质人协议以质押财产折价

D. 质权人在质权存续期间，擅自使用、处分质押财产，给出质人造成损害的，无须承担赔偿责任

E. 妥善保管质押财产

4. 下列合同中，可撤销的情形有（　　　）。

A. 受欺诈的损害国家利益的行为　　　　B. 因重大误解订立的

C. 恶意串通损害第三人利益的　　　　　D. 以合法形式掩盖非法目的的

E. 在订立合同时显失公平的

5. 关于夫妻共同债务，下列说法正确的有（　　　）。

A. 原则上应以夫妻共有财产清偿

B. 夫妻共同债务须用于夫妻共同生活和家庭生活

C. 离婚时，原为夫妻共同生活所负的债务，应当共同偿还

D. 如果夫妻对婚姻关系存续期间所得的财产约定归各自所有的，夫或妻一方对外所负的债务，应以夫或妻一方所有的财产清偿

E. 一方个人不合理的开支，不属于夫妻共同债务的范围

三、判断题（请对以下各项描述做出判断，正确的为 A，错误的为 B）

1. 非法人组织的财产不足以清偿债务的，其出资人或者设立人不承担无限责任。（　　　）

A. 正确　　　　　　　　　　　　　　　B. 错误

2. 表见代理属于广义无权代理的一种。（　　　）

A. 正确　　　　　　　　　　　　　　　B. 错误

3. 作为抵押的财产必须是动产，因为抵押需要转移财产的占有。（　　　）

A. 正确　　　　　　　　　　　　　　　B. 错误

4. 债务人与第三人协议转让债务的，无须经债权人同意，但应当通知债权人。（　　　）

A. 正确　　　　　　　　　　　　　　　B. 错误

答案详解

一、单选题

1. C【解析】民法典第76条规定，以取得利润并分配给股东等出资人为目的成立的法人，为营利法人。营利法人包括有限责任公司、股份有限公司和其他企业法人等。

2. C【解析】根据民法典的规定，按照监护人设定的方式不同，监护可以分为法定监护、协议

监护和指定监护。

3．B【解析】代理行为的法律后果直接归属于被代理人，故王某应承担民事责任。

4．A【解析】当事人在保证合同中对保证方式没有约定或者约定不明确的，按照一般保证承担保证责任。

5．A【解析】题干所述为一般保证。一般保证的保证人在主合同纠纷未经审判或者仲裁，并就债务人财产依法强制执行仍不能履行债务前，有权拒绝向债权人承担保证责任。因此，丙可以拒绝承担还款，要求乙银行先对甲追索。

6．D【解析】知识产权中的财产权出质后，出质人不得转让或者许可他人使用，但经出质人与质权人协商同意的除外，选项A错误。以基金份额、股权出质的，质权自办理出质登记时设立，选项B错误。应收账款出质后，不得转让，但经出质人与质权人协商同意的除外，选项C错误。

7．B【解析】选项B，订金具有预付款性质。其余选项表述均正确。

8．B【解析】损害他人合法权益的合同属于无效合同，无效的合同自始没有法律约束力。

9．C【解析】选项C，抵销不得附条件或者附期限。

二、多选题

1．ABCDE【解析】选项A、选项B、选项C、选项D、选项E均属于无权代理的构成要件。

2．ABCD【解析】选项A、选项B、选项C、选项D均为抵押合同应包含的条款。

3．ABC【解析】质权人在质权存续期间，未经出质人同意，擅自使用、处分质押财产，给出质人造成损害的，应当承担赔偿责任，选项D错误。选项E属于质权人的义务，而不是权利。选项A、选项B、选项C均属于质权人的权利。

4．BE【解析】可变更、可撤销的合同类型：①因重大误解订立的合同；②显失公平的合同；③因欺诈而订立的合同；④因胁迫而订立的合同；⑤乘人之危的合同。

5．ABCDE【解析】选项A、选项B、选项C、选项D、选项E说法均正确。

三、判断题

1．B【解析】非法人组织的财产不足以清偿债务的，其出资人或者设立人承担无限责任。

2．A【解析】题干表述正确。

3．B【解析】作为抵押物的财产既可以是动产，也可以是不动产。抵押的特点在于不转移财产的占有。

4．B【解析】债务人与第三人协议转让债务的，应当经债权人同意。

第十七章　商事法律制度

🔍 应试分析

　　本章主要介绍了公司法律制度；证券、基金与保险法律制度；信托法律制度和票据法律制度的相关内容。本章内容在考试中涉及分值约为 5 分。考试中有对知识点的直接考查，也有以案例的形式对知识点进行考查，这就需要考生在理解和掌握知识点的基础上能够灵活运用。

🏠 思维导图

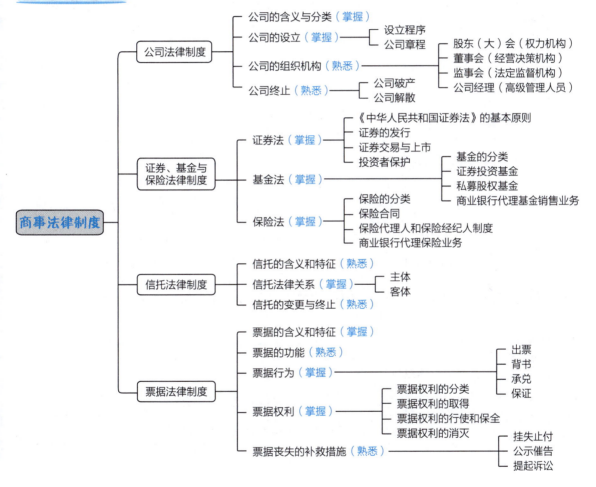

📖 **知识精讲**

第一节　公司法律制度

视频讲解　微信扫描

真考解读 属于常考点，一般会考1道题。

一、公司的含义与分类（掌握）

（一）公司的含义

公司，是指股东依照《中华人民共和国公司法》（以下简称公司法）的规定出资设立，股东以其出资额或认购的股份对公司承担责任，公司以其全部资产对公司债务承担责任的企业法人。

（二）公司的特征

(1) 以营利为目的的企业组织。

(2) 具有独立法人地位。

(3) 以股东投资为基础组成社团法人。

(4) 依法定条件和程序成立的企业法人。

（三）公司的分类

根据不同的分类标准，可以对公司进行不同的分类。

解读1 我国公司法主要以股东承担责任的范围和形式、股东人数的多少将公司分为有限责任公司和股份有限公司两类。一人公司和国有独资公司是一类特殊的有限责任公司。

划分标准	内容
公司股东承担责任的范围和形式 解读1	无限公司、有限责任公司（以出资额为限）、股份有限公司（以认购股份为限）和两合公司。
公司的股份是否公开发行及股份是否允许自由转让	封闭式公司和开放式公司。
公司信用基础	人合公司、资合公司和人合兼资合公司。
公司的外部控制或附属关系	母公司和子公司。
公司的内部管辖关系	本国公司、外国公司。
公司的国籍	本国公司、外国公司。

📝 **典型真题**

【单选题】有限责任公司的"有限责任"是指（　　）。

A. 股东以其全部资产对公司承担责任

B. 股东以其所持有的股份为限对公司承担责任

C. 股东仅以其出资额为限对公司承担责任

D. 公司以其注册资金对公司承担部分责任

【答案】C【解析】公司以其全部资产对公司的债务承担责任。股东对公司承担的责任是有限的，以其出资额为限。

二、公司的设立（掌握）

（一）设立程序

设立公司应在公司登记机关（工商行政管理机关）进行设立登记。公司法第7条规定，依法设立的公司，由公司登记机关发给公司营业执照，公司营业执照签发日期为公司成立日期，即公司取得法人资格的日期^{解读2}。

典型真题

【单选题】法定的公司成立日期是（　　）。

A. 公司营业执照签发日期　　B. 股东大会召开日期

C. 公司发起人缴足资本的日期　　D. 符合公司设立条件的日期

【答案】A【解析】根据公司法的规定，设立公司应在公司登记机关即工商行政管理机关进行设立登记。工商行政管理机关对符合公司法规定条件的，予以登记，发给公司营业执照。公司营业执照签发日期，即为公司成立日期。同时，也即为公司取得法人资格的日期。

（二）公司章程

公司章程是公司必备的规定公司组织及活动基本规则的书面文件。其作用如下。

（1）是公司设立过程中重要的法律文件。公司法第11条规定，设立公司必须依法制定公司章程。公司章程对公司、股东、董事、监事、高级管理人员具有约束力。

（2）是公司对外进行交往的基本法律依据。

（3）是确定公司权利、义务关系的基本法律文件。

（4）是公司的自治规范。具体表现：①公司章程作为一种行为规范由公司股东自行制定；②公司章程由公司自己执行，无须国家强制力保障实施；③公司章程作为公司内部的行为规范，不具有普遍的效力，仅及于公司和相关当事人。

三、公司的组织机构（熟悉）

（一）股东（大）会（权力机构）^{解读3}

（1）决定公司战略性的重大问题。

（2）选举和更换董事，选举和更换由股东代表出任的监事。

（3）决定公司组织变更、解散、清算，修改公司章程等。

（4）监督董事会和监事会。

真考解读 属于常考点，一般会考1道题。

解读2 设立公司必须履行公司设立的程序，如果仅具备公司设立条件，而不履行公司设立登记程序，公司不能成立，也不能取得法人资格。

真考解读 考查相对较少，熟悉即可。

解读3 考生应牢记股东大会是股份公司的权力机构，股东会是有限责任公司的权力机构。

（二）董事会（经营决策机构）

（1）负责召集股东会，并向股东会报告工作。

（2）执行股东大会决议，负责公司日常经营决策。

（3）聘任或者解聘公司经理（总经理），制定公司基本管理制度。

（4）对股东会负责，接受股东会监督。

（三）监事会（法定监督机构）

（1）负责检查公司财务。

（2）对董事、经理行为的合法性及是否损害公司利益进行监督。

（四）公司经理（高级管理人员）

（1）对公司日常经营管理负总责。

（2）公司的代理人，但不必然是公司的法定代表人。

（3）对董事会负责。

四、公司终止（熟悉）

真考解读 考查相对较少，考生熟悉即可。

（一）公司破产

根据公司法的规定，公司破产的原因（或破产界限）是不能清偿到期债务。

（二）公司解散

公司法规定，公司有下列情形之一的，可以解散。

（1）公司章程规定的营业期限届满或者公司章程规定的其他解散事由出现。

（2）股东会或者股东大会决议解散。

（3）因公司合并或者分立需要解散。

解读4 公司被吊销营业执照，只是意味着公司被依法撤销。只有清算后才能注销营业执照。

（4）依法被吊销营业执照^{解读4}、责令关闭或者被撤销。

（5）人民法院依法予以解散的。

【提示】上述解散情形出现时，除公司合并、分立免于清算外，公司均必须进行清算，清理债权债务。清算完结，完成公司注销登记，公司法人资格才告消灭。

第二节 证券、基金与保险法律制度

一、证券法（掌握）

真考解读 属于常考点，一般会考1道题。

（一）《中华人民共和国证券法》的基本原则

《中华人民共和国证券法》（以下简称证券法）规定了公开、公平、公正原则、平等、自愿、有偿、诚实信用原则，分业经营、分业管理原则以及合法原则等。其中，"三公"原则是证券法的最基本原则。

原则	内容
公开原则	公开原则是证券发行和交易制度的核心，要求证券发行人必须依法将与证券有关的一切真实情况予以公开，以供投资者投资决策时参考。
公平原则	公平原则要求证券发行、交易活动中的所有参与者都有平等的法律地位，各自的合法权益能够得到公平的保护。
公正原则	公正原则要求证券监督管理部门在公开、公平原则基础上，对一切被监管对象给予公正待遇。

典型真题

【单选题】（ ）是证券发行和交易机制的核心，投资者可以获取与证券有关的信息，供投资决策时参考。

A．公平原则　　　B．公开原则　　　C．公信原则　　　D．公正原则

【答案】B【解析】公开原则是证券发行和交易制度的核心。

（二）证券的发行

1．证券的发行方式 解读1

证券发行分为公开发行和非公开发行。

（1）有下列情形之一的，为公开发行：①向不特定对象发行证券；②向特定对象发行证券累计超过 200 人，但依法实施员工持股计划的员工人数不计算在内；③法律、行政法规规定的其他发行行为。

（2）非公开发行（私募发行）：采用非公开的方式，向特定的对象发行的行为。

2．证券发行管理制度

证券发行管理制度主要有审批制、核准制和注册制。

（1）审批制：完全计划发行的模式。

（2）核准制：从审批制向注册制过渡的中间形式。证券的发行不仅要以真实状况的充分公开为条件，而且必须符合证券管理机构制定的若干适于发行的实质条件。

（3）注册制 解读2：目前成熟的股票市场普遍采用的发行制度。在注册制下证券发行审核机构只对注册文件进行形式审查，不进行实质判断。

3．发行保荐

发行人申请公开发行股票、可转换为股票的公司债券，依法采取承销方式的，或者公开发行法律、行政法规规定实行保荐制度的其他证券的，应当聘请证券公司担任保荐人。

4．证券承销

证券承销业务采取代销或者包销方式。证券的代销、包销期限最长不得超过 90 日。

解读1 常考点：发行的两种方式以及公开发行的情形。

解读2 我国证券公开发行实行的是注册制。

（三）证券交易与上市

1. 交易条件

（1）证券交易当事人依法买卖的证券，必须是依法发行并交付的证券。非依法发行的证券，不得买卖。

（2）依法发行的证券，公司法和其他法律对其转让期限有限制性规定的，在限定的期限内不得转让。

（3）公开发行的证券，应当在依法设立的证券交易所上市交易或者在国务院批准的其他全国性证券交易场所交易。

2. 交易方式

（1）证券在证券交易所上市交易，应当采用公开的集中交易方式或者国务院证券监督管理机构批准的其他方式。

（2）证券交易当事人买卖的证券可以采用纸面形式或者国务院证券监督管理机构规定的其他形式。

3. 交易限制和禁止

（1）证券交易场所、证券公司和证券登记结算机构的从业人员，证券监督管理机构的工作人员以及法律、行政法规规定禁止参与股票交易的其他人员，在任期或者法定限期内，不得直接或者以化名、借他人名义持有、买卖股票或者其他具有股权性质的证券，也不得收受他人赠送的股票或者其他具有股权性质的证券。任何人在成为前述所列人员时，其原已持有的股票或者其他具有股权性质的证券，必须依法转让。

（2）为证券发行出具审计报告或者法律意见书等文件的证券服务机构和人员，在该证券承销期内和期满后 6 个月内，不得买卖该证券。

（3）上市公司、股票在国务院批准的其他全国性证券交易场所交易的公司持有 5% 以上股份的股东、董事、监事、高级管理人员，将其持有的该公司的股票或者其他具有股权性质的证券在买入后 6 个月内卖出，或者在卖出后 6 个月内又买入，由此所得收益归该公司所有，公司董事会应当收回其所得收益。但是，证券公司因购入包销售后剩余股票而持有 5% 以上股份，以及有国务院证券监督管理机构规定的其他情形的除外。

（4）禁止交易行为。

项目	内容
禁止内幕交易	①证券法第 51 条规定，证券交易内幕信息的知情人包括：发行人及其董事、监事、高级管理人员；持有公司5%以上股份的股东及其董事、监事、高级管理人员，公司的实际控制人及其董事、监事、高级管理人员；发行人控股或者实际控制的公司及其董事、监事、

续 表

项目	内容
禁止内幕交易^{解读4}	高级管理人员；由于所任公司职务或者因与公司业务往来可以获取公司有关内幕信息的人员；上市公司收购人或者重大资产交易方及其控股股东、实际控制人、董事、监事和高级管理人员；因职务、工作可以获取内幕信息的证券交易场所、证券公司、证券登记结算机构、证券服务机构的有关人员；因职责、工作可以获取内幕信息的证券监督管理机构工作人员；因法定职责对证券的发行、交易或者对上市公司及其收购、重大资产交易进行管理可以获取内幕信息的有关主管部门、监管机构的工作人员；国务院证券监督管理机构规定的可以获取内幕信息的其他人员。 ②证券交易活动中，涉及公司的经营、财务或者对该公司证券的市场价格有重大影响的尚未公开的信息，为内幕信息。证券法第80条第2款、第81条第2款^{解读3}所列重大事件属于内幕信息。 【提示】证券法第80条第2款所列重大事件：公司的经营方针和经营范围的重大变化；公司的重大投资行为，公司在一年内购买、出售重大资产超过公司资产总额30%，或者公司营业用主要资产的抵押、质押、出售或者报废一次超过该资产的30%；公司订立重要合同、提供重大担保或者从事关联交易，可能对公司的资产、负债、权益和经营成果产生重要影响；公司发生重大债务和未能清偿到期重大债务的违约情况；公司发生重大亏损或者重大损失；公司生产经营的外部条件发生的重大变化；公司的董事、1/3以上监事或者经理发生变动，董事长或者经理无法履行职责；持有公司5%以上股份的股东或者实际控制人持有股份或者控制公司的情况发生较大变化，公司的实际控制人及其控制的其他企业从事与公司相同或者相似业务的情况发生较大变化；公司分配股利、增资的计划，公司股权结构的重要变化，公司减资、合并、分立、解散及申请破产的决定，或者依法进入破产程序、被责令关闭；涉及公司的重大诉讼、仲裁，股东大会、董事会决议被依法撤销或者宣告无效；公司涉嫌犯罪被依法立案调查，公司的控股股东、实际控制人、董事、监事、高级管理人员涉嫌犯罪被依法采取强制措施；国务院证券监督管理机构规定的其他事项。
禁止操纵证券市场	证券法第55条规定，禁止任何人以规定的手段操纵证券市场，影响或意图影响证券交易价格或者证券交易量。

解读3 此列重大事件考查不多，考生可通过证券法了解。

解读4 内幕交易里涉及内幕信息以及知情人，内容较多，但在考试中考查频率较高，考生要熟记。

项目	内容
禁止虚假陈述和信息误导	证券法第56条规定，禁止任何单位和个人编造、传播虚假信息或者误导性信息，扰乱证券市场。
禁止违背客户真实意思损害客户利益	证券法第57条规定，禁止证券公司及其从业人员从事下列损害客户利益的行为：①违背客户的委托为其买卖证券；②不在规定时间内向客户提供交易的确认文件；③未经客户的委托，擅自为客户买卖证券，或者假借客户的名义买卖证券；④为牟取佣金收入，诱使客户进行不必要的证券买卖；⑤其他违背客户真实意思表示，损害客户利益的行为^{解读5}。
其他禁止行为	证券法第58条规定，任何单位和个人不得违反规定，出借自己的证券账户或者借用他人的证券账户从事证券交易。 证券法第59条规定，依法拓宽资金入市渠道，禁止资金违规流入股市。禁止投资者违规利用财政资金、银行信贷资金买卖证券。

解读5 违反上述规定给客户造成损失的，应当依法承担赔偿责任。

典型真题

【多选题】下列属于内幕信息的有（　　）。

A. 涉及公司的重大诉讼

B. 公司经营范围发生重大变化

C. 公司裁减员工数达到员工总数5%，但不会对公司的经营、财务或股票价格造成重大影响

D. 对上市公司股票交易价格产生较大影响的重大事件

E. 公司分配股利或者增资的计划

【答案】ABDE 【解析】选项A、选项B、选项D、选项E均为内幕信息。

解读6 属于新增考点，可能会出题，考生需要熟悉。

（四）投资者保护^{解读6}

（1）证券公司向投资者销售证券、提供服务时，应当按照规定充分了解投资者的基本情况、财产状况、金融资产状况、投资知识和经验、专业能力等相关信息；如实说明证券、服务的重要内容，充分揭示投资风险；销售、提供与投资者上述状况相匹配的证券、服务。投资者在购买证券或者接受服务时，应当按照证券公司明示的要求提供前述所列真实信息。拒绝提供或者未按照要求提供信息的，证券公司应当告知其后果，并按照规定拒绝向其销售证券、提供服务。

（2）根据财产状况、金融资产状况、投资知识和经验、专业能力等因素，投资者可以分为普通投资者和专业投资者。专业投资者的标准由国务院证券监督管

理机构规定。普通投资者与证券公司发生纠纷的，证券公司应当证明其行为符合法律、行政法规以及国务院证券监督管理机构的规定，不存在误导、欺诈等情形。证券公司不能证明的，应当承担相应的赔偿责任。

（3）发行人因欺诈发行、虚假陈述或者其他重大违法行为给投资者造成损失的，发行人的控股股东、实际控制人、相关的证券公司可以委托投资者保护机构，就赔偿事宜与受到损失的投资者达成协议，予以先行赔付。先行赔付后，可以依法向发行人以及其他连带责任人追偿。

（4）投资者与发行人、证券公司等发生纠纷的，双方可以向投资者保护机构申请调解。普通投资者与证券公司发生证券业务纠纷，普通投资者提出调解请求的，证券公司不得拒绝。

二、基金法 （掌握）

（一）基金的分类

真考解读 属于常考点，一般会考1道题。

划分标准	内容
资金募集方式	公募基金和私募基金。
基金组织形式	契约型基金、公司型基金和合伙型基金等。
基金运作方式	开放式基金和封闭式基金等。
基金投资对象	证券投资基金、私募股权基金、风险投资基金、对冲基金以及另类投资基金等。 （1）证券投资基金[解读7]：通过发售基金份额募集资金形成独立的基金财产，由基金管理人进行专业管理，以资产组合方式进行有价证券投资，基金份额持有人共享收益和承担风险的投资工具。 （2）私募股权基金：通过私募形式募集资金，对非上市企业进行的权益性投资的基金。 （3）风险投资基金（创业基金）：以一定的方式吸收机构和个人的资金，投向于那些不具备上市资格的中小企业和新兴企业，帮助所投资的企业尽快成熟，取得上市资格，从而使资本增值的基金。 （4）对冲基金：采用对冲、套期等复杂金融交易手段，充分利用金融期货、金融期权等金融衍生产品的杠杆效用，承担高风险、追求高收益的投资基金。对冲基金一般也采用私募方式。 （5）另类投资基金[解读8]：投资于传统的股票、债券之外的金融和实物资产的基金，如房地产、证券化资产、对冲基金、大宗商品、黄金、艺术品等。

解读7 证券投资基金既可以是公募基金，也可以是私募基金。

解读8 风险投资基金、对冲基金和另类投资一般采用私募方式。

解读9 常考点：证券投资基金的特点。

（二）证券投资基金 解读9

1. 特点

特点	内容
集合理财，专业管理	（1）证券投资基金应由基金管理人进行投资管理和运作。 （2）根据募集方式的不同，证券投资基金包括公募和私募两种形式。公募证券投资基金可以公开募集，投资者人数上限不受限制；私募证券投资基金只能通过非公开方式募集，且投资者人数不能超过200人。
组合投资，分散风险	证券投资基金必须以组合投资的方式进行基金的投资运作。
利益共享，风险共担	公开募集的证券投资基金，投资者按照其所持基金份额享受收益和承担风险，私募证券投资基金的收益分配和风险承担由基金合同约定。
严格监管，信息透明	中国证监会对基金业实行比较严格的监管，对各种有损投资者利益的行为进行严厉的打击，并强制基金进行较为充分的信息披露。
独立托管，保障安全	公募证券投资基金的基金财产须由独立于基金管理人的基金托管人进行托管，且基金托管人只能由具备托管资格的商业银行或者其他金融机构担任。

典型真题

【单选题】公开募集基金的基金份额持有人按（　　）享受收益和承担风险，私募证券投资基金的基金份额持有人按（　　）享受收益和承担风险。

A. 基金合同的约定；基金合同的约定

B. 基金合同的约定；所持基金份额

C. 所持基金份额；基金合同的约定

D. 所持基金份额；所持基金份额

【答案】C【解析】根据《中华人民共和国证券投资基金法》的规定，公开募集的证券投资基金，投资者按照其所持基金份额享受收益和承担风险，私募证券投资基金的收益分配和风险承担由基金合同约定。

2. 类型

（1）股票基金：80%以上的基金资产投资于股票的。

（2）债券基金：80%的基金资产投资于债券的。

（3）货币市场基金：仅投资于货币市场工具的。

（4）基金中基金：80%以上的基金资产投资于其他基金份额的。

（5）混合基金：投资于股票、债券、货币市场工具或其他基金份额，并且股票投资、债券投资、基金投资的比例不符合前述规定的。

3．证券投资基金的监管

（1）中国证监会是我国基金市场的监管主体，依法对基金市场主体及其活动实施监督管理。

（2）中国证券投资基金业协会作为行业自律性组织，对基金业实施行业自律管理。

（3）证券交易所负责组织和监督基金的上市交易，并对上市交易基金的信息披露进行监督。

（三）私募股权基金

1．特点

相对于证券投资基金，私募股权基金具有投资期限长、流动性较差，投后管理投入资源多，专业性较强，投资收益波动性较大等特点。

2．监管

（1）中国证监会是我国私募股权基金的监管机构，中国证监会及其派出组织依照《中华人民共和国证券投资基金法》、《私募投资基金监督管理暂行办法》和中国证监会的其他有关规定，对私募股权基金业务活动实施监督管理。

监管内容：合格投资者监管、投资者人数限制，宣传推介方式、资金来源和专业化管理等方面。

（2）基金业协会是我国私募股权基金行业的自律机构，对私募股权基金开展行业自律，协调行业关系，提供行业服务，促进行业发展。

监管内容：管理人和基金产品登记备案、募集行为、信息披露、内控、基金业务外包以及从业人员准入等方面。

（四）商业银行代理基金销售业务

商业银行申请注册基金销售业务资格，除应具备《证券投资基金销售管理办法》对于基金销售机构所规定的基本条件外，还应具备以下特别条件。

（1）有专门负责基金销售业务的部门。

（2）资本充足率符合国务院银行业监督管理机构的有关规定。

（3）最近3年内没有受到重大行政处罚或者刑事处罚。

（4）公司负责基金销售业务的部门取得基金从业资格的人员不低于该部门员工人数的1/2，负责基金销售业务的部门管理人员取得基金从业资格，熟悉基金销售业务，并具备从事基金业务2年以上或者在其他金融相关机构5年以上的工作经历；公司主要分支机构基金销售业务负责人均已取得基金从业资格。

（5）国有商业银行、股份制商业银行以及邮政储蓄银行等取得基金从业资格人员不少于 30 人；城市商业银行、农村商业银行、在华外资法人银行等取得基金从业资格人员不少于 20 人。

真考解读 属于常考点，一般会考 1 道题。

三、保险法 （掌握）

（一）保险的分类

（1）按照保险的实施方式划分：自愿保险和强制保险。

（2）按照保险对象划分：财产保险和人身保险。

（3）按照保险实施范围划分：社会保险和普通保险。

（4）按照保险承担的责任次序划分：原保险和再保险。

解读 10 常考点：保险合同的主体。

（二）保险合同 解读10

1. 含义

保险合同是投保人和保险人约定保险权利义务关系的协议。保险合同的内容是保险双方的权利义务关系。

2. 主体

保险合同的主体分为当事人和关系人。签订保险合同的双方是保险合同的当事人，即保险人和投保人；与保险合同发生间接关系的是保险合同的关系人，包括被保险人和受益人。

（1）保险合同当事人。

①投保人是指与保险人订立保险合同，并按照保险合同负有支付保险费义务的人。

②保险人是指与投保人订立保险合同，并承担赔偿或者给付保险金责任的保险公司。

（2）保险合同关系人。

①被保险人是指其财产或者人身受保险合同保障，享有保险金请求权的人。投保人可以为被保险人。当投保人为自己利益投保时，投保人、被保险人为同一人。

②受益人是指人身保险合同中由被保险人或者投保人指定的享有保险金请求权的人，投保人、被保险人可以为受益人。

3. 保险合同的成立与生效

（1）投保人提出保险要求，经保险人同意承保，保险合同成立。保险合同成立后，保险人应当及时向投保人签发保险单或者其他保险凭证。保险单或者其他保险凭证应当载明当事人双方约定的合同内容。当事人也可以约定采用其他书面形式载明合同内容。

（2）依法成立的保险合同，自成立时生效。投保人和保险人可以对合同的效力约定附条件或者附期限。

典型真题

【多选题】保险合同的当事人有（　　　）。

A. 被保险人　　　B. 投保人　　　C. 保险人

D. 保险经纪人　E. 受益人

【答案】BC【解析】签订保险合同的双方是保险合同的当事人，即保险人和投保人。

（三）保险代理人和保险经纪人制度

（1）保险代理人是根据保险人的委托，向保险人收取佣金，并在保险人授权的范围内代为办理保险业务的机构或者个人[解读11]。

（2）保险经纪人是基于投保人的利益，为投保人与保险人订立保险合同提供中介服务，并依法收取佣金的机构。

（四）商业银行代理保险业务

（1）保险代理机构包括专门从事保险代理业务的保险专业代理机构和兼营保险代理业务的保险兼业代理机构[解读12]。

（2）《中华人民共和国保险法》（以下简称保险法）规定，保险代理机构应当具备国务院保险监督管理机构规定的条件，取得保险监督管理机构颁发的经营保险代理业务许可证。

（3）商业银行代理保险业务的，每个营业网点在代理保险业务前应当取得原中国保监会颁发的经营保险代理业务许可证，并获得商业银行一级分支机构（含省、自治区、直辖市和计划单列市分行）的授权。

（4）保险公司不得委托没有取得经营保险代理业务许可证的商业银行网点开展代理保险业务。

（5）商业银行网点应当在营业场所显著位置张贴统一制式的投保提示。

（6）原中国保监会依法对商业银行代理保险业务销售人员实施资格管理。

（7）商业银行从事代理保险业务的销售人员，应当符合原中国保监会规定的保险销售从业资格条件，取得原中国保监会颁发的《保险销售从业人员资格证书》。其中，投资连结保险销售人员还应至少有1年以上保险销售经验，接受过不少于40小时的专项培训，并无不良记录。

典型真题

【多选题】下列关于商业银行代理保险业务的说法，正确的有（　　　）。

A. 商业银行代理保险业务，应当取得经营保险代理业务许可证

B. 投资连结保险销售人员应接受过专项培训，并无不良记录

C. 商业银行属于保险兼业代理机构

解读11 个人保险代理人在代为办理人寿保险业务时，不得同时接受两个以上保险人的委托。

解读12 商业银行属于保险兼业代理机构。

D. 商业银行属于保险专业代理机构

E. 商业银行网点应当张贴统一制式的投保提示

【答案】ABCE【解析】保险代理机构包括专门从事保险代理业务的保险专业代理机构和兼营保险代理业务的保险兼业代理机构。商业银行属于保险兼业代理机构，故选项 D 说法错误。

第三节　信托法律制度

一、信托的含义和特征（熟悉）

（一）信托的含义

信托是指委托人基于对受托人的信任，将其财产权委托给受托人，由受托人按委托人的意愿以自己的名义，为受益人的利益或者特定目的，进行管理或者处分的行为。

【提示】信托与委托的区别如下。

①当事人数量不同：三方（信托）；双方（委托）。

②财产所有权变化不同：变化（信托）；不变（委托）。

③成立的条件不同：有确定的信托财产（信托）；没有确定的财产也可成立（委托）。

④名义不同：自己的名义（信托）；委托人的名义（委托）。

⑤权限不同：权限广泛（信托）；受托人的权限仅以委托人的授权为限（委托）。

⑥期限的稳定性不同：一经成立，原则上不能解除，稳定性强（信托）；可随时撤销，稳定性差（委托）。

（二）信托的特征

（1）信托以信任为基础，受托人应具有良好的信誉。

（2）信托成立的前提是委托人要将自有财产委托给受托人。

（3）受托人要为受益人的最大利益管理信托事务。

（4）信托财产具有独立性，信托依法成立后，信托财产从委托人、受托人以及受益人的自有财产中分离出来，成为独立运作的财产。

（5）信托具有一定的连续性和稳定性。信托不因委托人或者受托人的死亡、丧失民事行为能力、依法解散、被依法撤销或者被宣告破产而终止，也不因受托人的辞任而终止。但《中华人民共和国信托法》（以下简称信托法）或者信托文件另有规定的除外。

典型真题

【单选题】根据《中华人民共和国信托法》，信托成立的前提是（　　）。

A. 委托人具有良好的信誉

B. 委托人要将自有财产委托给受托人

C. 委托人有权了解其信托财产的管理运用

D. 受托人要为受益人的最大利益管理信托事务

【答案】B【解析】信托成立的前提是委托人要将自有财产委托给受托人。

二、信托法律关系（掌握）

（一）主体

信托法律关系的主体一般包括委托人、受托人和受益人。

（1）委托人是信托关系的创设者，应当是具有完全民事行为能力的自然人、法人或依法成立的其他组织。委托人提供信托财产，确定谁是受益人以及受益人享有的受益权，指定受托人、并有权监督受托人实施信托。

（2）受托人承担着管理和处分信托财产的责任，应当是具有完全民事行为能力的自然人或法人，必须恪尽职守、履约诚实、信用、谨慎、有效管理的义务。

（3）受益人是在信托中享有信托受益权的人，有权获取信托所产生的收益，且没有行为能力限制。

（二）客体 ^{解读}

信托法律关系的客体，即信托财产，是指受托人承诺信托而取得的财产。信托财产具有如下性质。

（1）信托财产与委托人未建立信托的其他财产相区别。设立信托后，委托人死亡或依法被解散、被撤销、被宣告破产时，委托人是唯一受益人的，信托终止，信托财产作为其遗产或清算财产；委托人不是唯一受益人的，信托存续，信托财产不作为其遗产或清算财产。

（2）信托财产与受托人固有财产相区别。受托人死亡或者依法解散、被依法撤销、被宣告破产而终止，信托财产不属于其遗产或者清算财产。

（3）受托人因信托财产的管理运用、处分或其他情形而取得的财产，也归入信托财产。

（4）除法律规定的情况外，对信托财产不得强制执行。

典型真题

【单选题】信托法律关系中受益人由（　　）指定。

A. 受托人　　　　　　　　　B. 信托公司

C. 委托人　　　　　　　　　D. 信托财产管理人

真考解读 属于常考点，一般会考1道题。

解读 常考点：信托财产的性质。

【答案】C【解析】委托人是信托关系的创设者，应当是具有完全民事行为能力的自然人、法人或依法成立的其他组织委托人提供信托财产，确定谁是受益人以及受益人享有的受益权。

真考解读 考查相对较少，考生熟悉终止的几种情形即可。

三、信托的变更与终止（熟悉）

（一）信托的变更

信托法第51条规定，设立信托后，有下列情形之一的，委托人可以变更受益人或者处分受益人的信托受益权：①受益人对委托人有重大侵权行为；②受益人对其他共同受益人有重大侵权行为；③经受益人同意；④信托文件规定的其他情形。有上述①③④项所列情形之一的，委托人可以解除信托。

（二）信托的终止

信托法第53条规定，有下列情形之一的，信托终止：①信托文件规定的终止事由发生；②信托的存续违反信托目的；③信托目的已经实现或者不能实现；④信托当事人协商同意；⑤信托被撤销；⑥信托被解除。

典型真题

【多选题】信托终止的情形包括（　　）。

A. 信托文件规定的终止事由发生　　B. 信托目的不能实现

C. 信托当事人协商同意　　D. 信托被撤销

E. 信托被解除

【答案】ABCDE【解析】选项A、选项B、选项C、选项D、选项E均属于信托终止的情形。

第四节　票据法律制度

真考解读 属于常考点，一般会考1道题。

一、票据的含义和特征（掌握）

（一）票据的含义

票据是指出票人依法签发，由自己无条件支付或委托他人无条件支付一定金额的有价证券，包括汇票、本票、支票。

解读1 常考点：对于票据特征的理解。

（二）票据的特征 解读1

（1）票据是完全有价证券。票据权利与票据不可分，票据以一定货币金额表示其价值。

（2）票据是要式证券。票据格式是法定的，票据要根据法定形式制作方有效。

（3）**票据是一种无因证券**。所谓"无因"是指票据的持票人行使票据权利时，不需要说明其取得票据的原因，只要占有票据就可以行使票据权利。

（4）票据是流通证券。票据的流通性是票据的基本特征。票据在到期前，可以通过背书方式转让而流通，票据人特别注明的除外。

（5）票据是文义证券。票据上的权利义务以票据上的文字记载为准。

（6）票据是设权证券。票据一经做成，票据上的权利便随之确立（并不是证明已经存在的权利）。

（7）票据是债权证券。票据创设的权利是金钱债权，票据持有人可以对票据记载的一定数额的金钱向票据的特定债务人行使请求付款权。

典型真题

【单选题】根据《中华人民共和国票据法》，票据的持有人行使票据权利时，无须说明其取得票据的原因，只要占有票据就可以行使票据权利。因此票据是一种（   ）。

A. 无价证券   B. 无因证券   C. 有因证券   D. 分利证券

【答案】B【解析】票据是一种无因证券。票据的持票人行使票据权利时，无须说明其取得票据的原因，只要占有票据就可以行使票据权利。

二、票据的功能（熟悉）

（1）汇兑作用：异地支付。

（2）支付与结算作用：支付作用是票据最原始、最简单的作用；结算作用是运用票据进行结算，以抵销债务。

（3）融资作用：通过票据贴现^{解读2}来实现。其中，票据贴现是指未到期票据的买卖行为，持有未到期票据的人通过卖出票据得到现款。

（4）替代货币作用：票据的背书，使票据像货币一样流通；票据被形象地称为商人的货币。

（5）信用作用：票据作为商业信用工具，可以使用票据结算，并约定一定期限付款。

三、票据行为（掌握）

票据行为是指以发生、变更或消灭票据的权利义务关系为目的的法律行为，其种类包含出票、背书、承兑、保证。

（一）出票

出票是指出票人依照法定款式做成票据并交付于受款人的行为。包括"做成"和"交付"两种行为。

真考解读 考查相对较少，考生熟悉即可。

解读2 向商业银行申请贴现的票据须是已承兑票据。

真考解读 属于常考点，一般会考1道题。

（1）"做成"：出票人按照法定款式制作票据，在票据上记载法定内容并签名。

解读3 注意：不是出于出票人本人意愿的行为（如偷窃票据）不能称作"交付"，因而也不能称作出票行为。

（2）"交付"**解读3**：根据出票人本人的意愿将其交给受款人的行为。

（二）背书

（1）背书是指持票人转让票据权利予他人，是票据转让的主要方法。

（2）背书是转让票据权利的行为，票据一经背书转让，票据上的权利也随之转让给被背书人。

（三）承兑

（1）承兑是指汇票的付款人承诺负担票据债务的行为，是汇票所独有的一种票据行为。

（2）发票人签发汇票，并不等于付款人就一定付款，持票人为确定汇票到期时能得到付款，在汇票到期前向付款人进行承兑提示。付款人签字承兑，就是对汇票的到期付款承担责任。

（四）保证

（1）保证是指除票据债务人以外的人为担保票据债务的履行、以承担同一内容的票据债务为目的的一种附属票据行为。

（2）票据保证的目的：担保其他票据债务的履行，适用于汇票和本票，不适用于支票。

典型真题

【单选题】王某趁经理不在办公室之机使用经理忘在办公桌上的钥匙偷走3张内容已经填写完毕的支票。下列说法正确的是（　　）。

A．王某行为构成背书　　　　　B．经理行为构成出票

C．王某行为不构成出票　　　　D．王某行为构成出票

【答案】C【解析】所谓"交付"是指根据出票人本人的意愿将其交给受款人的行为，不是出于出票人本人意愿的行为（如偷窃票据）不能称作"交付"，因而也不能称作出票行为。案例中王某属于偷窃票据，不能称作出票行为。

真考解读 属于常考点，一般会考1道题。

四、票据权利（掌握）

票据权利是持票人因合法拥有票据而向票据债务人请求支付票据金额的权利。

（一）票据权利的分类

票据权利包括付款请求权和追索权。付款请求权是第一顺序请求权，追索权是在付款请求权得不到实现后才能行使的权利，是第二顺序请求权。

分类	内容
付款请求权	付款请求权是指持票人向票据主债务人^{解读4}请求支付票据金额的权利。
追索权	追索权是指持票人被拒绝承兑或得不到付款时，向其他票据债务人请求支付票据金额的权利。

（二）票据权利的取得

1. 分类

划分标准	分类
票据权利的取得方式	（1）原始取得：发票人制成票据并交付给受款人后，受款人即从发票人处得到票据权利。 （2）继受取得^{解读5}：持票人从有正当处分权的人那里依背书转让或者交付程序而取得票据。
票据取得的主观状态^{解读6}	（1）善意取得：持票人在善意、无重大过失的情况下，按照《中华人民共和国票据法》（以下简称票据法）规定的方式，支付对价后取得的票据。 （2）恶意取得：持票人明知转让票据者无处分或交付票据的权利，或者虽然不是明知但应当或者可能知道让与人无处分权而由于过错或疏忽大意未能得知而取得票据。

2. 限制

根据票据法的规定，票据权利的取得有以下两项限制。

（1）以欺诈、偷盗或者胁迫等手段取得票据的，或者明知有前列情形，出于恶意取得票据的，不得享有票据权利。

（2）以无偿或者不以相当对价，取得票据的，不得享有优于其前手的票据权利。

典型真题

【判断题】明知前手以欺诈、偷盗或者胁迫等手段取得票据，出于恶意取得票据的持票人不得享有票据权利。（   ）

A. 正确　　　　　　　　　B. 错误

【答案】A【解析】题干表述正确。

（三）票据权利的行使和保全

（1）票据权利的行使是指票据债权人请求票据债务人履行其票据债务行为。票据权利的行使，应在票据债务人的营业场所和营业时间内进行。

解读4 票据主债务人包括汇票的付款人或承兑人、本票的付款人以及支票的付款人。

解读5 如因背书而取得，因税收、继承、赠与而取得，因公司合并而取得等。

解读6 持票人善意取得的票据，享有票据权利；持票人恶意取得票据的，不得享有票据权利。

（2）票据权利的保全是指票据债权人为防止其票据权利的丧失而采取的行为。

（四）票据权利的消灭^{解读7}

票据权利在下列期限内不行使而消灭。

（1）持票人对票据的出票人和承兑人的权利，自票据到期日起 2 年。见票即付的汇票、本票，自出票日起 2 年^{解读8}。

（2）持票人对支票出票人的权利，自出票日起 6 个月。

（3）持票人对前手的追索权，自被拒绝承兑或者被拒绝付款之日起 6 个月。

（4）持票人对前手的再追索权，自清偿日或者被提起诉讼之日起 3 个月。

解读7 常考点：票据权利的消灭时间。考生要牢记对应的时间。

解读8 票据的出票日、到期日由票据当事人依法确定。

典 型 真 题

【单选题】持票人对支票出票人的权利期限是自出票日起（　　）个月。

A. 1　　　　　　B. 24　　　　　　C. 6　　　　　　D. 3

【答案】C【解析】持票人对支票出票人的权利，自出票日起 6 个月。

真考解读 较少考查，熟悉即可。

五、票据丧失的补救措施（熟悉）

（一）挂失止付

挂失止付是指持票人丢失票据后，依法定程序通知票据上记载的付款人停止支付的行为。

（二）公示催告

（1）公示催告应当向票据支付地的基层人民法院申请。

（2）失票人应当在通知挂失止付后 3 日内，也可以在票据丧失后，依法向人民法院申请公示催告，或者向人民法院提起诉讼。

（3）公告期间，票据权利被冻结，不能承兑、不能付款、不能贴现、不能转让，有关当事人对票据的任何处分均没有法律效力。

（三）提起诉讼

票据丧失后，也可以提起民事诉讼，请求法院确认其票据权利。在起诉的同时，失票人可以向法院申请诉讼保全措施，由法院通知付款人或代理付款人暂停支付。

章节练习

一、**单选题**（以下各小题所给出的四个选项中，只有一项符合题目要求，请选择相应选项，不选、错选均不得分）

1. 国有独资公司是一类特殊的（　　）。

　　A. 封闭式公司　　　　　　　　　B. 股份有限公司

　　C. 有限责任公司　　　　　　　　D. 两合公司

2. 在公司的组织机构中，负责检查公司财务，并对董事、经理行为的合法性进行监督的机构是（　　）。

A. 监事会　　　　　　B. 股东大会　　　　　　C. 董事会　　　　　　D. 董事会主席

3. 下列关于信托的基本特征的说法中，错误的是（　　）。

A. 信托是以信任为基础，受托人应具有良好的信誉

B. 信托财产不具有独立性

C. 受托人要为受益人的最大利益管理信托事务

D. 信托具有一定的连续性和稳定性

4. 按我国现行规定，可以向商业银行申请贴现的票据必须是（　　）。

A. 已到期的未承兑票据　　　　　　B. 未到期的未承兑票据

C. 已到期的已承兑票据　　　　　　D. 未到期的已承兑票据

5. （　　）是依照法定款式做成票据并交付于受款人的行为。它包括"做成"与"交付"两种行为。

A. 承兑　　　　　　B. 出票　　　　　　C. 背书　　　　　　D. 保证

6. 下列不属于票据继受取得方式的是（　　）。

A. 接受朋友赠与票据　　　　　　B. 从发票人处得到票据权利

C. 因公司合并而取得　　　　　　D. 从父母处继承票据权利

7. 下列不属于票据丧失后的补救措施是（　　）。

A. 挂失止付　　　　B. 提起诉讼　　　　C. 登报声明作废　　　D. 公示催告

8. 失票人应当在通知挂失止付后（　　）日内，也可以在票据丧失后，依法向人民法院申请公示催告，或向人民法院提起诉讼。

A. 15　　　　　　B. 5　　　　　　C. 3　　　　　　D. 10

二、多选题（以下各小题所给出的五个选项中，有两项或两项以上符合题目的要求，请选择相应选项，多选、少选、错选均不得分）

1. 设立公司必须依法制定公司章程，公司章程对（　　）具有约束力。

A. 公司　　　　　　B. 董事　　　　　　C. 股东

D. 监事　　　　　　E. 员工

2. 票据行为是指以发生、变更或消灭票据的权利义务关系为目的的法律行为，下列属于票据行为的有（　　）。

A. 保证　　　　　　B. 定金　　　　　　C. 背书

D. 出票　　　　　　E. 承兑

3. 下列有关票据权利的表述，正确的有（　　）。

A. 票据权利的取得方式包括原始取得和继受取得

B. 票据权利包括付款请求权和追索权

C. 持票人对票据的出票人和承兑人的权利，自票据到期日起 2 年内不行使而消灭

D. 持票人对支票出票人的票据权利，自出票日起 6 个月不行使而消灭

E. 追索权是第一顺序请求权

三、判断题（请对以下各项描述做出判断，正确的为 A，错误的为 B)

1. 公司被吊销营业执照时，其法人资格并未消灭。（ ）

    A. 正确　　　　　　　　　　　　B. 错误

2. 普通投资者与证券公司发生证券业务纠纷，普通投资者提出调解请求的，证券公司不得拒绝。（ ）

    A. 正确　　　　　　　　　　　　B. 错误

3. 恶意取得票据的持票人不得享有票据权利。（ ）

    A. 正确　　　　　　　　　　　　B. 错误

➡ 答案详解

一、单选题

1. C【解析】国有独资公司是我国公司法规定的一类特殊的有限责任公司，它只有一个股东，即国家。

2. A【解析】监事会是公司的法定监督机构，负责检查公司财务，并对董事、经理行为的合法性及是否损害公司利益进行监督。

3. B【解析】选项 B，信托财产具有独立性。其余选项说法均正确。

4. D【解析】按我国现行规定，可以向商业银行申请贴现的票据必须是未到期的已承兑票据。

5. B【解析】出票是指出票人依照法定款式做成票据并交付于受款人的行为。它包括"做成"和"交付"两种行为。

6. B【解析】持票人从有正当处分权的人那里依背书转让或者交付程序而取得票据的，为继受取得。例如因背书而取得，因税收、继承、赠与而取得，因公司合并而取得等。选项 B 属于原始取得。

7. C【解析】票据丧失的补救措施有挂失止付、公示催告、提起诉讼。

8. C【解析】票据法规定，失票人应当在通知挂失止付后 3 日内，也可以在票据丧失后，依法向人民法院申请公示催告，或者向人民法院提起诉讼。

二、多选题

1. ABCD【解析】公司章程对公司、股东、董事、监事、高级管理人员具有约束力。

2. ACDE【解析】票据行为的种类包括出票、背书、承兑和保证。

3. ABCD【解析】选项 E，追索权是在付款求权得不到实现后才能行使的权利，是第二顺序请求权。其余选项说法均正确。

三、判断题

1. A【解析】题干所述正确。

2. A【解析】普通投资者与证券公司发生证券业务纠纷，普通投资者提出调解请求的，证券公司不得拒绝。

3. A【解析】题干所述正确。

第十八章 刑事法律制度

本章主要介绍了刑法基本理论、金融犯罪及刑事责任的相关内容。本考点在考试中涉及分值约为8分。本章重点是破坏金融管理秩序罪、金融诈骗罪以及银行业相关职务犯罪的相关内容。

思维导图

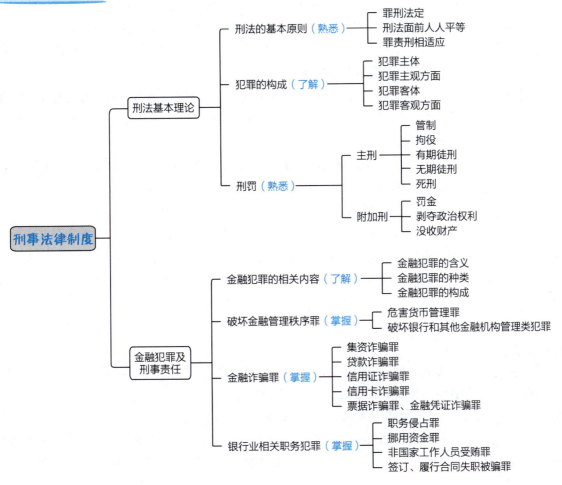

📖 **知识精讲**

第一节　刑法基本理论

一、刑法的基本原则（熟悉）

（一）罪刑法定

（1）罪刑法定是指法无明文规定不为罪、法无明文规定不处罚。

（2）《中华人民共和国刑法》（以下简称刑法）第3条规定，法律明文规定为犯罪行为的，依照法律定罪处刑；法律没有明文规定为犯罪行为的，不得定罪处刑。

（二）刑法面前人人平等

（1）刑法面前人人平等是指任何人犯罪，不论其家庭出身、社会地位、职业性质、财产状况、政治面貌、才能业绩如何，都应平等地适用刑法追究刑事责任，不允许任何人有凌驾于法律之上的特权。

（2）刑法第4条规定，对任何人犯罪，在适用法律上一律平等。不允许任何人有超越法律的特权。

（三）罪责刑相适应

（1）罪责刑相适应是指在立法与司法实践中，行为人的所犯罪行与应当承担的刑事责任和接受的刑事处罚应当统一。

（2）刑法第5条规定，刑罚的轻重，应当与犯罪分子所犯罪行和承担的刑事责任相适应。

二、犯罪的构成（了解）

犯罪的成立必须具备四个方面的构成要件，即犯罪主体、犯罪主观方面、犯罪客体和犯罪客观方面。

（一）犯罪主体

犯罪主体是指实施危害社会的行为，依法应当负刑事责任的自然人或单位，其构成的必要条件是责任年龄和责任能力。刑法第17条对刑事责任年龄的划分如下解读。

（1）已满16周岁的人犯罪，应当负刑事责任。

（2）已满14周岁不满16周岁的人，犯故意杀人、故意伤害致人重伤或者死亡、强奸、抢劫、贩卖毒品、放火、爆炸、投放危险物质罪的，应当负刑事责任。

（3）已满12周岁不满14周岁的人，犯故意杀人、故意伤害罪，致人死亡或者以特别残忍手段致人重伤造成严重残疾，情节恶劣，经最高人民检察院核准追诉的，应当负刑事责任。

（4）对依照（1）～（3）规定追究刑事责任的不满18周岁的人，应当从轻或者减轻处罚。

（5）因不满16周岁不予刑事处罚的，责令其父母或者其他监护人加以管教；在必要的时候，依法进行专门矫治教育。

（6）已满75周岁的人故意犯罪的，可以从轻或者减轻处罚；过失犯罪的，应当从轻或者减轻处罚。

（二）犯罪主观方面

犯罪主观方面是指犯罪主体对自己危害行为及其危害结果所持的心理态度。

（三）犯罪客体

犯罪客体是指刑法所保护而为犯罪所侵犯的社会主义社会关系。

（四）犯罪客观方面

犯罪客观方面是指犯罪活动的客观外在表现，包括危害行为、危害结果。某些特定犯罪的构成要求行为人的行为发生在特定的时间、地点或者损害特定的对象等。

三、刑罚（熟悉）

我国的刑罚可以分为主刑和附加刑。对犯罪的外国人，可以独立适用或附加适用驱逐出境。

（一）主刑

（1）管制：对犯罪分子不实行关押，交由公安机关管束和人民群众监督，限制其一定自由。

（2）拘役：短期剥夺犯罪分子人身自由，就近强制实行劳动改造。

（3）有期徒刑：在一定期限内剥夺犯罪分子的人身自由，实行强制劳动改造。

（4）无期徒刑：终身剥夺犯罪分子的人身自由，实行强制劳动改造。

（5）死刑：剥夺犯罪分子的生命。

（二）附加刑

（1）罚金：强制犯罪分子向国家缴纳一定数额金钱。

（2）剥夺政治权利：剥夺犯罪分子参加国家管理政治活动权利。

（3）没收财产：没收犯罪分子个人所有的一部分或者全部财产。

> 真考解读 考查相对较少，考生需要熟悉主刑和附加刑的种类。

典型真题

【单选题】下列不属于刑罚的是（   ）。

A. 有期徒刑　　B. 警告　　　　C. 罚款　　　　D. 拘留

【答案】B【解析】我国的刑罚可以分为主刑和附加刑。主刑可分为管制，拘役，有期徒刑，无期徒刑，死刑。附加刑可分为罚金，剥夺政治权利，没收财产。

第二节　金融犯罪及刑事责任

视频讲解　微信扫描

一、金融犯罪的相关内容 （了解）

（一）金融犯罪的含义

金融犯罪是指行为人违反国家金融管理法规，破坏国家金融管理秩序，使公私财产权利遭受严重损失，根据刑法规定应受惩罚的行为。

（二）金融犯罪的种类

划分标准	种类
金融犯罪的行为方式	诈骗型金融犯罪、伪造型金融犯罪、利用便利型金融犯罪和规避型金融犯罪。
金融犯罪侵犯的客体	危害货币管理制度的犯罪、危害金融机构管理制度的犯罪、危害金融业务管理制度的犯罪。
金融犯罪实施的主体	（1）针对银行的犯罪（外部犯罪）：破坏金融管理秩序罪、金融诈骗罪等。 （2）银行人员职务犯罪（内部犯罪）：贪污、受贿、挪用公款、签订合同失职罪等。

（三）金融犯罪的构成

犯罪构成	内容
犯罪客体	金融管理秩序，包括银行管理秩序、货币管理秩序、外汇管理秩序、信贷管理秩序、证券管理秩序、票据管理秩序、保险管理秩序等。 【提示】金融犯罪的对象，可以是人^{解读1}，也可以是各种金融工具，如货币、各种金融票证、有价证券、信用证、信用卡等。
犯罪客观方面	金融犯罪的客观方面表现为以下两方面。 （1）违反金融管理法规（金融犯罪成立的前提和基础）。 （2）具有非法从事货币资金融通的活动。
犯罪主体	主体是自然人与单位。 【提示】自然人和单位作为金融犯罪的主体，可以是一般主体，也可以是特殊主体。作为特殊主体时，自然人必须是银行或者其他金融机构的工作人员。单位必须是银行或者其他金融机构。
犯罪主观方面	金融犯罪主观方面表现为故意，有的还要求具有非法占有目的。

二、破坏金融管理秩序罪（掌握）

（一）危害货币管理罪

1. 种类

危害货币管理罪包括以下两种。

（1）金融机构工作人员购买假币、以假币换取货币罪：银行或者其他金融机构的工作人员购买伪造的货币，或者利用职务上的便利，以伪造的货币换取货币的行为。

（2）持有、使用假币罪：违反货币管理法规，明知是伪造的货币而持有、使用，数额较大的行为。

2. 犯罪构成

种类	犯罪构成
金融机构工作人员购买假币、以假币换取货币罪解读2	（1）犯罪客体：国家的货币管理制度。 （2）犯罪客观方面：①购买假币；②利用职务上的便利，以假币换取货币。 （3）犯罪主体：特殊主体，为年满16周岁，具有辨认控制能力的银行或者其他金融机构的工作人员。 （4）犯罪主观方面：故意，即明知是假币而购买，或明知是假币而将其调换为真币。 （5）罪责刑罚：①处3~10年有期徒刑，并处2万~20万元罚金；②数额巨大或者有其他严重情节的，处10年以上有期徒刑或者无期徒刑，并处2万~20万元罚金或者没收财产；③情节较轻的，处3年以下有期徒刑或者拘役，并处或者单处1万~10万元罚金。
持有、使用假币罪	（1）犯罪客体：国家的货币管理制度。 （2）犯罪客观方面：持有、使用伪造的货币，数额较大的行为。 （3）犯罪主体：一般主体，为年满16周岁，具有辨认控制能力的自然人。 （4）犯罪主观方面：故意，即明知是假币而持有和使用，且持有假币罪不以使用目的为必要。 （5）罪责刑罚：①数额较大的，处3年以下有期徒刑或者拘役，并处或单处1万~10万元罚金；②数额巨大的，处3~10年有期徒刑，并处2万~20万元罚金；③数额特别巨大的，处10年以上有期徒刑，并处5万~50万元罚金或者没收财产。

真考解读 属于常考点，一般会考1道题。

解读2 金融机构工作人员购买假币行为构成金融机构工作人员购买假币、以假币换取货币罪；非金融机构工作人员购买假币构成购买假币罪，非金融机构工作人员出售、运输假币后又使用的，则以出售、运输假币罪和使用假币罪数罪并罚。

解读3 在学习这几种破坏银行和其他金融机构管理类犯罪时，注意对比、区分其犯罪客体、犯罪主体、犯罪客观表现及犯罪主观表现，考试中经常联合考查。

（二）破坏银行和其他金融机构管理类犯罪^{解读3}

1. 非法吸收公众存款罪

（1）犯罪客体：国家的银行管理制度。

（2）犯罪客观方面：非法吸收和变相吸收公众存款，扰乱金融秩序的行为。

（3）犯罪主体：一般主体，包括自然人和单位。

（4）犯罪主观方面：故意，并且不具有非法占有不特定对象资金的目的，否则可能构成集资诈骗罪。

2. 高利转贷罪

（1）犯罪客体：国家对贷款的管理制度；行为对象是金融机构的信贷资金。

（2）犯罪客观方面：套取金融机构信贷资金，并将该资金高利转贷为他人，违法所得数额较大的行为。

（3）犯罪主体：一般主体，包括自然人和单位。具有贷款业务经营权的金融机构除外。

（4）犯罪主观方面：故意，行为人在套取信贷资金时还必须具有转贷牟利的目的。

3. 违法发放贷款罪

（1）犯罪客体：国家对贷款的管理制度。

（2）犯罪客观方面：违反国家规定发放贷款的行为。

（3）犯罪主体：特殊主体，即银行或者其他金融机构及其工作人员。

（4）犯罪主观方面：故意，并且违法向关系人发放贷款罪中还要求明知是关系人而违法向其发放贷款。

4. 吸收客户资金不入账罪

（1）犯罪客体：侵犯的客体是国家对存款的管理制度；行为对象是以金融机构办理业务的名义所吸收的客户资金，包括个人储蓄和单位存款。

（2）犯罪客观方面：吸收客户资金不入账的方式，数额巨大或者造成重大损失的行为。

（3）犯罪主体：特殊主体，为银行或者其他金融机构及其工作人员。

（4）犯罪主观方面：故意，并且不以非法牟利目的为必要。

5. 伪造、变造金融票证罪

（1）犯罪客体：国家对金融票证的管理制度。

（2）犯罪客观方面：伪造^{解读4}、变造金融票证的行为。包括以下内容：①伪造、变造汇票、支票、本票；②伪造、变造委托收款凭证、汇款凭证、银行存单等其他银行结算凭证；③伪造、变造信用证或者附随的单据、文件；④伪造信用卡。

（3）犯罪主体：一般主体，包括自然人和单位。

（4）犯罪主观方面：故意，即明知伪造、变造金融票证的行为会发生破坏金

解读4 伪造包括有形伪造和无形伪造两种。

融秩序的结果，并且希望或者放任这种结果的发生。

6．违规出具金融票证罪

（1）犯罪客体：国家对金融票证的管理制度。

（2）犯罪客观方面：违反规定，为他人出具信用证或者其他保函、票据、存单、资信证明，情节严重的行为。

（3）犯罪主体：特殊主体，为银行或者其他金融机构及其工作人员。

（4）犯罪主观方面：故意，明知违反规定而出具金融票据的行为。

7．对违法票据承兑、付款、保证罪

（1）犯罪客体：国家对票据的管理制度。

（2）犯罪客观方面：在票据业务中，对违反票据法规定的票据予以承兑、付款或保证，造成重大损失的行为。

（3）犯罪主体：特殊主体，为银行或其他金融机构及其工作人员。

（4）犯罪主观方面：故意，也可能是过失。

8．骗取贷款、票据承兑、金融票证罪

（1）犯罪客观方面：以欺诈手段取得银行或者其他金融机构贷款、票据承兑、信用证、保函等。

（2）犯罪主体：一般主体，自然人和单位都可成为犯罪主体。

（3）骗取贷款、票据承兑、金融票证罪与贷款诈骗罪的区别。

区别	骗取贷款、票据承兑、金融票证罪	贷款诈骗罪
犯罪主观方面	不要求行为人以非法占有为目的。	行为人必须以非法占有为目的。
犯罪主体	自然人和单位。	只能是自然人。
最高法定刑	最高法定刑为 7 年有期徒刑。	最高可判处无期徒刑。

9．背信运用受托财产罪

（1）犯罪客观方面：行为主体实施了"违背受托义务，擅自运用客户资金或者其他委托、信托的财产[解读5]"的行为。

（2）犯罪主体：特殊主体，即为商业银行、证券交易所、期货交易所、证券公司、期货经纪公司、保险公司或者其他金融机构。个人不能构成背信运用受托财产罪的主体。

10．洗钱罪

（1）犯罪客观方面：①掩饰、隐瞒犯罪所得及其收益的来源和性质的行为；②对象是毒品犯罪、黑社会性质的组织犯罪、恐怖活动犯罪、走私犯罪、贪污贿

解读5 委托、信托的财产（受托财产）是指：①证券投资业务中的客户交易资金；②委托理财业务中的客户资产；③信托业务中的信托财产（包括资金信托和一般财产信托）；④证券投资基金（通过公开发售基金份额募集的客户资金）。

赂犯罪、破坏金融管理秩序犯罪、金融诈骗犯罪的所得。

（2）犯罪主观方面：①故意，明知是犯罪所得而仍然掩饰、隐瞒违法所得及其产生的收益和来源；②没有这种故意，不能构成洗钱罪。

典型真题

【单选题】根据《中华人民共和国反洗钱法》，下列不属于洗钱犯罪的上游刑事犯罪是（　　）。

A. 贪污贿赂犯罪　　　　　　B. 渎职罪

C. 金融诈骗犯罪　　　　　　D. 毒品犯罪

【答案】B【解析】刑法中的洗钱罪明确规定其对象是毒品犯罪、黑社会性质的组织犯罪、恐怖活动犯罪、走私犯罪、贪污贿赂犯罪、破坏金融管理秩序犯罪、金融诈骗犯罪的所得。

真考解读 属于常考点，一般会考 1 道题。

三、金融诈骗罪（掌握）

金融诈骗罪是指在金融活动中，违反金融管理法规，采取虚构事实或者隐瞒真相的方法，以非法占有为目的，骗取数额较大的财物的行为。具体包括以下几种类型的犯罪。

解读6 集资诈骗罪是指以非法占有为目的，采用虚构事实、隐瞒真相的方法，非法向社会公开募集资金，数额较大的行为。

（一）集资诈骗罪 解读6

犯罪构成	内容
犯罪客体	社会公众的财产与国家的金融秩序。
犯罪客观方面	非法集资的行为。
犯罪主体	一般主体，包括自然人和单位。
犯罪主观方面	故意，且要求是以非法占有为目的；本罪区别于非法集资等行为重要特征之一是是否具有非法占有他人财物的目的。
罪责刑罚	（1）自然人犯本罪的：①数额较大的，处 5 年以下有期徒刑，处 2 万 ~20 万元罚金；②数额巨大的，处 5 ~10 年有期徒刑，并处 5 万 ~50 万元以下罚金；③数额特别巨大，处 10 年以上有期徒刑或者无期徒刑，并处罚金或者没收财产；④数额特别巨大并且给国家和人民利益造成特别重大损失的，处无期徒刑或者死刑，并处没收财产。 （2）单位犯本罪的：①对单位判处罚金，对其直接负责的主管人员和其他直接责任人员，处 5 年以下有期徒刑或者拘役；②数额巨大或者有其他严重情节的，处 5 ~10 年有期徒刑；③数额特别巨大的，处 10 年以上有期徒刑或者无期徒刑。

（二）贷款诈骗罪 ^{解读7}

犯罪构成	内容
犯罪客体	贷款。
犯罪客观方面	（1）编造引进资金、项目等虚假理由。 （2）使用虚假的经济合同。 （3）使用虚假的证明文件。 （4）使用虚假的产权证明做担保或超出抵押物价值重复担保。 （5）以其他方法诈骗贷款。
犯罪主体	一般主体，单位不能构成本罪。
犯罪主观方面	故意，并且必须具有非法占有目的。
罪责刑罚	（1）数额较大的，处5年以下有期徒刑或者拘役，并处2万~20万元罚金。 （2）数额巨大的，处5~10年以下有期徒刑，并处5万~50万元罚金。 （3）数额特别巨大的，处10年以上有期徒刑或者无期徒刑，并处罚金或者没收财产。

解读7 贷款诈骗罪指以非法占有为目的，采用虚构事实、隐瞒真相的方法，诈骗银行或者其他金融机构的贷款，数额较大的行为。

（三）信用证诈骗罪 ^{解读8}

犯罪构成	内容
犯罪客体	信用证项下关系任何一方当事人的财产，以及国家的金融管理制度。
犯罪客观方面	行为人实施了利用信用证进行诈骗的行为，包括以下内容：①使用伪造、变造的信用证或者附随的单据、文件；②使用作废的信用证；③骗取信用证的；④其他方法。
犯罪主体	一般主体，包括自然人和单位。
犯罪主观方面	故意，并且必须具有非法占有目的。
罪责刑罚	（1）个人犯罪：①数额较大的，处5年以下有期徒刑，处2万~20万元罚金；②数额巨大的，处5~10年有期徒刑，并处5万~50万元以下罚金；③数额特别巨大或者有其他特别严重情节的，处10年以上有期徒刑或者无期徒刑，并处5万~50万元以下罚金或者没收财产；④数额特别巨大并且给国家和人民利益造成特别重大损失的，处无期徒刑或者死刑，并处没收财产。 （2）单位犯罪：①对单位判处罚金，对其直接负责的主管人员和其他直接责任人员，处5年以下有期徒刑或者拘役；②数额巨大或者有其他严重情节的，处5~10年有期徒刑；③数额特别巨大或者有其他特别严重情节的，处10年以上有期徒刑或者无期徒刑。

解读8 信用证诈骗罪是指使用伪造、变造的信用证或者附随的单据、文件，或者使用作废的信用证，或者骗取信用证以及以其他方法进行信用证诈骗活动的行为。

解读9 信用卡诈骗罪是指：①使用伪造的信用卡；②使用以虚假的身份证明骗领的信用卡；③使用作废的信用卡；④冒用他人的信用卡；⑤利用信用卡恶意透支进行诈骗活动，骗取数额较大的行为。

解读10 盗窃信用卡并使用的，定盗窃罪而非信用卡诈骗罪。

（四）信用卡诈骗罪^{解读9}

犯罪构成	内容
犯罪客体	复杂客体，既侵犯了国家有关的信用卡管理制度，也侵犯了银行以及信用卡的有关关系人的公私财产。
犯罪客观方面	（1）使用伪造、变造的信用卡。 （2）冒用他人信用卡^{解读10}。 （3）利用信用卡恶意透支，诈骗公私财物，数额较大的行为。
犯罪主体	一般主体，仅为自然人，单位不构成本罪。
犯罪主观方面	故意，并且必须具有非法占有目的。
罪责刑罚	（1）数额较大的，处5年以下有期徒刑，并处2万~20万元罚金。 （2）数额巨大的，处5~10年有期徒刑，并处5万~50万元以下罚金。 （3）数额特别巨大的，处10年以上有期徒刑或者无期徒刑，并处5万~50万元以下罚金或者没收财产。

（五）票据诈骗罪^{解读11}、金融凭证诈骗罪

1．票据诈骗罪

解读11 票据诈骗罪是指以非法占有为目的，采用虚构事实、隐瞒真相的方法，利用金融票据进行诈骗活动，骗取数额较大的行为。

犯罪构成	内容
犯罪客体	狭义的金融票据，仅指汇票、本票和支票。
犯罪客观方面	（1）明知是伪造、变造的汇票、本票、支票而使用。 （2）明知是作废的汇票、本票、支票而使用。 （3）冒用他人的汇票、本票、支票。 （4）签发空头支票或者与其预留印鉴不符的支票，骗取财物。 （5）汇票、本票的出票人签发无资金保证的汇票、本票或者在出票时做虚假记载，骗取财物。
犯罪主体	一般主体，包括自然人和单位。
犯罪主观方面	故意，并且必须具有非法占有目的。

2．金融凭证诈骗罪

（1）金融凭证诈骗罪金融凭证诈骗罪是指以非法占有为目的，采用虚构事实、隐瞒真相的方法，使用伪造、变造的委托收款凭证、汇款凭证、银行存单等其他银行结算凭证进行诈骗活动的行为。

（2）金融凭证诈骗罪的行为对象是委托收款凭证、汇款凭证及银行存单。除

客体之外，其犯罪客观方面、犯罪主体、犯罪主观方面则与票据诈骗罪相同。

【提示】汇票、本票、支票属于银行的结算凭证，但是使用伪造、变造的汇票、本票、支票进行诈骗，构成犯罪的，应构成票据诈骗罪，而非金融凭证诈骗罪。

四、银行业相关职务犯罪（掌握）

真考解读 属于常考点，一般会考1道题。

（一）职务侵占罪

1. 含义

职务侵占罪是指非国有的公司、企业或者其他单位的非国家工作人员利用职务上的便利，将本单位财物非法占为己有，数额较大的行为[解读12]。

解读12 从职务侵占罪的概念中我们可以看出，其犯罪主体为特殊主体，即非国有的公司、企业或者其他单位的非国家工作人员。在这些单位工作的国家工作人员不能成为职务侵占罪的主体；股份制商业银行的一般工作人员不能成为贪污罪的犯罪主体。

2. 侵占财物行为的手段

侵占财物的行为一般表现为侵吞、窃取、骗取等非法手段。

（1）"侵吞"：利用职务上的便利，将自己主管、经管、经手的公共财物，非法占为己有。

（2）"窃取"：利用职务上的便利，采用秘密方法，将自己合法管理的公共财物窃为己有，即"监守自盗"。

（3）"骗取"：采用虚构事实或隐瞒真相的方法，非法占有本单位财物。

3. 犯罪构成

（1）犯罪客观方面：行为人利用职务上的便利，将本单位财物非法占为己有，数额较大的行为。

（2）犯罪主体：特殊主体，即非国有的公司、企业或者其他单位的非国家工作人员。

（3）罪责刑罚：公司、企业或者其他单位的人员，利用职务上的便利，将本单位财物非法占为己有，数额较大的，处5年以下有期徒刑或者拘役；数额巨大的，处5年以上有期徒刑，可以并处没收财产。

4. 职务侵占罪与贪污罪的区别

解读13 股份制商业银行的一般工作人员不能成为贪污罪的犯罪主体。

项目	职务侵占罪	贪污罪[解读13]
犯罪主体	非国有的公司、企业或者其他单位的非国有工作人员。	国家工作人员或者受国有单位委派管理、经营国有财产的人员。
犯罪对象	非国有单位（如私营企业、合作企业、合资企业、股份制企业等）的财物。	国有财产在内的公共财产。
刑法处罚幅度	刑罚最高为5年以上有期徒刑。	情节特别严重的可以处死刑。

典型真题

【单选题】 采用虚构事实或隐瞒真相的方法，非法占有本单位财物，该行为属于（   ）。

A. 侵吞   B. 窃取   C. 骗取   D. 夺取

【答案】 C **【解析】** 骗取是指采用虚构事实或隐瞒真相的方法，非法占有本单位财物。

（二）挪用资金罪

1. 含义

挪用资金罪是指非国有的公司、企业或者其他单位的工作人员，利用职务上的便利，挪用本单位资金归个人使用或者借贷给他人，数额较大、超过3个月未还的，或者虽未超过3个月，但数额较大、进行营利活动的，或者进行非法活动的行为。

2. 挪用资金行为的情形

（1）超期未还型：挪用资金归个人使用或者借贷给他人，数额较大，超过3个月未还。

（2）营利活动型：挪用资金虽未超过3个月，但数额较大，进行营利活动的。

（3）非法活动型：挪用资金进行非法活动的。

3. 犯罪构成

（1）犯罪客观方面：利用职务上的便利，擅自挪用本单位资金归个人使用或者借贷给他人使用的行为。

（2）犯罪主体：与职务侵占罪主体一样，为特殊主体，即非国有公司、企业或者其他单位的非国家工作人员。

（3）罪责刑罚：①公司、企业或者其他单位的工作人员，利用职务上的便利，挪用本单位资金归个人使用或者借贷给他人，数额较大、超过3个月未还的，或者虽未超过3个月，但数额较大、进行营利活动的，或者进行非法活动的，处3年以下有期徒刑或者拘役；②挪用本单位资金数额巨大的，或者数额较大不退还的，处3～10年有期徒刑。

（三）非国家工作人员受贿罪

1. 含义

非国家工作人员受贿罪是指非国有的公司、企业或者其他单位的非国家工作人员利用职务上的便利，索取他人财物或非法收受他人财物，为他人谋取利益，数额较大（5000元以上）的行为。

2．犯罪构成

（1）犯罪客观方面：利用职务上的便利，索取或者收受贿赂^{解读14}的行为，或在经济往来中，违反国家规定收受各种名义的回扣、手续费，归个人所有的行为。

（2）犯罪主体：特殊主体，只能是非国有的公司、企业或者其他单位的非国家工作人员。

（3）罪责刑罚：①公司、企业或者其他单位的工作人员利用职务上的便利，索取他人财物或者非法收受他人财物，为他人谋取利益，数额较大的，处 5 年以下有期徒刑或者拘役；②数额巨大的，处 5 年以上有期徒刑，可以并处没收财产。

（四）签订、履行合同失职被骗罪

1．含义

签订、履行合同失职被骗罪是指国有公司、企业、事业单位直接负责的主管人员在签订、履行合同过程中，因严重不负责任被诈骗，致使国家利益遭受重大损失的行为，属于渎职犯罪。

2．犯罪构成

（1）犯罪客体：公司、企业的管理秩序与国家财产。

（2）犯罪客观方面：在签订、履行合同过程中，因严重不负责任被诈骗，致使国家利益遭受重大损失^{解读15}。

（3）犯罪主体：特殊主体，为国有公司、企业、事业单位直接负责的主管人员。

（4）犯罪主观方面：过失。

（5）罪责刑罚：①国有公司、企业、事业单位直接负责的主管人员，在签订、履行合同过程中，因严重不负责任被诈骗，致使国家利益遭受重大损失的，处 3 年以下有期徒刑或者拘役；②致使国家利益遭受特别重大损失的，处 3～7 年有期徒刑。

解读14 非法收受他人财物：一般是直接收取，也可以是间接收取；可以是事前收受，也可以是事后收受。均不影响本罪成立。

解读15 金融机构的工作人员严重不负责任，造成大量外汇被骗购或者逃汇的，也以本罪论处。

 **章节练习**

一、单选题（以下各小题所给出的四个选项中，只有一项符合题目要求，请选择相应选项，不选、错选均不得分）

1．在我国，适用刑罚的根本目的是（　　）。

  A．预防和减少犯罪　　　　　　　B．维护社会秩序

  C．保护公民的合法权益　　　　　D．建立法治国家

2．某银行会计花 2000 元钱购入 5 万元的假币，然后利用职务之便，用假币换取等额真币，其行

为涉嫌构成（　　）。

A. 出售、购买、运输假币罪

B. 伪造货币罪

C. 金融工作人员购买假币、以假币换取货币罪

D. 持有、使用假币罪

3. 下列选项中的金融犯罪主体属于特殊主体的是（　　）。

A. 违法发放贷款罪　　　　　　　　　B. 票据诈骗罪

C. 骗取贷款、票据承兑、金融票证罪　　D. 伪造、变造金融票证罪

4. 下列行为中，合法的是（　　）。

A. 银行工作人员将自行制作的存单交付他人使用

B. 银行工作人员吸收客户资金不记入银行的法定存款账簿

C. 个人在其信用卡额度内透支

D. 某银行退休职工向社区居民吸收存款，并承诺还本付息

5. 根据我国刑法规定，下列关于骗取贷款罪的表述，正确的是（　　）。

A. 该罪主观上要求行为人以非法占有为目的　B. 该罪属于金融诈骗罪的一种

C. 该罪最高法定刑为 7 年有期徒刑　　　　　D. 该罪的主体只有自然人

6. 下列罪名中，个人不能构成犯罪主体的是（　　）。

A. 背信运用受托财产罪　　　　　　　B. 违法发放贷款罪

C. 吸收客户资金不入账罪　　　　　　D. 违规出具金融票证罪

7. 江某冒用他人信用卡进行诈骗，且数额较大。针对该行为，下列表述正确的是（　　）。

A. 不构成犯罪，其行为属不当得利　　B. 构成侵占遗失物罪

C. 构成信用卡诈骗罪　　　　　　　　D. 构成侵占罪

二、**多选题**（以下各小题所给出的五个选项中，有两项或两项以上符合题目的要求，请选择相应选项，多选、少选、错选均不得分）

1. 下列属于刑罚的有（　　）。

A. 有期徒刑　　　　　B. 行政拘留　　　　　C. 无期徒刑

D. 死刑　　　　　　　E. 行政罚款

2. 甲自己制作了某银行支行的业务印章，并印制了空白存单，然后制作了一张 100 万元的银行存单，并以此从另一家银行获得抵押贷款 100 万元。根据刑法的有关规定，下列说法正确的有（　　）。

A. 这是伪造金融票证的行为　　　　　B. 这是合法的，因为甲自己在银行有抵押

C. 这种行为不构成犯罪　　　　　　　D. 这是金融诈骗行为

E. 这种行为属于一般民事纠纷，甲应当赔偿银行损失

3. 贷款诈骗罪客观方面表现包括（　　）。

A. 编造引进资金、项目等虚假理由

B. 使用伪造、变造信用证或者随附的单据、文件

C. 使用虚假的经济合同

D. 使用虚假的身份证明文件

E. 使用伪造、变造银行结算凭证

三、判断题（请对以下各项描述做出判断，正确的为 A，错误的为 B）

1. 金融犯罪的对象是自然人，同时也可以是各种金融工具。（　　）

    A. 正确　　　　　　　　　　　　B. 错误

2. 金融机构工作人员和非金融机构工作人员购买假币的行为分别触犯了不同的罪名。（　　）

    A. 正确　　　　　　　　　　　　B. 错误

答案详解

一、单选题

1. A【解析】在我国，适用刑罚的根本目的是预防和减少犯罪。

2. C【解析】金融机构工作人员购买假币、以假币换取货币罪是指银行或者其他金融机构的工作人员购买伪造的货币，或者利用职务上的便利，以伪造的货币换取货币的行为。

3. A【解析】选项 A，违法发放贷款罪的主体为特殊主体，即银行或者其他金融机构及其工作人员。其他选项犯罪主体均为一般主体。

4. C【解析】选项 A 是伪造、变造金融票证的行为；选项 B 是吸收客户资金不入账的行为；选项 D 是非法吸收公众存款的行为；选项 C 是合法行为。

5. C【解析】该罪主观上不要求行为人以非法占有为目的，故选项 A 错误；该罪属于破坏金融秩序罪的一种，故选项 B 错误；该罪的主体包括自然人和单位，故选项 D 错误。

6. A【解析】个人不能构成背信运用受托财产罪的主体。

7. C【解析】信用卡诈骗罪的犯罪客观表现之一是冒用他人信用卡，江某的行为属于信用卡诈骗罪。故选 C。

二、多选题

1. ACD【解析】我国的刑罚可以分为主刑和附加刑。主刑包括管制、拘役、有期徒刑、无期徒刑和死刑。附加刑包括罚金、剥夺政治权利和没收财产。

2. AD【解析】甲自己印制存单属于伪造金融票证的行为，以伪造的银行存单骗取银行贷款，属于金融诈骗中的贷款诈骗行为。

3. ACD【解析】选项 A、选项 C、选项 D 均属于贷款诈骗罪客观方面表现。

三、判断题

1. B【解析】金融犯罪的对象可以是人，也可以是各种金融工具。

2. A【解析】题干所述正确。

第五部分　银行监管与自律

第十九章　银行监管体制

🔍 应试分析

本章介绍了银行监管体制，包括银行监管的起源与演变以及我国银行监管的层次和框架。本章在考试中涉及分值约为1分。重点关注银行制度的变迁、银行监管4个层次的具体内容以及我国银行传统的监管工具。

🏠 思维导图

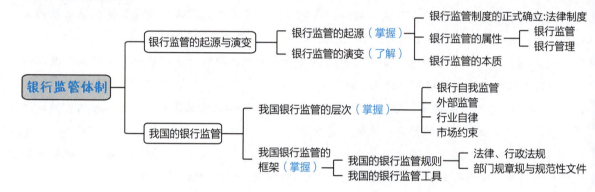

微信扫码关注
畅享在线做题

微信扫码关注
获取免费直播课

知识精讲

第一节 银行监管的起源与演变

视频讲解 微信扫描

一、银行监管的起源（掌握）

（一）银行监管制度的正式确立：法律制度

（1）政府对金融活动的监管最早可追溯到 1720 年英国颁布的《泡沫法》。为防止股票过度投机，英国国会通过了《反泡沫公司法》，标志着世界金融史上政府实施金融监管的正式开始。

（2）1864 年南北战争期间，美国联邦政府制定了《国民银行法》，联邦政府开始依法对商业银行实施监管，标志着银行监管制度的正式确立。

（二）银行监管的属性 解读

银行监管包含了银行监督和银行管理双重属性。

（1）银行监督：①监管部门对银行市场运行状况进行系统、及时地信息收集和信息处理，以维护市场秩序和防范市场风险；②对银行机构实施全面、经常性的检查和督促，以促进银行机构依法稳健经营，安全可靠和健康地发展。

（2）银行管理：①监管部门依法对辖内银行机构及市场进行管理（包括市场体系的构建、市场规则的制定和对市场违规行为的处罚等）；②对银行机构及其经营活动实行领导、组织、协调和控制等。

典型真题

【多选题】银行监管包括银行监督和银行管理双重属性，其中银行监督的主要内容包括（　　）。

A. 对银行市场运行状况进行系统的信息收集和处理，以维护金融市场秩序

B. 对银行机构和市场进行管理

C. 对银行市场运行状况进行系统的信息收集和处理，以防范金融风险

D. 对银行机构实施全面、经常性的检查和督促，促进银行依法经营，健康发展

E. 对银行机构及其经营活动实行领导、组织、协调和控制

【答案】ACD 【解析】选项 B、选项 E 属于银行管理的内容。

（三）银行监管的本质

银行监管制度是指银行机构监管的模式、目标、原则、内容和方式等的总称。由于历史原因、经济发达程度和法律体系的影响，各国银行发展程度和监管制度不尽相同。

真考解读 属于常考点，一般会考 1 道题。

解读 常考点：银行监管的双重属性。

银行监管的本质实际上是制度监管。国际上主要的金融监管体制包括统一监管型、多头监管型和"双峰"监管型。

典型真题

【单选题】下列关于银行监管及金融监管的表述，正确的是（　　）。

A. 虽然世界各国的历史原因、经济发达程度和法律体系的影响是不同的，但各国的银行监管制度是相同的

B. 国际上主要金融监管的体制包括统一监管型、多头监管型、"骆驼"监管型

C. 银行监管制度是指银行机构监管的模式、目标、原则、内容和方式等的总称

D. 银行监管包含了银行监督和银行自律双重属性

【答案】C【解析】由于历史原因、经济发达程度和法律体系的影响，各国银行发展程度和监管制度不尽相同，故选项 A 表述错误。国际上主要的金融监管体制包括：统一监管型、多头监管型和"双峰"监管型，故选项 B 表述错误。银行监管包含了银行监督和银行管理双重属性，故选项 D 表述错误。

真考解读 较少考查，考生了解即可。

二、银行监管的演变 （了解）

（1）20 世纪 30 年代以前，银行监管的目标是提供稳定和弹性的货币供给，防止银行挤提带来的消极影响。

（2）20 世纪 30 年代，各国银行监管目标开始转变成维持安全稳定的银行体系。

（3）20 世纪 70 年代末，银行监管的目标开始重新注重效率问题。

（4）近年来，银行监管的目标发展到有效控制风险、注重安全和效率的平衡方面。

第二节　我国的银行监管

真考解读 属于常考点，一般会考 1 道题。

一、我国银行监管的层次 （掌握）

我国银行监管包括四个层次，分别是银行自我监管、外部监管、行业自律、市场约束。

（一）银行自我监管

商业银行自我监管通过内部治理、内部控制与内部审计三种方式实现。

（二）外部监管

银行业外部监管是监管的最高层次，是由国务院授权成立的中国银行业监督

管理委员会统一监督管理银行、金融资产管理公司、信托投资公司以及其他存款类金融机构，维护银行业的合法、稳健运行。

（三）行业自律

自律组织一般通过以下两种方式对其会员银行进行监管。

（1）对会员每年进行一次例行检查（检查内容包括财务状况，业务执行情况、对客户的服务质量等）。

（2）对会员的日常业务活动进行监管（业务活动指导，协调会员关系，对违法违规行为进行调查处理）。

（四）市场约束

市场约束^{解读1}是指银行的债权人或所有者，借助银行的信息披露和相关社会中介机构（律师事务所、会计师事务所、审计师事务所和信用评估机构等）的帮助，通过自觉提供监督和实施对银行活动的约束，把管理落后或不稳健的银行逐出市场等手段来迫使银行安全稳健经营的过程。

解读1 表现形式之一：强化信息的披露。

典型真题

【多选题】我国银行监管的层次包括（　　）。

A. 银行自我监管　　　　B. 市场约束

C. 审慎监管　　　　　　D. 外部监管

E. 行业自律

【答案】ABDE【解析】我国银行监管包括4个层次，分别是银行自我监管、外部监管、行业自律、市场约束。

二、我国银行监管的框架 （掌握）

真考解读 属于常考点，一般会考1道题。

完善的审慎监管框架主要包括三大组成部分：①审慎全面的监管规则；②行之有效的监管工具；③科学合理的监管组织体系。

（一）我国的银行监管规则

银行业监管规则体系主要由法律、行政法规、部门规章和规范性文件构成。

层次	内容
法律、行政法规（基础和主干）	（1）银行业监管法律主要包括以下内容：除了审慎全面的监管规则、行之有效的监管工具外，完善的审慎监管框架还包括科学合理的监管组织体系。 ①《中华人民共和国银行业监督管理法》明确界定了我国银行业监督管理的目标、原则和职责等，是一部专门的行业监督管理法。

续 表

层次	内容
法律、行政法规（基础和主干）	②《中华人民共和国商业银行法》规定了商业银行开展业务时需要接受国务院银行业监督管理机构的监管及来自中国人民银行的监督检查等要求。 ③《中华人民共和国中国人民银行法》规定中国人民银行有权监管银行业机构参与金融市场的活动、建议银行业监管机构对特定银行进行检查监督、对影响金融稳定的金融机构进行检查监督等。 （2）银行业监管的行政法规主要包括《中华人民共和国外资银行管理条例》等，规定了外资银行也需要接受国务院银行业监督管理机构的监管以及来自中国人民银行的监督检查等要求。
部门规章与规范性文件（依据和准绳）	目前主要的部门规章与规范性文件以管理办法与管理指引的形式发布。随着法律法规的动态变化，对相关文件"立改废"情况及时调整并向社会公布，不断完善层次清晰、内容完整、体系统一、公开透明的银行业监管法规体系。

解读2 注意区分我国传统的监管工具和原中国银监会公布的《中国银监会关于中国银行业实施新监管标准的指导意见》之后引入的工具。

（二）我国的银行监管工具 解读2

（1）我国银行传统的监管工具主要包括流动性、拨备覆盖率、风险集中度、不良资产率。

（2）2011年4月27日，原中国银监会公布了《中国银监会关于中国银行业实施新监管标准的指导意见》，陆续引入了资本、拨备、流动性、银行账簿利率风险、大额风险暴露、杠杆率等银行监管工具。

典型真题

【多选题】下列属于监管工具的有（　　）。

A. 杠杆率　　　　　　　　　B. 不良资产率

C. 风险集中度　　　　　　　D. 拨备覆盖率

E. 风险严重度

【答案】ABCD　【解析】选项E不属于监管工具。

章节练习

一、单选题（以下各小题所给出的四个选项中，只有一项符合题目要求，请选择相应选项，不选、错选均不得分）

1. 我国传统的监管工具不包括（　　）。

　A. 流动性　　　　B. 拨备覆盖率　　　　C. 不良资产率　　　　D. 杠杆率

2. 当前我国银行监管框架不包括（　　）。

   A. 监管规则　　　　　B. 自我监管机制　　　C. 监管组织体系　　　D. 监管工具

二、**多选题**（以下各小题所给出的五个选项中，有两项或两项以上符合题目的要求，请选择相应选项，多选、少选、错选均不得分）

   自律组织对其会员银行的监管方式一般有（　　）。

   A. 每年进行一次例行检查

   B. 要求商业银行建立完善的法人治理结构

   C. 强制商业银行进行信息披露

   D. 要求建立一个独立的、协助董事会工作的公司审计委员会

   E. 对会员的日常业务活动进行监管

三、**判断题**（请对以下描述做出判断，正确的为 A，错误的为 B）

   近年来，由于金融危机等的冲击，银行监管的目标发展到更加注重风险的方面。（　　）

   A. 正确　　　　　　　　　　　　　　B. 错误

答案详解

一、单选题

1. D【解析】我国传统的监管工具主要包括流动性、拨备覆盖率、风险集中度、不良资产率。

2. B【解析】我国当前银行监管的框架：完善的审慎监管框架主要包括三大组成部分：①审慎全面的监管规则；②行之有效的监管工具；③科学合理的监管组织体系。

二、多选题

   AE【解析】自律组织对其会员的监管一般有两种方式：①对会员每年进行一次例行检查；②对会员的日常业务活动进行监管。

三、判断题

   B【解析】近年来，银行监管的目标发展到有效控制风险、注重安全和效率的平衡方面。

第二十章　银行自律与市场约束

应试分析

　　本章主要介绍了我国银行自律组织、银行业职业操守和行为准则的相关知识。本章内容在考试中涉及分值约为 5 分。考生需要重点掌握的是银行业从业人员职业操守和行为准则。本章多是记忆性知识，主要是考查考生的职业道德修养和实际运用能力，考生学习时可结合实际进行了解和掌握。

思维导图

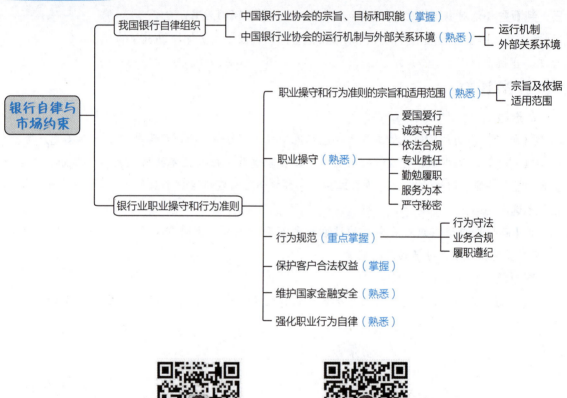

微信扫码关注
畅享在线做题

微信扫码关注
获取免费直播课

知识精讲

第一节 我国银行自律组织

视频讲解 微信扫描

一、中国银行业协会的宗旨、目标和职能 （掌握）

中国银行业协会（CBA）是我国的银行业自律组织，于 2000 年成立，是全国性非营利社会团体。

（1）宗旨：促进会员单位实现共同利益。

（2）目标：维护银行业合法权益、市场秩序，提高银行业从业人员素质，提高为会员服务的水平，促进银行业的健康发展。

（3）职能：履行自律、维权、协调、职务职能。

（4）主管单位：国务院银行业监督管理机构（中国银保监会）。

（5）凡经银保监会批准成立的、具有独立法人资格的全国银行业金融机构以及在华外资金融机构，承认《中国银行业协会章程》，均可申请加入中国银行业协会成为会员^{解读}。

真考解读 属于常考点，一般会考 1 道题。

解读 并非银行业金融机构都必须参与中国银行业协会。

典型真题

【单选题】中国银行业协会的宗旨是（   ）。

A. 审查批准银行业金融机构的设立、变更和终止

B. 审慎监管

C. 促进会员单位实现共同利益

D. 对银行业自律组织的活动进行指导和监督

【答案】C【解析】中国银行业协会以促进会员单位实现共同利益为宗旨。

二、中国银行业协会的运行机制与外部关系环境 （熟悉）

（一）运行机制

（1）最高权力机构：会员大会，由参加协会的全体会员单位组成。

（2）执行机构：理事会，对会员大会负责。理事会在会员大会闭会期间负责领导协会开展日常工作。理事会闭会期间，由常务理事会行使理事会职责。常务理事会由会员 1 名、专职副会长 1 名、副会长若干名、秘书长 1 名组成。

（3）监察部门：监事会。协会设监事会，由监事长 1 名、监事若干名组成。

（二）外部关系环境

协会的外部关系环境主要包括银行业协会与会员单位的关系、银行业协会与

真考解读 考查相对较少，考生熟悉即可。

政府的关系、银行业协会与消费者的关系。

第二节 银行业职业操守和行为准则

一、职业操守和行为准则的宗旨和适用范围（熟悉）

真考解读考查相对较少，可能会考1道题，考生熟悉即可。

（一）宗旨及依据

项目	内容
宗旨	规范银行业从业人员职业行为，提高中国银行业从业人员整体素质和职业道德水准，在银行业内建立良好的清廉文化，维护银行业良好信誉，促进银行业的健康发展。
依据	（1）中国银行业协会依据《中华人民共和国商业银行法》《中华人民共和国银行业监督管理法》等法律法规及《中国银监会关于印发〈银行业金融机构从业人员职业操守指引〉的通知》《中国银监会关于印发〈银行业金融机构从业人员行为管理指引〉的通知》《银行业协会工作指引》《中国银行业协会章程》等有关规范，制定《银行业从业人员职业操守和行为准则》。 （2）原银监会2006年10月制定的《商业银行合规风险管理指引》第3条规定，本指引所称法律、规则和准则是指适用于银行业经营活动的法律、行政法规、部门规章及其他规范性文件、经营规则、自律性组织的行业准则、行为守则和职业操守。

典型真题

【单选题】《商业银行合规风险管理指引》所称的法律、规则和准则不包括（　　）。

A. 银行业经营活动的法律、行政法规、部门规章及其他规范性文件

B. 商业银行企业文化及服务规范

C. 自律性组织的行业准则、行为守则和职业据守

D. 银行业经营规则

【答案】B **【解析】**由教材上述内容可知，选项A、选项C、选项D均属于《商业银行合规风险管理指引》所称的法律、规则和准则。

解读1全国性银行业自律组织是指中国银行业协会；地方性银行业自律组织是指各省、自治区、直辖市及各计划单列市银行业协会。

（二）适用范围**解读1**

（1）中华人民共和国境内银行业金融机构委派到国（境）外分支机构、控（参）股公司工作的人员，应当适用《银行业从业人员职业操守和行为准则》。该准则所称银行业从业人员是指在中华人民共和国境内银行业金融机构工作的人员。

（2）银行业从业人员应当遵守本职业操守与准则，并接受所在机构（从业人员供职的银行业金融机构）、银行业自律组织（全国性和地方性）、监管机构（国务院银行业监督管理机构、中国人民银行、国家外汇管理局等行使监督管理职能的部门及其分支机构）和社会公众的监督。

二、职业操守（熟悉）

（一）爱国爱行

（1）银行业从业人员应当拥护中国共产党的领导，认真贯彻执行党和国家的金融路线方针政策，严格遵守监管部门要求，认真践行服务实体经济、防范化解金融风险、深化金融改革的任务。

（2）银行业从业人员应当热爱银行业工作，忠诚金融事业，切实履行岗位职责，爱岗敬业，努力维护所在银行商业信誉，为银行业改革发展做出贡献。

（二）诚实守信

银行业从业人员应当恪守诚实信用原则，真诚对待客户，珍视声誉、信守承诺，践行"三严三实"的要求，发扬银行业"三铁"精神，谋事要实，创业要实，做人要实，通过踏实劳动实现职业理想和人生价值。

（三）依法合规

银行业从业人员应当敬畏党纪国法，严格遵守法律法规、监管规制、行业自律规范以及所在机构的规章制度，自觉抵制违法违规违纪行为，坚持不碰政治底线、不越纪律红线，"一以贯之"守纪律，积极维护所在机构和客户的合法权益。

（四）专业胜任

银行业从业人员应当具备现代金融岗位所需的专业知识、执业资格与专业技能；树立终身学习和知识创造价值的理念，及时了解国际国内金融市场动态，不断学习提高政策法规、银行业务、风险管控的水平，通过"学中干"和"干中学"锤炼品格、补充知识、增长能力。

（五）勤勉履职

银行业从业人员应当遵守岗位管理规范，严格执行业务规定和操作规程，防范利益冲突和道德风险，尽责、尽心、尽力做好本职工作。

（六）服务为本

银行业从业人员应当秉持服务为本的理念，以服务国家战略、服务实体经济、服务客户为天职，借助科技赋能，竭诚为客户和社会提供规范、快捷、高效的金融服务。

（七）严守秘密

银行业从业人员应当谨慎负责，严格保守工作中知悉的国家秘密、商业秘密[解读2]、工作秘密和客户隐私，坚决抵制泄密、窃密等违法违规行为。

真考解读 考查相对较少，考生要熟悉七大职业操守，并对各操守的内容有个大致的了解，学会正确的判断。

解读2 根据《中华人民共和国反不正当竞争法》的规定，商业秘密是指不为公众所知悉、具有商业价值并经权利人采取相应保密措施的技术信息、经营信息等商业信息。

真考解读 属于必考点，一般会考2~3道题。

三、行为规范（重点掌握）

（一）行为守法

准则	内容
严禁违法犯罪行为	银行业从业人员应自觉遵守法律法规规定，不得参与"黄、赌、毒、黑"、非法集资、高利贷、欺诈、贿赂等一切违法活动和非法组织。
严禁非法催收	银行业从业人员不得以故意伤害、非法拘禁、侮辱、恐吓、威胁、骚扰等非法手段催收贷款。
严禁组织、参与非法民间融资	银行业从业人员不得组织或参与非法吸收公众存款、套取金融机构信贷资金、高利转贷、非法向在校学生发放贷款等民间融资活动。
严禁信用卡犯罪行为	（1）银行业从业人员不得利用职务便利实施伪造信用卡、非法套现信用卡、滥发信用卡等行为。 （2）银行业从业人员不得为特定客户优于同等条件办理高端信用卡，提供价质不符的高端服务。
严禁信息领域违法犯罪行为	（1）银行业从业人员不得利用职务便利实施窃取、泄露客户信息、所在机构商业秘密等的违法犯罪行为。 （2）银行业从业人员发现泄密事件，应立即采取合理措施并及时报告。 （3）银行业从业人员违反工作纪律、保密纪律，造成客户相关信息泄露的，应当按照有关规定承担责任。
严禁内幕交易行为	银行业从业人员在业务活动中应当遵守有关禁止内幕交易的规定，不得以明示或暗示的形式违规泄露内幕信息，不得利用内幕信息获取个人利益，或是基于内幕信息为他人提供理财或投资方面的建议。
严禁挪用资金行为	（1）银行业从业人员不得默许、参与或支持客户用信贷资金进行股票买卖、期货投资等违反信贷政策的行为。 （2）银行业从业人员不得挪用所在机构资金和客户资金，不得利用本人消费贷款进行违规投资。
严禁骗取信贷行为	银行业从业人员不得向客户明示、暗示或者默许以虚假资料骗取、套取信贷资金。

（二）业务合规^{解读3}

准则	内容
遵守岗位管理规范	（1）银行业从业人员应当遵守业务操作指引，遵循银行岗位职责划分和风险隔离的操作规程，确保客户交易的安全。 （2）银行业从业人员不得打听与自身工作无关的信息，或是违反规定委托他人履行保管物品、信息或其他岗位职责。
遵守信贷业务规定	银行业从业人员应当根据监管规定和所在机构风险控制的要求，严格执行贷前调查、贷时审查和贷后检查等"三查"工作。
遵守销售业务规定	（1）银行业从业人员不得在任何场所开展未经监管机构或所在机构批准的金融业务，不得销售或推介未经所在机构审批的产品，不得代销未持有金融牌照机构发行的产品。 （2）银行业从业人员不得针对特定客户非公开销售优于其他同类客户的存款产品、贷款产品、基金产品、信托产品、理财产品等。
遵守公平竞争原则	（1）银行业从业人员应当崇尚公平竞争，遵循客户自愿原则、尊重同业公平原则。 （2）在宣传、办理业务过程中，不得使用不正当竞争手段。 （3）坚决抵制以权谋私、钱权交易、贪污贿赂、"吃、拿、卡、要"等腐败行为。
遵守财务管理规定	（1）银行业从业人员应当严格执行所在单位的财务报销规定，组织或参加会议、调研、出差等公务活动应当严格执行公务出差住宿和交通标准。 （2）出差人员应在职务级别对应的住宿费标准限额内选择宾馆住宿，按规定登记乘坐交通工具。 （3）银行业从业人员不得用公款支付应当由本人或亲友个人支付的费用，严禁上下级机构及工作人员之间、行内部门之间用公款相互宴请或赠送礼品，不得使用公款开展娱乐互动、游山玩水或以学习考察等名义出国（境）公款旅游等。
遵守出访管理规范	（1）出访期间须主动接受我国驻外使领馆的领导和监督，及时请示报告。 （2）除另有规定外，严禁持因私护照出访执行公务。 （3）严格执行中央对外工作方针政策和国别政策，严守外事纪律，遵守当地法律法规，尊重当地风俗习惯，杜绝不文明行为。严禁变相公款旅游，严禁安排与公务活动无关的娱乐活动，不得参加可能对公正履职有影响的出访活动。 （4）增强安全保密意识，妥善保管内部资料，未经批准，不得对外提供内部文件和资料。

解读3 必考点：业务合规的相关规定，一般都是综合考查，多以案例的形式出现。

续 表

准则	内容
遵守外事接待规范	（1）接待国（境）外来宾坚持服务外交、友好对等、务实节俭原则，安排宴请、住宿、交通等接待事宜根据相关规定执行。 （2）在公务外事活动中，严格遵守外事礼品赠与与接受的相关规定。
遵守离职交接规定	银行业从业人员岗位变动或离职时，应当按照规定妥善交接工作，遵守脱密和竞业限制约定，不得擅自带走所在机构的财物、工作资料和客户资源。

典型真题

【单选题】某银行员工甲与员工乙共同负责业务印章及重要凭证的保管。甲保管保险箱钥匙、乙掌握密码，某日甲请假看病，下列行为中符合要求的是（　　）。

A. 考虑到时间不长，甲将保险箱的钥匙交于乙暂时保管

B. 甲办妥相关手续，移交钥匙后外出看病

C. 甲估计外出时间不长，不会用到业务印章和相关凭证，因此未做移交就外出看病

D. 甲自行将保险箱钥匙委托第三名员工保管

【答案】B【解析】银行业从业人员应当遵守业务操作指引，遵循银行岗位职责划分和风险隔离的操作规程，确保客户交易的安全。不得打听与自身工作无关的信息，或是违反规定委托他人履行保管物品、信息或其他岗位职责。

（三）履职遵纪解读4

解读4 常考点：履职遵纪的相关规定。

准则	内容
贯彻"八项规定"、反"四风"	银行业从业人员应当严格遵守纪律要求，认真落实所在机构贯彻中央"八项规定"的有关制度，求真务实、勤俭节约，坚决反对"形式主义、官僚主义、享乐主义和奢靡之风"等四种不正之风。
如实反馈信息	（1）银行业从业人员应当确保经办和提供的工作资料、个人信息等的合法性、真实性、完整性与准确性。 （2）严禁银行业从业人员对相关个人信息采取虚构、夸大、隐瞒、误导等行为。
按照纪律要求处理利益冲突	银行业从业人员应当按照纪律要求处理自身与所在机构的利益冲突。存在潜在冲突的情况下，应当主动向所在机构管理层说明情况。

续 表

准则	内容
严禁非法利益输送交易	银行业从业人员严禁利用职务便利侵害所在机构权益，自行或通过近亲属以明显优于或低于正常商业条件与其所在机构进行交易。
实施履职回避	（1）银行业从业人员应当严格遵守有关履职回避要求。任职期间出现需要回避情形的，本人应当主动提出回避申请，服从所在机构做出的回避决定。 （2）银行业金融机构不得向特定关系人及其亲属提供高薪岗位、职务、薪酬奖励，不得针对特定关系人授予或评审职位职称。
严禁违规兼职谋利	（1）银行业从业人员应当遵守法纪规定以及所在机构有关规定从事兼职活动，主动报告兼职意向并履行相关审批程序。 （2）银行业从业人员应当妥善处理兼职岗位与本职工作之间的关系，不得利用兼职岗位谋取不当利益，不得违规经商办企业。 （3）银行业从业人员未经批准，不得参加授课、课题研究、论文评审、答辩评审、合作出书等活动；经批准到本单位直属或下辖单位参加上述活动的，按所在单位有关规定办理。
抵制贿赂及不当便利行为	银行业从业人员应当自觉抵制不正当交易行为，严禁以任何方式索取或收受客户、供应商、竞争对手、下属机构、下级员工及其他利益相关方的贿赂或不当利益，严禁向政府机关及其他利害关系方提供贿赂或不当利益，严禁收、送价值超过法律及商业习惯允许范围的礼品。
厉行勤俭节约	银行业从业人员应当厉行勤俭节约，珍惜资源，爱护财产。根据工作需要合理使用所在机构财物，禁止以任何方式损害、浪费、侵占、挪用、滥用所在机构财产。
塑造职业形象	（1）银行业从业人员在公共场合应做到言谈举止文明稳重、着装仪表整洁大方，个人形象要与职业身份、工作岗位和环境要求相称。 （2）银行业从业人员做到身心健康、情趣高雅，积极履行社会责任。 （3）严禁通过网络等发布、传播不当言论。
营造风清气正的职场环境和氛围	（1）银行业金融机构应按照"忠、专、实"的衡量标准，选拔任用政治过硬、素质过硬、踏实肯干的干部人才。 （2）破除阿谀奉承、拉帮结派等小圈子、小团伙依附关系，杜绝因"圈子文化"而滋生的畸形权力和裙带关系。 （3）关爱员工，严禁体罚、辱骂、殴打员工；采取合理的预防、受理投诉、调查处置等措施，防止和制止利用职权、从属关系等实施性骚扰。 （4）尊重员工权益，畅通诉求渠道，从政治思想教育、薪酬待遇、职业生涯规划、心理动态咨询等多方面帮助引导员工，在多岗位历练培养，增强员工的归属感和成就感。

典型真题

【单选题】陈某是一家银行的部门总经理同时在当地金融学会兼任顾问，下列对其兼职行为表述正确的是（　　）。

A. 属于允许范围内的兼职活动，但应当向所在银行披露自己的兼职身份

B. 违反了有关法律法规和职业操守的规定，必须停止兼职活动

C. 属于允许范围内的兼职活动，可以把一半以上的工作时间用于此兼职工作

D. 与银行业务不直接相关，因此可以不披露自己的兼职工作

【答案】A 【解析】银行业从业人员应当遵守法纪规定以及所在机构有关规定从事兼职活动，主动报告兼职意向并履行相关审批程序应当妥善处理兼职岗位与本职工作之间的关系，不得利用兼职岗位谋取不当利益，不得违规经商办企业。

真考解读 属于常考点，一般会考1道题，可能是单独出题，也可能是与其他相关规定合并出题。

四、保护客户合法权益（掌握）

准则	内容
礼貌服务客户	银行业从业人员在接洽业务过程中，应当礼貌周到。对客户提出的合理要求尽量满足，对暂时无法满足或明显不合理的要求，应当耐心说明情况，取得理解和谅解。
公平对待客户	（1）银行业从业人员应当公平对待所有客户，不得因客户的国籍、肤色、民族、性别、年龄、宗教信仰、健康或残障及业务的繁简程度和金额大小等其他方面的差异而歧视客户。 （2）对残障者或语言存在障碍的客户，银行业从业人员应当尽可能为其提供便利。
保护客户信息	银行业从业人员应当妥善保存客户资料及其交易信息档案。在受雇期间及离职后，均不得违反法律法规和所在机构关于客户隐私保护的规定，违规泄露任何客户资料和交易信息。
充分披露信息	（1）银行业从业人员在向客户销售产品的过程中，应当严格落实销售专区录音录像等监管要求，按照规定以明确的、足以让客户注意的方式向其充分提示必要信息，对涉及的法律风险、政策风险以及市场风险等进行充分提示。 （2）严禁为达成交易而隐瞒风险或进行虚假或误导性陈述，严禁向客户作出不符合有关法律法规及所在机构有关规章制度的承诺或保证。
妥善处理客户投诉	银行业从业人员应当坚持客户至上、客观公正原则，耐心、礼貌、认真地处理客户投诉，及时作出有效反馈。

五、维护国家金融安全（熟悉）

准则	内容
接受、配合监管工作	银行业从业人员应当树立依法合规意识，依法接受银行业监督管理部门的监管，积极配合非现场监管和现场检查等监管工作。严禁自行或诱导客户规避监管要求。
遵守反洗钱、反恐怖融资规定	银行业从业人员应当遵守反洗钱、反恐怖融资有关规定，熟知银行承担的义务，严格按照要求落实报告大额和可疑交易等工作。
协助有权机关执法	银行业从业人员应当熟知银行承担的依法协助执行义务，在严格保守客户隐私的同时，按法定程序积极协助执法机关的执法活动，不泄露执法活动信息，不协助客户隐匿、转移资产。
举报违法行为	银行业从业人员对所在机构违反法律法规侵害国家金融安全的行为，有责任予以揭露。有权向上级机构或所在机构的监督管理部门直至国家司法机关举报。
服从应急安排	银行业从业人员应当积极响应国家号召、落实行业倡议、服从机构安排，在抗震救灾、卫生防疫等重大公共应急事件中坚守岗位，尽职履责，努力保障特殊时期金融服务的充分供给。
守护舆情环境	银行业从业人员应当遵守法律法规、监管规制及所在机构关于信息发布的规定，严禁擅自接受媒体采访或通过微信、微博、贴吧、网络直播等自媒体形式对外发布相关信息。

真考解读 考查相对较少，考生熟悉即可。

六、强化职业行为自律（熟悉）

准则	内容
接受所在机构管理	（1）银行业从业人员应当严格遵守《银行业从业人员职业操守和行为准则》，接受所在机构的监督和管理。 （2）银行业金融机构应当依照法律法规和《银行业从业人员职业操守和行为准则》的精神制定本单位员工具体职业行为规范，将职业操守和行为准则作为反腐倡廉建设、企业文化建设、合规管理、员工教育培训及人力资源管理的重要内容，定期评估，建立持续的员工执业行为评价和监督机制。

真考解读 考查相对较少，考生熟悉即可。

续　表

准则	内容
接受自律组织监督	（1）银行业从业人员应自觉接受银行业协会等自律组织的监督。 （2）银行业协会依据有关规定对会员单位贯彻落实《银行业从业人员职业操守和行为准则》的实施情况进行监督检查和评估。
惩戒及争议处理	（1）为加强银行业从业人员行为管理，银行业协会、银行业金融机构应当健全关于员工违反职业操守和行为准则的惩戒机制。 （2）银行业协会建立违法违规违纪人员"黑名单"和"灰名单"制度。 ①对银行业从业人员严重违法违规违纪的、严重影响行业形象造成恶劣社会影响的纳入"黑名单"管理，予以通报同业，实行行业禁入制度。 ②对其他情节较严重的违法违规违纪人员实行"灰名单"管理制度，限制其不得任职于银行业金融机构重点部门或关键岗位。 （3）银行业金融机构应通过订立劳动合同等方式明确员工违反职业操守和行为准则应受到的惩戒内容。 （4）银行业从业人员对所在机构的惩戒有异议的，有权按照正常渠道反映和申诉。
高管规范	银行业高级管理人员应当带头遵守、模范践行职业操守和行为准则，并通过"立规矩、讲规矩、守规矩"以上率下，在战略制定和绩效管理等工作中融入职业操守和行为准则考量，管好关键人、管到关键处、管住关键事、管在关键时，全面推动所在机构营造爱国爱行、诚实守信、专业过硬、勤勉履职、服务为本的良好从业氛围和工作环境。

🖊 **章节练习**

一、**单选题**（以下各小题所给出的四个选项中，只有一项符合题目要求，请选择相应选项，不选、错选均不得分）

1. 下列关于中国银行业协会的表述，错误的是（　　）。

　A. 中国银行业协会的主管单位是中国银行保险监督管理委员会

　B. 银行业金融机构必须加入中国银行业协会

　C. 中国银行业协会是非营利性的社会团体

　D. 中国银行业协会是我国的银行业自律组织

2. 某上市银行职员获知该银行正面临诉讼但外界尚不知情，消息一旦传出该银行股票价格很可能下跌，（   ）。

    A. 该职员应当建议自己的朋友马上卖掉持有的该银行股票

    B. 该职员应当向社会公众透露这个消息，以尽到信息披露的职责

    C. 该职员可以卖掉自己持有的该银行的股票，但不能向其他人透露该消息

    D. 该职员不能利用这个消息进行该银行股票的买卖，也不能将该信息透露给其他人

3. 某银行信贷员经手其父亲所在公司的一笔贷款项目时，应该（   ）。

    A. 向银行管理层披露所处关系   B. 公平对待，不必向银行披露所处关系

    C. 以优惠利率发放贷款   D. 不可以为其父亲在本行提供贷款安排

4. 下列行为中，违反银行业从业人员"职业操守和行为准则"规定的是（   ）。

    A. 尊重同业人员   B. 在朋友聚会时，谈论客户存款信息

    C. 交流先进经验   D. 组织行业力量，采取联合行动维护权益

5. 法院持法定手续到某银行支行查询某贸易公司的存款状况，该行某业务员因与该贸易公司保持着良好的业务关系，闻讯后立即告知该贸易公司，此行为违反了（   ）规定。

    A. 举报违法行为   B. 协助有权机关执法

    C. 接受、配合监管工作   D. 遵守反洗钱、反恐怖融资

6. 某客户欲购买银行代售的一种理财产品，便邀请为其办理业务的一名银行工作人员下班后单独为其解释该产品风险。该工作人员恰当的做法是(   )。

    A. 认为该客户的要求属于工作人员的职责之一，必须满足其要求

    B. 认为这是不合理的邀请，一口回绝

    C. 认为若是解释业务，应尽量在上班时间在工作场所进行

    D. 让保安人员立即驱逐该客户

二、多选题（以下各小题所给出的五个选项中，有两项或两项以上符合题目的要求，请选择相应选项，多选、少选、错选均不得分）

1. 银行业从业人员职业操守的宗旨包括（   ）。

    A. 确保银行利润最大化

    B. 建立健康的银行业企业文化和信用文化

    C. 规范银行业从业人员职业行为

    D. 提高中国银行业从业人员整体素质和职业道德水准

    E. 维护银行业良好信誉

2. 下列属于商业银行正当竞争手段的有（   ）。

    A. 提高服务质量   B. 在媒体上宣传新金融产品

    C. 向其他贷款人提供虚假信息   D. 贬低对手

    E. 小额行贿

三、判断题（请对以下描述做出判断，正确的为 A，错误的为 B）

商业秘密是指不为公众所知悉、具有商业价值并经权利人采取相应保密措施的技术信息、经营信息。（   ）

    A. 正确   B. 错误

➡ 答案详解

一、单选题

1. B【解析】凡经银保监会批准成立的、具有独立法人资格的全国银行业金融机构以及在华外资金融机构，承认《中国银行业协会章程》，均可申请加入中国银行业协会成为会员。而并非银行业金融机构都必须参与中国银行业协会，因此，选项B错误。

2. D【解析】该职员获知的信息属于内幕信息。银行业从业人员在业务活动中应当遵守有关禁止内幕交易的规定。不得以明示或暗示的形式违规泄露内幕信息，不得利用内幕信息获取个人利益，或是基于内幕信息为他人提供理财或投资方面的建议。

3. A【解析】银行业从业人员应当按照纪律要求处理自身与所在机构的利益冲突。存在潜在冲突的情况下，应当主动向所在机构管理层说明情况。

4. B【解析】银行业从业人员应当妥善保存客户资料及其交易信息档案。在受雇期间及离职后，均不得违反法律法规和所在机构关于客户隐私保护的规定，违规泄露任何客户资料和交易信息。

5. B【解析】银行业从业人员应当熟知银行承担的依法协助执行义务，在严格保守客户隐私的同时，按法定程序积极协助执法机关的执法活动，不泄露执法活动信息，不协助客户隐匿、转移资产。该业务员的行为违反了"协助有权机关执法"规定。

6. C【解析】银行业从业人员在接洽业务过程中，应当礼貌周到。对客户提出的合理要求尽量满足，对暂时无法满足或明显不合理的要求，应当耐心说明情况，取得理解和谅解。该客户邀请银行工作人员下班后单独为其解释的要求并不在工作人员的职责范围内，不一定需要满足，故选项A错误。尽管该客户的要求不合理，银行工作人员仍然应当耐心说明情况，取得理解和谅解，而不应该采取"一口回绝"的态度，故选项B错误。让保安驱逐该客户是不礼貌的行为，故选项D错误。

二、多选题

1. BCDE【解析】为规范银行业从业人员职业行为，提高中国银行业从业人员整体素质和职业道德水准，建立健康的银行业企业文化和信用文化，维护银行业良好信誉，促进银行业的健康发展，制定职业操守。

2. AB【解析】银行业从业人员应当崇尚公平竞争，遵循客户自愿原则、尊重同业公平原则。在宣传、办理业务过程中，不得使用不正当竞争手段。坚决抵制以权谋私、钱权交易、贪污贿赂、"吃、拿、卡、要"等腐败行为。选项C、选项D、选项E属于不正当竞争手段。

三、判断题

A【解析】根据《中华人民共和国反不正当竞争法》的规定，商业秘密是指不为公众知悉、具有商业价值并经权利人采取相应保密措施的技术信息、经营信息等商业信息。

第二十一章　清廉金融

🔍 应试分析

　　本章首先介绍了清廉金融的实质、内涵和文化，其次分别介绍清廉金融行为和清廉从业管理。本章在考试中所占分值约为 2 分，考查重点是清廉从业管理中的从业禁令。

🏠 思维导图

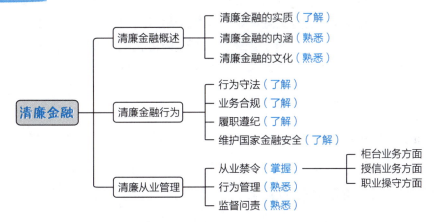

微信扫码关注
畅享在线做题

微信扫码关注
获取免费直播课

📖 知识精讲

第一节　清廉金融概述

一、清廉金融的实质　（了解）

金融是国家重要的核心竞争力，金融安全是国家安全的重要组成部分。清廉金融的实质在于加强清廉金融建设，加大金融领域反腐败力度，营造风清气正的金融环境，提升金融从业人员廉洁从业意识和从业道德水平，构建金融机构和客户之间的"亲""清"关系，为打赢防范化解金融风险攻坚战提供坚强纪律保障。

二、清廉金融的内涵　（熟悉）

清廉金融包含清廉从业理念、清廉从业制度、清廉从业行为、清廉金融产品等。

三、清廉金融的文化　（熟悉）

清廉金融文化建设活动旨在通过全覆盖参与、全过程融入、全方位提升，增强金融从业人员清廉从业意识，培育清廉金融理念，通过文化的渗透力和影响力，厚植清廉根基，提升金融反腐败内生动力，提升从业人员的道德品行、职业操守和法治意识，增强抵御风险和违法犯罪侵蚀的免疫力，净化金融政治生态。

第二节　清廉金融行为

一、行为守法　（了解）

（1）严禁违法犯罪行为，不得参与"黄、赌、毒、黑"、非法集资、高利贷、欺诈、贿赂等一切违法活动和非法组织。

（2）严禁非法催收，不得以故意伤害、非法拘禁、侮辱、恐吓、威胁、骚扰等非法手段催收贷款。

（3）严禁组织、参与非法民间融资，不得组织或参与非法吸收公众存款、套取金融机构信贷资金、高利转贷、非法向在校学生发放贷款等民间融资活动。

（4）严禁信用卡犯罪行为，不得利用职务便利实施伪造信用卡、非法套现信用卡、滥发信用卡等。

（5）严禁信息领域违法犯罪行为，银行业从业人员不得利用职务便利实施窃取、泄露客户信息和所在机构商业机密等违法犯罪行为。

（6）严禁内幕交易行为。

（7）严禁挪用资金行为，不得默许、参与或支持客户用信贷资金进行股票买卖、期货投资等违反信贷政策的行为。

（8）严禁骗取信贷行为，不得向客户明示、暗示或者默许以虚假资料骗取、套取信贷资金。

二、业务合规 （了解）

（1）遵守岗位管理规范，确保客户交易的安全。

（2）遵守信贷业务规定，严格执行贷前调查、贷时审查和贷后检查的"三查"工作。

（3）严格遵守销售业务规定。

（4）遵守公平竞争原则，崇尚公平竞争，遵循客户自愿原则、同业公平原则，不使用不正当竞争手段。抵制以权谋私、钱权交易、贪污贿赂、"吃、拿、卡、要"等腐败行为。

（5）遵守财务管理规定。

（6）遵守出访管理规范。

（7）遵守外事接待规范。

（8）遵守离职交接规定，岗位变动或离职时，按照规定妥善交接，遵守脱密和竞业限制约定，不得擅自带走所在机构的财物、工作资料和客户资源。

真考解读 较少考查，考生了解即可。

三、履职遵纪 （了解）

（1）贯彻中央"八项规定"的有关制度，反对"四风"。

（2）经办业务，要如实反馈信息。

（3）按照纪律要求处理好利益冲突。

（4）严禁非法利益输送交易。

（5）做好履职回避。

（6）严禁违规兼职谋利。

（7）自觉抵制贿赂及不正当交易行为。严禁以任何方式索取或收受客户、供应商、竞争对手、下属机构、下级员工及其他利益相关方的贿赂或不当利益。

（8）厉行勤俭节约。

（9）塑造良好职业形象。

（10）营造风清气正的职场环境和氛围。

真考解读 较少考查，考生了解即可。

真考解读 较少考查，考生了解即可。

四、维护国家金融安全（了解）

（1）树立依法合规意识，接受、配合好监管工作。

（2）遵守反洗钱、反恐怖融资有关规定，熟知银行承担的义务，严格按照要求落实报告大额和可疑交易等工作。

（3）按法定程序积极协助执法机关执法。

（4）举报违反法律法规侵害国家金融安全的行为。

（5）服从应急安排，在抗震救灾、卫生防疫等重大公共应急事件中坚守岗位，尽职履职，保障特殊时期金融服务的充分供给。

（6）守护舆情环境，严禁擅自接受媒体采访或通过微信、微博、贴吧、网络直播等自媒体形式对外发布相关信息。

第三节　清廉从业管理

真考解读 属于常考点，一般会考1道题。

一、从业禁令（掌握）

（一）柜台业务方面

项目	内容
柜员卡和密码管理	（1）严禁一人持多张柜员卡混岗操作。 （2）严禁复制、盗用、超权限持有个人名章、操作卡、授权卡、密码（或口令等）。 （3）严禁将个人名章、操作卡、授权卡、密码（或口令等）交给他人使用，或使用他人个人名章、操作卡、授权卡、密码（或口令）等办理业务。 （4）严禁不执行定期更换密码（或口令等）要求，密码（或口令等）输入操作不采取遮挡措施。 （5）严禁在未签退系统和未妥善保管好操作卡、授权卡、个人名章、密码（或口令等）的情况下离开岗位。
现金、印章和重要空白凭证管理	（1）严禁超额使用、保管现金，不按规定处理长短款，随意调整、冲正、撤销账务。 （2）严禁超出工作和授权范围使用印章。 （3）严禁超额领用、私自调剂有价单证、重要空白凭证，将本人保管的业务印章、有价单证、重要空白凭证等重要物品交给他人使用。 （4）严禁离开岗位不加锁保管现金、业务印章、有价单证、重要空白凭证等重要物品。

续 表

项目	内容
账户管理	（1）受理企业账户开户、更换或挂失补办印鉴、法定代表人变更时，严禁不核对企业证明文件原件，不核查单位法定代表人、授权经办人身份。 （2）受理个人账户开户（卡）申请或开通网银时，严禁不按规定核实申请人意愿和身份信息。 （3）严禁利用客户账户过渡本人、他人资金，或通过本人、他人账户归集、过渡银行和客户资金。
业务授权和核查	（1）严禁在未审核凭证、核实业务和确认客户真实意愿的情况下进行柜面授权，超权限授权或向不符合规定的人员转授权。 （2）严禁授权柜员（委派会计）对网点负责人干预授权工作不抵制，对操作柜员违规操作行为不制止、不纠正，或授意、指使、强令操作柜员违规操作。
办理具体柜台业务	（1）严禁违反"先收款后记账，先记账后付款"的原则处理收、付款业务，空存、空取资金。 （2）严禁违反账户和现金管理规定办理现金支取业务。 （3）办理大额支付业务的，严禁不执行分级授权和双签制度，不按规定与企业相关热线联系人验证，不按规定对大额款项收付进行登记和报备。 （4）严禁办理本人业务。 （5）严禁代客户签名，或代客设置、重置、输入密码。

（二）授信业务方面

项目	内容
贷款业务	（1）严禁以资料审核代替实地调查方式进行贷前调查，放松对客户的调查和对客户资料的审核。 （2）严禁隐瞒贷款审查中发现的重大问题或疑点。 （3）严禁以化整为零等方式越权或变相越权审批贷款，逆程序或缺程序审批贷款。 （4）严禁不按规定审核办理贷款发放手续直接发放贷款，未落实贷款审批意见或擅自变更审批意见发放贷款。 （5）严禁不按规定采用受托支付，或按规定采用自主支付方式时未对借款人的资金使用情况进行监控。

项目	内容
贷款业务	（6）严禁不按规定对贷款资金使用、借款人的信用及担保情况变化等进行跟踪检查，对发现的风险预警信号未及时采取风险化解措施。 （7）严禁随意调整贷款风险分类。 （8）在办理信贷业务过程中，严禁以贷转存、存贷挂钩、以贷收费、浮利分费、借贷搭售、一浮到顶或转嫁成本。
票据业务	（1）严禁对不具有真实贸易背景的商业汇票或不能确认具有真实贸易背景的票据办理承兑、贴现。 （2）严禁以贷款或贴现资金缴存保证金，滚动签发银行承兑汇票。 （3）严禁放松对贴现资金使用情况的跟踪检查，贴现资金直接转回出票人账户。 （4）严禁无票据贴现或先贴现后见票，以先转后贴的方式逆程序办理贴现和转贴现业务。

（三）职业操守方面

（1）严禁参加非法集资或高利贷活动，为高利贷公司、担保公司、小额贷款公司以及客户之间等充当任何形式的资金掮客，牵线搭桥帮助借款人筹措资金归还银行贷款并从中牟利。

（2）严禁未经批准在其他经济组织兼职，自办或参与经营典当行、小额贷款公司、担保公司等机构。

（3）严禁利用职务上的便利与亲属及其他利益关系人投资入股或实际控制的担保机构进行业务合作，或利用职权指令与某一特定担保机构合作。

（4）严禁利用职务上的便利索要、收受贿赂，或违反国家规定收受各种名义的回扣、手续费等。

（5）严禁允许非本行员工以各种方式进入本机构办公或营业场所开展民间借贷、违规担保和非法集资活动。

二、行为管理（熟悉）

（1）银行业金融机构将清廉行为规范作为反腐倡廉建设、企业文化建设、合规管理、员工教育培训及人力资源管理的重要内容，定期评估，建立持续的员工执业行为评价和监督机制。

（2）加强员工行为管理的全周期落实，重视员工职业发展，从员工入职前、入职后的新人期、成长期，自始至终分阶段进行行为管理教育防范。

真考解读 考查相对较少，考生熟悉即可。

（3）持续优化业务流程，疏导"症节"，解决业务操作堵点、难点、痛点，减少员工违规作业。

（4）银行业金融机构强化内控案防管理，通过大数据等系统排查手段，强化对员工异常行为的监督，包括员工与客户之间是否存在经济往来，是否有大额资金进出，以及员工与员工之间是否有不正当经济往来等。

三、监督问责（熟悉）

真考解读 考查相对较少，考生熟悉即可。

（1）银行业金融机构行为管理牵头部门制定完善从业人员行为的长期监测机制，定期评估全体从业人员行为，并向高级管理层报告评估结果。

（2）从业人员行为评估结果将作为薪酬发放和职位晋升的重要依据。

（3）高级管理人员及关键岗位人员的绩效薪酬与行为评估紧密挂钩。

（4）对员工8小时内外违规违纪行为，严肃问责，强抓整改。

章节练习

一、单选题（以下各小题所给出的四个选项中，只有一项符合题目要求，请选择相应选项，不选、错选均不得分）

1. 清廉金融内容丰富、影响广泛，是一项系统工程，清廉金融不包含（ ）。
   A. 清廉从业理念
   B. 清廉从业制度
   C. 清廉从业行为
   D. 清廉从业监管

2. 下列银行业从业人员的行为，不符合清廉金融行为中"业务合规"规定的是（ ）。
   A. 遵守岗位管理规范，确保客户交易的安全
   B. 遵守信贷业务规定，严格执行贷前调查、贷时审查和贷后检查的"三查"工作
   C. 离职时未按规定妥善交接，带走了所在机构的工作资料和客户资源
   D. 遵守公平竞争原则，崇尚公平竞争，遵循客户自愿原则、同业公平原则，不使用不正当竞争手段

3. 银行业金融机构强化内控案防管理，通过大数据等系统排查手段，强化对员工异常行为的监督，不包括（ ）。
   A. 员工与客户之间是否存在经济往来
   B. 员工与客户之间是否有大额资金进出
   C. 员工与员工之间是否有不正当经济往来
   D. 员工与客户之间是否有亲密关系

二、多选题（以下各小题所给出的五个选项中，有两项或两项以上符合题目的要求，请选择相应选项，多选、少选、错选均不得分）

1. 按照推动落实廉洁从业和清廉行为要求，下列选项中符合柜台业务方面禁令的有（ ）。
   A. 严禁一人持多张柜员卡混岗操作，严禁将个人名章、操作卡、授权卡、密码（或口令等）交给他人使用

B. 严禁离开岗位不加锁保管现金、业务印章、有价单证、重要空白凭证等重要物品

C. 严禁办理本人业务

D. 严禁违反"先记账后收款，先付款后记账"的原则处理收、付款业务，空存、空取资金

E. 受理个人账户开户（卡）申请或开通网银时，严禁不按规定核实申请人意愿和身份信息

2. 下列银行员工的行为中，不符合授信业务方面禁令的有（　　　）。

A. 甲银行某员工以资料审核代替实地调查方式进行贷前调查

B. 乙银行某员工不按规定审核办理贷款发放手续直接发放贷款

C. 丙银行某员工随意调整贷款风险分类

D. 丁银行某员工隐瞒贷款审查中发现的重大问题或疑点

E. 戊银行某员工拒绝客户以贴现资金缴存保证金，滚动签发银行承兑汇票

三、**判断题**（请对以下描述做出判断，正确的为 A，错误的为 B)

银行业金融机构行为管理牵头部门制定完善从业人员行为的长期监测机制，定期评估高级管理人员行为，并向全体从业人员通报。（　　　）

A. 正确　　　　　　　　　　　　　B. 错误

⇨ 答案详解

一、单选题

1. D【解析】清廉金融包含清廉从业理念、清廉从业制度、清廉从业行为、清廉金融产品等。不包含选项 D。

2. C【解析】银行业从业人员遵守离职交接规定，岗位变动或离职时，按照规定妥善交接，遵守脱密和竞业限制约定，不得擅自带走所在机构的财物、工作资料和客户资源。选项 C 错误。

3. D【解析】银行业金融机构强化内控案防管理，通过大数据等系统排查手段，强化对员工异常行为的监督，包括员工与客户之间是否存在经济往来，是否有大额资金进出，以及员工与员工之间是否有不正当经济往来等。

二、多选题

1. ABCE【解析】严禁违反"先收款后记账，先记账后付款"的原则处理收、付款业务，空存、空取资金。选项 D 说法错误。

2. ABCD【解析】严禁以贷款或贴现资金缴存保证金，滚动签发银行承兑汇票。选项 E 符合授信业务方面的禁令要求。

三、判断题

B【解析】银行业金融机构行为管理牵头部门制定完善从业人员行为的长期监测机制，定期评估全体从业人员行为，并向高级管理层报告评估结果。

第二十二章 银行业消费者权益保护

应试分析

本章介绍了我国银行业消费者权益保护的主要内容及银行业金融机构的社会责任。本章内容比较简单，在考试中所占分值约为 1 分。本章考点一般出现在第二节，即银行业金融机构的社会责任的主要内容。

思维导图

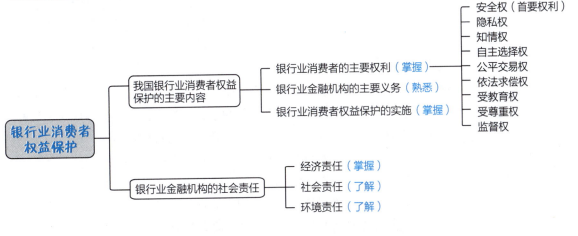

微信扫码关注
畅享在线做题

微信扫码关注
获取免费直播课

知识精讲

第一节　我国银行业消费者权益保护的主要内容

真考解读 属于常考点，一般会考1道题。考生要学会根据内容辨别属于消费者的哪一项权利。

一、银行业消费者的主要权利（掌握）

（一）安全权（首要权利）

银行业消费者在购买、使用银行产品和接受银行服务时依法享有生命健康和财产不受威胁、侵害的权利，包括人身安全权和财产安全权两个方面。

【提示】安全权是银行业消费者作为消费主体享有的首要和必不可少的基本权利。

（二）隐私权

银行业消费者的隐私权，又称信息安全权，是指银行业消费者对其基本信息与财务信息享有不被银行非相关业务人员知悉，不被非法定机构和任何单位和个人查询或传播的权利，除有关国家机关依法查询、冻结和扣划外，银行应拒绝任何其他单位或个人查询、冻结和扣划。

（三）知情权 解读

解读 享有知情权是银行业消费者在消费过程中作出自由选择并实现公平交易的前提条件。

银行业消费者的知情权是指在消费中，银行业消费者享有知悉其购买、使用产品或接受服务的真实情况的权利。例如，存贷款利率、手续费标准等，银行负有为银行业消费者提供相关真实信息的义务。

（四）自主选择权

（1）银行业消费者的自主选择权是指银行业消费者可以根据自己的体验、爱好与判断自主选择银行作为交易对象或自主选择银行产品并决定是否与其进行交易，不受任何单位和个人的不合理干预。

（2）银行业消费者可以自主决定选择银行，而个别银行以各种理由和借口限制、误导银行业消费者进行自主决策就会造成侵权。

典型真题

【单选题】银行以各种理由和借口限制、误导银行业消费者进行自主决策，侵犯了消费者的（　　）。

A. 自主选择权　　　　　　　　B. 隐私权

C. 安全权　　　　　　　　　　D. 知情权

【答案】A【解析】自主选择权要求，银行业消费者可以自主决定选择银行，而个别银行以各种理由和借口限制、误导银行业消费者进行自主决策就会造成侵权。

（五）公平交易权

银行在与消费者形成法律关系时，应当遵循公正、平等、诚实、信用的原则，不得强行要求消费者购买、使用其产品或接受其服务，银行业金融机构不得设置违反公平原则的交易条件，在格式合同中不得加重金融消费者责任、限制或者排除金融消费者合法权利，不得限制金融消费者寻求法律救济途径，不得减轻、免除本机构损害金融消费者合法权益应当承担的民事责任。

（六）依法求偿权

银行业消费者的依法求偿权是指银行业消费者在银行消费过程中，除购买银行已有风险提示类的产品而造成的损失外，其他非因自己故意或者过失而遭受人身、财产损害时，有向银行提出请求赔偿的权利。

（七）受教育权

银行业消费者的受教育权可以分为银行消费知识的教育权和消费者权益保护知识的教育权。

（1）银行消费知识的教育权：消费者有权接受关于银行产品的种类、特征等有关知识的教育。

（2）消费者权益保护知识的教育权：消费者有权接受权益受到侵害时如何维权等知识的教育。

（八）受尊重权

银行业消费者的受尊重权是指在银行消费过程中，消费者享有人格尊严、民族风俗习惯等受到尊重的权利。

（九）监督权

银行业消费者的监督权表现在两个方面。

（1）消费者享有对银行产品和服务进行监督和批评的权利。

（2）消费者对有关部门进行的银行业消费者权益保护监管等工作享有监督、批评的权利。

二、银行业金融机构的主要义务（熟悉）

真考解读 考查相对较少，考生熟悉即可。

（1）银行业金融机构应当尊重银行业消费者的知情权和自主选择权，履行告知义务，不得在营销产品和服务过程中以任何方式隐瞒风险、夸大收益，或者进行强制性交易。

（2）银行业金融机构应当尊重银行业消费者的公平交易权，公平、公正制定格式合同和协议文本，不得出现误导、欺诈等侵害银行业消费者合法权益的条款。

（3）银行业金融机构应当了解银行业消费者的风险偏好和风险承受能力，提供相应的产品和服务，不得主动提供与银行业消费者风险承受能力不相符合的产品和服务。

（4）银行业金融机构应当尊重银行业消费者的个人金融信息安全权，采取有效措施加强对个人金融信息的保护，不得篡改、违法使用银行业消费者个人金融信息，不得在未经银行业消费者授权或同意的情况下向第三方提供个人金融信息。

（5）银行业金融机构应当在产品销售过程中，严格区分自有产品和代销产品，不得混淆、模糊两者性质向银行业消费者误导销售金融产品。

（6）银行业金融机构应当严格遵守国家关于金融服务收费的各项规定，披露收费项目和标准，不得随意增加收费项目或提高收费标准。

（7）银行业金融机构应当坚持服务便利性原则，合理安排柜面窗口，缩减等候时间，不得无故拒绝银行业消费者合理的服务需求。

（8）银行业金融机构应当尊重银行业消费者，照顾残疾人等特殊消费者的实际需要，尽量提供便利化服务，不得有歧视性行为。

真考解读 属于常考点，一般会考 1 道题。本考点涉及条例较多，在考试中也多为综合考查，所以考生要熟记这些规定。

三、银行业消费者权益保护的实施 （掌握）

（1）金融机构应当完善规章制度，落实法律法规和相关监管规定中关于金融消费者权益保护的相关要求。金融机构应当将金融消费者权益保护纳入公司治理、企业文化建设和经营发展战略，应当制定本机构金融消费者权益保护工作的总体战略和具体工作措施。

（2）金融机构应当建立健全金融消费者权益保护工作机制，建立金融消费者权益保护工作专职部门或者指定牵头部门，明确部门及人员职责，确保其能够独立开展工作。

（3）金融机构应当建立健全金融消费者权益保护的各项内控制度。

（4）金融机构应当开展金融消费者权益保护员工教育和培训，提高员工的金融消费者权益保护意识和能力。金融机构应当每年至少开展一次金融消费者权益保护专题教育和培训，培训对象应当全面覆盖中高级管理人员及基层业务人员。

（5）金融机构应当建立健全涉及金融消费者权益保护工作的事前协调、事中管控和事后监督机制，确保在金融产品和服务的设计开发、营销推介及售后管理等各个业务环节有效落实金融消费者权益保护工作的相关规定和要求。

（6）金融机构应当根据金融产品和服务的特性评估其对金融消费者的适合度，合理划分金融产品和服务风险等级以及金融消费者风险承受等级，将合适的金融产品和服务提供给适当的金融消费者。金融机构不得向低风险承受等级的金融消费者推荐高风险金融产品。

（7）金融机构应当依法保障金融消费者在购买、使用金融产品和服务时的财产安全，不得非法挪用、占用金融消费者资金及其他金融资产。

（8）金融机构应当按照相关监管规定披露与金融消费者权益保护相关的经营信息、金融产品和服务信息以及其他信息。金融机构推出金融科技创新产品前，应当开展外部安全评估，并及时向金融消费者准确披露金融产品的特点和风险。

（9）金融机构应当依据金融产品和服务的特性，向金融消费者披露金融产品和服务的重要内容。金融机构应当提示金融消费者不得利用金融产品和服务从事违法活动。

（10）金融机构对金融产品和服务进行信息披露时，应当使用有利于金融消费者接收、理解的方式。

（11）金融机构应当尊重金融消费者购买金融产品和服务的真实意愿，不得擅自代理金融消费者办理业务，不得擅自修改金融消费者的业务指令。

（12）金融机构向金融消费者说明重要内容和披露风险时，应当依照相关法律法规、监管要求留存相关资料，留存时间不少于 3 年，法律、行政法规、规章另有规定的，从其规定。

（13）金融机构进行营销活动时应当遵循诚信原则，金融机构实际承担的义务不得低于在营销活动中通过广告、资料或者说明等形式对金融消费者所承诺的标准。

（14）金融机构在进行营销活动时，不得虚假宣传、损害同业信誉、冒用他人注册商标等行为。

（15）金融机构向金融消费者追讨债务，不得采取违反法律法规、违背社会公德、损害社会公共利益和第三人合法权益的方式。

（16）金融机构的格式合同条款及服务协议文本，不得存在误导、欺诈等侵犯金融消费者合法权益的内容；不得含有减轻、免除己方责任，加重金融消费者责任，限制或者排除金融消费者合法权利的格式条款，及借助技术手段强制交易等不合理条款。金融机构应当对金融消费者投诉较为集中或者存在侵害金融消费者合法权益隐患的格式合同条款、服务协议文本进行及时清理。

（17）金融机构应当做好计算机处理系统维护工作，建立灾难备份和数据恢复机制，确保系统平稳、顺畅运行。

（18）出现侵犯金融消费者合法权益重大事件，可能引发区域性、系统性风险的，金融机构应当根据重大事项报告相关规定及时向中国人民银行及其分支机构报告。

（19）金融机构应当制订年度金融知识普及与金融消费者教育工作计划，结合自身特点开展日常性金融知识普及与金融消费者教育活动。金融机构不得以营销个别金融产品和服务替代金融知识普及与金融消费者教育。

（20）金融机构应当重视金融消费者需求的多元性与差异性，积极支持欠发达地区和低收入群体等获得必要、及时的基本金融产品和服务。

（21）金融机构应依法收集个人金融信息，采取有效措施确保个人金融信息安全，至少每半年排查一次个人金融信息安全隐患。金融机构要建立和完善金融消费投诉处理机制，畅通投诉受理和处理渠道，及时有效解决金融消费争议。

典型真题

【多选题】以下关于银行业消费者权益保护实施的说法中，正确的有（　　　）。

A. 金融机构应当建立金融消费者权益保护工作专职部门或者指定牵头部门

B. 金融机构应当将金融消费者权益保护纳入公司治理、企业文化建设和经营发展战略

C. 金融机构应当建立健全金融消费者权益保护的各项内控制度

D. 金融机构对金融产品和服务进行信息披露时，应当使用有利于金融消费者接收、理解的方式

E. 金融机构可以向低风险承受等级的金融消费者推荐高风险金融产品，但不得代其购买

【答案】ABCD【解析】金融机构不得向低风险承受等级的金融消费者推荐高风险金融产品。故选项 E 说法错误。

第二节　银行业金融机构的社会责任

2009 年，中国银行业协会印发《中国银行业金融机构企业社会责任指引》，从经济责任、社会责任、环境责任等方面对银行业金融机构应该履行的社会责任进行了阐述，并对银行业金融机构履行社会责任的管理机制和制度提出了建议。

一、经济责任（掌握）

真考解读 属于常考点，一般会考1 道题。考查形式一般是给出相关规定判定属于什么责任，以经济责任考查居多。

（1）银行业金融机构应在法律规定下积极提高经营效益，努力创造优良的经济利益。

（2）银行业金融机构应积极参与保障金融安全、维护平等竞争的金融秩序，加强防范金融风险。

（3）积极支持政府经济政策，促进经济稳定、可持续发展，为国民经济提供优良的专业性服务。

（4）银行业金融机构应加强合规管理，规范经营行为，遵守银行业从业人员行为准则、反不正当竞争公约、反商业贿赂公约等行业规则，开展公平竞争，维护银行业良好的市场竞争秩序，促进银行业健康发展。

（5）完善公司治理结构，安全稳健经营，严格关联交易管理，履行信息披露

义务，确保股东、特别是中小股东享有的法律法规和公司章程规定的各项权益，为股东创造价值。

（6）遵循按劳分配、同工同酬原则，构建合理的激励约束机制，保障员工各项权益，促进员工全面发展，为员工创造价值。

（7）**重视消费者的权益保障，有效提示风险，恰当披露信息，公平对待消费者，加强客户投诉管理，完善客户信息保密制度，提升服务质量，为客户创造价值。**

典型真题

【单选题】某银行十分重视消费者的权益保障，这是尽到了银行的（　　）。

A. 环境责任　　　　　　　　B. 社会责任

C. 经济责任　　　　　　　　D. 政治责任

【答案】C【解析】重视消费者的权益保障，有效提示风险，恰当披露信息，公平对待消费者，加强客户投诉管理，完善客户信息保密制度，提升服务质量，为客户创造价值是银行业金融机构的经济责任之一。

二、社会责任 （了解）

（1）银行业金融机构应承担消费者教育的责任，积极开展金融知识普及教育活动，引导和培育社会公众的金融意识和风险意识，为提高社会公众财产性收入贡献力量。

（2）主动承担信用体系建设的责任，积极开展诚实守信的社会宣传，引导和培育社会公众的信用意识。

（3）努力促进行业间的协调和合作，加强银行业信用信息的整合和共享，稳步推进我国银行业信用体系建设。

（4）提倡以人为本，重视员工健康和安全，关心员工生活，改善人力资源管理。

（5）加强员工培训，提高员工职业素质，提升员工职业价值。

（6）激发员工工作积极性、主动性和创造性，培养金融人才，创建健康发展、积极和谐的职业环境。

（7）支持社区经济发展，为社区提供金融服务便利，积极开展金融教育宣传、扶贫帮困等内容丰富形式多样的社区服务活动，努力为社区建设贡献力量。

（8）关心社会发展，热心慈善捐赠、志愿者活动，积极投身社会公益活动，通过发挥金融杠杆的作用，努力构建社会和谐，促进社会进步。

真考解读 较少考查，考生了解即可，但要学会根据题干所给描述判定该描述属于哪一种责任。

三、环境责任 （了解）

（1）银行业金融机构应依据国家产业政策和环保政策的要求，参照国际条约、国际惯例和行业准则制订经营战略、政策和操作规程，优化资源配置，支持社会、经济和环境的可持续发展。

（2）尽可能地开展赤道原则的相关研究，积极参考借鉴赤道原则中适用于我国经济金融发展的相关内容。

（3）组建专门机构或者指定有关部门负责环境保护，配备必要的专职和兼职人员。

（4）制订资源节约与环境保护计划，尽可能减少日常营运对环境的负面影响。

（5）定期或不定期地对员工进行环保培训，鼓励和支持员工参与环保的外部培训、交流和合作。

（6）通过信贷等金融工具支持客户节约资源、保护环境，引导和鼓励客户增强社会责任意识并积极付出行动。

（7）注重对客户进行环保培训，培训内容包括但不限于环境影响评估程序的具体操作、绿色信贷文件的准备等。

（8）倡导独立对融资项目的环境影响进行现场调查、审核，而不能只依赖客户提供的环境影响评估报告等资料作出判断。

（9）积极主动地参与环境保护的实践和宣传活动，为客户和全社会环保意识的提高尽一分力量。

章节练习

一、**单选题** （以下各小题所给出的四个选项中，只有一项符合题目要求，请选择相应选项，不选、错选均不得分）

1. （   ）是银行业消费者作为消费主体享有的首要和必不可少的基本权利。

    A. 隐私权　　　　　　　　　　　B. 安全权

    C. 知情权　　　　　　　　　　　D. 自主选择权

2. 金融机构向金融消费者说明重要内容和披露风险时，应当依照相关法律法规、监管要求留存相关资料，留存时间不少于（   ），法律、行政法规、规章另有规定的，从其规定。

    A. 1年　　　　　B. 2年　　　　　C. 3年　　　　　D. 5年

3. 某银行积极加强防范金融风险，这是尽到了银行的（   ）。

    A. 环境责任　　　B. 经济责任　　　C. 社会责任　　　D. 政治责任

二、**多选题**（以下各小题所给出的五个选项中，有两项或两项以上符合题目的要求，请选择相应选项，多选、少选、错选均不得分）

1. 银行业消费者的主要权利包括（ ）。

    A. 安全权   B. 自主选择权   C. 依法求偿权

    D. 保密权   E. 受教育权

2. 下列关于银行业消费者权益保护实施的说法中，正确的有（ ）。

    A. 金融机构应当每年至少开展一次金融消费者权益保护专题教育和培训，培训对象应当全面覆盖中高级管理人员及基层业务人员

    B. 金融机构不得向低风险承受等级的金融消费者推荐高风险金融产品

    C. 金融机构应当尊重金融消费者购买金融产品和服务的真实意愿，不得擅自代理金融消费者办理业务，不得擅自修改金融消费者的业务指令

    D. 金融机构应当提示金融消费者不得利用金融产品和服务从事违法活动

    E. 金融机构可以通过营销个别金融产品和服务替代金融知识普及与金融消费者教育

3. 2009 年，中国银行业协会印发《中国银行业金融机构企业社会责任指引》，从（ ）等方面对银行业金融机构应该履行的社会责任进行了阐述，并对银行业金融机构履行社会责任的管理机制和制度提出了建议。

    A. 法律责任   B. 经济责任   C. 社会责任

    D. 个人责任   E. 环境责任

三、**判断题**（请对以下描述做出判断，正确的为 A，错误的为 B）

    出现侵犯金融消费者合法权益重大事件，可能引发区域性、系统性风险的，金融机构应当根据重大事项报告相关规定及时向中国银保监会及其分支机构报告。（ ）

    A. 正确   B. 错误

答案详解

一、单选题

1. B【解析】安全权是银行业消费者作为消费主体享有的首要和必不可少的基本权利，如果人身和财产安全都得不到保障，其他权利根本无从谈起。

2. C【解析】金融机构向金融消费者说明重要内容和披露风险时，应当依照相关法律法规、监管要求留存相关资料，留存时间不少于 3 年，法律、行政法规、规章另有规定的，从其规定。

3. B【解析】经济责任的主要内容之一：银行业金融机构应积极参与保障金融安全、维护平等竞争的金融秩序，加强防范金融风险。

二、多选题

1. ABCE【解析】银行业消费者的主要权利包括安全权、隐私权、知情权、自主选择权、公平交易权、依法求偿权、受教育权、受尊重权和监督权。

2．ABCD【解析】金融机构不得以营销个别金融产品和服务替代金融知识普及与金融消费者教育，故选项 E 说法错误。

3．BCE【解析】2009 年，中国银行业协会印发《中国银行业金融机构企业社会责任指引》，从经济责任、社会责任、环境责任等方面对银行业金融机构应该履行的社会责任进行了阐述，并对银行业金融机构履行社会责任的管理机制和制度提出了建议。

三、判断题

B【解析】出现侵犯金融消费者合法权益重大事件，可能引发区域性、系统性风险的，金融机构应当根据重大事项报告相关规定及时向中国人民银行及其分支机构报告。